商品金融化的逻辑

The Financialization Mechanism of Goods

张成思　著

中国人民大学出版社
·北京·

国家社科基金后期资助项目

出版说明

后期资助项目是国家社科基金设立的一类重要项目，旨在鼓励广大社科研究者潜心治学，支持基础研究多出优秀成果。它是经过严格评审，从接近完成的科研成果中遴选立项的。为扩大后期资助项目的影响，更好地推动学术发展，促进成果转化，全国哲学社会科学工作办公室按照“统一设计、统一标识、统一版式、形成系列”的总体要求，组织出版国家社科基金后期资助项目成果。

全国哲学社会科学工作办公室

绪　论

从商品金融化的视角阐释商品投机史。

超越传统金融市场的局限，探索商品金融化的历史基础和现代逻辑。

商品金融化的逻辑，为企业在商品市场中寻找新的利润增长点提供思路。

商品金融化的逻辑，为理解商品市场与金融市场价格形成机制的联动提供基础。

当传统意义上的金融市场不能满足投资和投机需求时，商品金融化现象便开始盛行起来，与商品金融化过程相伴而生的是金融化标的商品价格的大幅波动，有时这种波动性还会传递到其他市场，带来不可忽视的影响。与投资和投机不同，商品金融化是本书提出的新概念。我们说的商品金融化是 Financialization of Goods，而不是流行于西方学界的 Financialization of Commodities，后者是大宗商品的金融化问题，本质上仍然是金融市场（期货市场）发生的事件，是期货市场的大规模资本化和衍生化问题，而我们研究的是普通商品金融化问题，是发生在普通商品市场上惊心动魄的金融化问题。

在很多情况下，商品投机是商品金融化的开端，甚至始终伴随着商品金融化的过程。尽管商品金融化与投资和投机存在千丝万缕的联系，但是商品金融化是一个有始有终的完整过程，是一个刻画商品投机、商品运营（炒作等）和商品价格周期性变化特征的体系，是源于投机而又不仅限于投机的更高层次的理念。关于商品金融化的定义，本书在第一章进行了详尽阐释。

从现实情况看，改革开放以来在货币化水平（如 M2/GDP）趋势性上涨的背景下，中国各个领域的商品金融化现象发展很快，而中国的商品投机热潮更是让全球市场震惊。根据《华尔街见闻》在 2016 年 4 月的报道，中国商品市场投机性交易的疯狂上涨令全球市场震惊。摩根士丹利分析师汤姆・普赖斯（Tom Price）和乔尔・克兰（Joel Crane）表示：“现在，中国的投机者涌向商品。中国最新的投机潮震惊了全球市场。”这里所谈及的投机潮指的是螺纹钢等中国商品期货的成交量疯狂上涨。以钢材价格为例，2016 年一季度钢材价格同比上涨近 50%。当然，钢材价格在急涨之后又出现大幅回调，价格波动非常明显。

钢材属于商品，只不过钢材的特殊之处在于其是期货市场的标的商品。事实上，即便是没有期货市场的普通商品，例如葱、姜、蒜等普通消费品也出现了金融化现象。如果我们把研究的视角拉伸得足够长，会看到早在中国宋代就有类似于近年来出现的葱、姜、蒜金融化现象的事情发生，只不过当时炒作的对象不是葱、姜、蒜，而是粮食作物。更进一步，如果我们把视角放得足够宽，则会发现商品金融化不仅发生在农产品和粮食作物层面，古今中外多种商品都曾发生过金融化现象。

例如，早在中国西晋时期就有“洛阳纸贵”中的纸张金融化事件，清朝发生过生丝商品金融化，改革开放初期出现过君子兰金融化事件，而中国发生的君子兰金融化事件竟然与 300 多年前发生的著名的郁金香泡沫如此相像。在我们的研究中，郁金香泡沫也是典型的商品金融化问题。当我们进一步梳理中国改革开放之后的各类商品投机炒作事件之后，我们会发现改革开放至今 40 多年，中国大地上出现的商品金融化事件一件接一件、一波接一波，从低端的葱、姜、蒜到高端的房地产，从曲高和寡的玉石到雅俗共赏的普洱茶，从身材娇小的邮票到制作精美的紫砂壶，从冬虫夏草到国酒茅台，商品金融化俨然成为中国的行业潮涌现象，本书一一细述，使其跃然纸上。

本书通过探讨上述经历金融化的商品的市场价值的特点和流通环节的特性，总结了商品进入金融化过程的整体逻辑：以资本进入流通环节试图垄断利润为契机，商品抵御通货膨胀的功能及部分商品特性导致的价格上涨预期共同推动了商品价格上涨，又因为价格和交易量的上涨提供了流动性，从而吸引了更多金融投资者，形成了金融化的正反馈进程。

如此看来，本书的书名或许可以使用《商品金融化发展简史》，或者《商品金融化的行业潮涌》。不过，在本书的研究中，作者更多关注的是各类商品的金融化逻辑，着重阐释各种金融化逻辑中存在的分歧和一致，因此将本书命名为《商品金融化的逻辑》更为合适。作者希望通过对商品金融化的界定和典型事件中商品金融化逻辑的提炼，为深入理解中国经济运行过程中出现的商品金融化问题及其重要含义提供基础，为针对相关市场发展的宏观政策和产业政策调控提供依据。

作者

目　录

第一章　正本清源：商品金融化的概念与界说

本章概览

- 商品金融化的定义
- 商品金融化的度量指标与分层

本章提要

实体经济金融化问题备受各界关注。然而，各界对金融化的概念与界说分歧很大，并展开了激烈而又长久的论战，导致各界对金融化的概念、界说等重要问题的理解不但没有更清晰，反而日益模糊，这给决策层的现实判断也带来了极大困惑。虽然西方学界多从金融业的膨胀和金融产品衍生化角度界定金融化，但是中国实体经济当前面临的主要问题可能不是金融业膨胀和金融产品衍生化，而且普通商品金融化给市场带来了商品价格大幅波动的困扰。因此，本章对商品金融化的概念进行了系统阐释，提出了商品金融化层次的度量指标，并且提出了商品金融化分层的概念。商品金融化本质上反映了资本的逐利天性，发展过度会增加经济的脆弱性、延长衰退周期并加剧商品价格波动，需要引起关注。

第一节　商品金融化的定义

近年来，金融化成为一个甚为流行的术语。然而，目前各界对“金融化”的定义宽泛且模糊，而且非常明显地分为宏观和微观两个视角。从宏观视角定义的，大体上可以归纳为“经济的金融化”；从微观视角定义的，本质上可以概括为“商品的证券化”。真正系统提出并阐释商品金融化的研究非常少。

从宏观角度看，“金融化”的文献可以分成两个价值观对立的流派。

主流的新古典经济学频繁使用"金融深化"、"金融发展"和"金融增长"等表述，这些文献虽未明确使用"金融化"的概念，但本质上涉及与金融化紧密相关的内容。例如，Gurley 和 Shaw（1955）提出的经济发展的金融视角，Patrick（1966）、McKinnon（1973）、Shaw（1973）、King 和 Levine（1993）、Rajan 和 Zingales（1998）等提出的金融深化与金融发展理论，以及 Goldsmith（1969）提出的金融结构分析方法，都可以视为金融化学说的前身和渊源。更早的文献甚至可以回溯到熊彼特的经济发展学说（Schumpeter，1911）。

从理论逻辑上看，早期的金融发展理论与新近的金融化学说一脉相承，但是前者的价值观强调金融对经济发展的促进作用，而后者的价值观基础则是金融过度膨胀对经济发展的负面效应。在以上提及的金融深化和金融发展文献中：一部分讨论金融深化与宏观经济发展的关系；另一部分则关注金融领域的结构性变化，提出金融发展就是金融结构的变化、金融工具的增多、金融机构服务领域和功能的增强，以及金融结构朝向高端的演进，这些实际上也是金融化的特征。最近，《经济学展望期刊》（*Journal of Economic Perspectives*）在 2013 年第 2 期刊登了一个"金融部门大增长"的专栏（共 4 篇文章），这些文章虽然并未直接使用"金融化"的表述，但实质上是阐释以美国为主的发达国家的宏观层面的金融化问题，只不过这些文章对金融化问题的价值观基础比下面提到的激进政治经济学流派更加折中一些。

宏观视角的另一流派便是西方马克思主义、后凯恩斯主义经济学和激进政治经济学。Crotty（1990；2005）、Arrighi（1994；2003）、Amin（1996；2003）和 Harvey（2005）都是比较有代表性的文献，更早还可以追溯到马克思的《资本论》、希法亭的《金融资本》以及列宁对帝国主义和金融资本的论述，我们可以将之称为马克思主义政治经济学流派。这一流派与新古典经济学流派不同，他们频繁地使用"金融化"（Financialization）这个表述，用以形容资本主义的发展形态，并且将金融化与全球化和新自由主义（Neoliberalism）联系起来，认为金融化与全球化和新自由主义一唱一和，构成了全球资本主义新框架，在全球范围内都带来了破坏性影响。显然，这一流派或多或少地戴上了有色眼镜来审视金融化问题，不厌其烦地将金融化与"脆弱性"和"金融危机"等负面表述放在一起，这一点可以在美国麻省理工学院政治经济研究所联席所长爱普斯丁（Epstein）于 2005 年主编的《金融化与世界经济》（*Financialization and World Economy*）一书中窥见一斑（Epstein，2005）。在这些文献中，给金融化的宏观定义是“金融动机、金融市场、金融从业者和金融机构在国内和国际经济运行中扮演着越来越多的角色”。注意，这一定义中对“角色”的修饰语用的是“越来越多”，而不是越来越重要。因此，这一概念简言之就是金融行业的不断扩张和膨胀。Orhangazi（2008）认为这一流派界定的金融化是资本主义长周期中最近的一个典型特征。

从微观角度定义“金融化”，主要基于微观企业的金融化行为。例如，“企业利润的积累日益倚靠金融渠道而不是传统的贸易和商品生产”（Krippner，2005），“非金融企业卷入金融市场”（Stockhammer，2004；Stockhammer 和 Grafl，2010），以及“经济活动的重心从产业部门（甚而从诸多正在扩大的服务业部门）转向金融部门”（Foster，2007）。在这一领域的研究中，非金融企业金融化源于金融实务以及金融体系发展对公司治理股东价值论的影响（Froud 等，2000）。特别是 20 世纪 70 年代以后，西方资本市场的大发展带来了股东价值最大化的诉求，从而改变了非金融企业的公司治理理念，由追求长期增长转变为短期股东价值最大化，表现为非金融企业将利润分派给股东而减少生产性投资。这样，企业的发展就严重依赖于金融市场的表现，企业更加侧重市值管理、股权运营（如并购、抵押）等金融行为，企业利润的积累也就自然越来越多地从金融渠道获得。Lazonick 和 O' Sullivan（2000）将这种转变概括为企业的“缩小规模、增大分派”模式，而这种转变带来了券池资本主义（Coupon Pool Capitalism）（Froud 等，2002；Van Treeck，2009），本质上说的就是我们这里讨论的微观企业金融化问题。

从经验证据看，微观企业金融化逐渐成为世界范围的现象，不过在发达国家出现得更早一些。例如，美国非金融企业自 1970 年开始就出现了金融化趋势，20 世纪 80 年代中后期达到一个顶峰阶段（Krippner，2005）；阿根廷、墨西哥和土耳其这三个新兴市场国家则在 20 世纪 90 年代后期出现明显的微观企业金融化现象（Demir，2009a；2009b）；中国的微观企业自 2006 年以来也出现了明显的金融化特征（张成思，张步昙，2016）。微观企业金融化不仅会导致全社会实物资产的积累大大减慢（Stockhammer，2004），而且可能造成实业投资率下降［这是不是各国的普遍现象还存在争议（Kliman 和 Williams，2015）］。

尽管从宏、微观视角定义金融化的具体内容有所差别，但对金融化过程中的特征事实具有以下几点共识：第一，金融部门相对于实体部门的重要性大幅提升，从事金融服务的企业在经济、社会和政治中的重要性增强了；第二，非金融企业日渐卷入金融活动，将收入从产业部门转移到金融部门；第三，宏、微观金融化都加剧了收入分配不平等，而且国民收入中劳动份额降低，公司高管薪酬提升，劳动者收入的差异扩大。

从中观视角定义金融化，主要是指具体的资产或大宗商品的金融化，这一定义更加侧重于资产或产品的金融属性和金融市场的功能。在资产金融化方面，Chen 等（2013）提出，随着以美国为代表的金融创新不断发展，越来越多的资产和期货的资金流被转化为金融资本，金融化的实质就是把流动性低的资产转变为流动性高的金融资产。微观定义的金融化更多的是基于大宗商品期货市场的问题进行研究。例如，Tang 和 Xiong（2012）指出，最近十年各种大宗商品价格同步波动在全球范围内引发了争论，有人将原因归于简单的宏观经济因素（例如供给和需求的关系），当短期内需求很多而供给不足时就会出现暴涨，在遇到经济形势急转直下时又暴跌，这种就是投机。大量的投资进入商品期货市场，导致价格形成机制被扭曲，根源是指数投资者的增加。

2000 年之前，尽管期货合约在许多大宗产品上被使用，但是商品期货价格与典型金融资产的行为并不符合。例如，商品价格与股票没有同步性（Gorton 和 Rouwenhorst，2006），相互之间也没有同步性（Erb 和 Harvey，2006）。这些都与典型的金融资产的价格变化截然不同。这种差异意味着商品期货市场是一个相对封闭的市场，与所谓的外部金融市场（证券市场）以及不同商品期货市场之间都缺乏关联。而当资金涌入商品期货指数时，商品期货市场出现金融化的过程，即商品期货价格与典型金融资产的关联性增强，且不同商品期货价格波动彼此关联。由于金融化过程，大宗商品的价格不再简单地由它的供给和需求决定，而是由一系列金融因素决定。

不难看出，上述无论哪种视角定义的金融化，主要都是基于西方的经济实践，都或多或少反映了市场主导型金融体系背景下各界对发达市场金融化概念的理解。以美国为代表的西方世界自 20 世纪 70 年代之后推行新自由主义政策，放松金融管制，金融业突飞猛进，证券市场以及与之相关的其他金融市场在经济运行中的地位和影响力与日俱增，甚至独立于实体经济而自我运转。然而，中国的情况不能和美国相提并论，即使是德国和法国等欧洲大陆国家也和美国不尽相同，因为美国是证券市场主导型金融体系，而中国是银行主导型金融体系。与美国不同，在中国，银行是最重要的金融机构，信贷（而非证券）才是最重要的金融工具。谁能获得信贷资源，谁才更具备商品金融化的条件。因此，中国金融化的过程是不会与美国一致的。

因此，我们所界定的“商品金融化”，既不是宏观层面的经济金融化，也不是微观层面的商品（基本上指大宗商品）的证券化，而是介于二者之间的一系列商品的金融化。本书所定义的“商品金融化”有两层含义：一是在该商品的交易机制中，金融属性逐渐增强，以致商品的价格决定越来越不取决于实体层面的供给和需求因素，而是取决于进入市场的资金量的大小。二是商品不是作为商品在交易，而是把对这种商品的所有权作为一种金融资产（商品则成为该金融资产对应的标的），购买的目的是转售所有权获利而非使用商品本身。因此，价格绝对量的变动并不能看出一种商品是否在经历金融化，例如成语中的“洛阳纸贵”，在没有引入名人作序之前，纸张价格的变动反映的是商品供需层面矛盾导致的价格变化。投机行为本身也不一定是金融化，成语“囤积居奇”体现了投机的思想，但只要这种价差是由实体经济中的供需失衡引起的，就也不是金融化。根据我们的这种理解，当大宗商品由现货交易转变为期货交易并经历转手时，交易的核心已不是标的本身，而是与之对应的期货合约，因此大宗商品的期货交易本质是金融交易，我们认为从商品现货交易转化为期货交易就步入了金融化的轨道。我们理解的金融化的外延要比已有文献（Tang 和 Zhu，2017）更广，而且侧重点完全不同。

Tang 和 Zhu（2017）所指的“金融化”重点在于讨论大宗商品期货合约如何像典型金融资产（证券）一样运行，他们实际定义的是“金融化里的证券化”或者“大宗期货商品的金融化”。而在中国，金融体系是银行主导型的金融体系，金融市场并不发达（特别是金融产品的种类和金融法规的健全程度都比较欠缺）。因此，谁拥有资金，谁才有金融化的资本。所以，在西方特别是美国，讲金融化就是讲证券化或大宗商品期货合约问题。而在中国，金融化的主要问题不是证券化，而是实物商品金融化。

遗憾的是，即使是中文文献，在讨论“金融化”或者“商品金融化”问题时，也多是与西方文献类似，实际上讨论的都是大宗商品期货问题，而非本书研究的普通商品金融化问题。例如，崔明（2012）认为，大宗商品金融化表现为经济系统或金融市场弱化了可交易商品的实际价值，使之成为可交易的金融工具或衍生金融工具，期货市场上机构投资者的增加带来了商品期货投资的增长，表现为大宗商品价格不断上涨和剧烈波动。吕志平（2013）认为大宗商品期货价格剧烈波动的原因是大宗商品更多是作为一种投资品而成为国内外投资者进行逐利的工具。孙国茂和陈国文（2013）提出，过多的货币导致大宗商品价格升高，商品期货市场交易机制的完善促使衍生品市场和现货市场逐步金融化。罗嘉庆（2013）基于近代欧洲大宗商品交易中心的形成过程来分析商品金融化对现代金融市场发展的促进作用，实质问题仍然是大宗商品的期货交易问题。李书彦（2014）发现大宗商品金融化包括交易主体金融化和价格形成金融化两个部分。大量投资银行、投资基金、对冲基金和个人投机者进入大宗商品交易市场，参与期货交易的目的从套期保值（简称套保）逐渐转向套取价差。

从本质上说，这些文献都是沿袭了西方视角的金融化研究。在西方视角里，大多数人理解金融化的逻辑可能都是：原先用于消耗（短期内消费或长期内摊销）的商品转变为具有价值储藏功能的资产，然后这种资产进一步被证券化，即在流动性和价格波动性上越来越趋向于证券。而我们在中国的背景下，侧重点在于银行信用扩张与收缩是否以及如何影响商品的金融化程度，或称之为“金融化里的杠杆化”，也就是说，我们并不强调商品价格变动方式像不像证券，而是关注引起这些价格变动的因素是不是因该市场中的信用供给状况而发生了变化。同时，金融化是一个趋势相对稳定的演进过程，金融化商品的价格形成机制、交易机制一旦形成，并不会因价格的波动而导致过程中断，这个过程在正常情况下是不可逆的，因此才能在语义上称为“××化”。

有一些商品短期内符合第一层次的定义，体现出了很强的金融属性，但是过程是非常不稳定的，很容易退到一般商品的状态。例如，生姜、大蒜的金融化非常不稳定，无法形成被广泛接受的金融合约，一旦资金撤出，金融化过程就会中断。商品期货采用标准化合约，多边可接受性强，尽管价格可能有大起大落，但交易机制是规范稳定的。房地产虽然自身流动性较低，但是在中国的国情中，房地产是一系列现有或潜在权利的载体，它代表着土地长期（70 年）的使用权、房地产周边资源的享用权益、城市未来发展的地价升值空间等，作为一种资产在全社会具有广泛的可接受性。房地产价格是逐项权利的变现，以房地产为基准资产（Underlying Asset）的金融化的过程是稳定前行的，并不会因为投机泡沫破灭而出现逆转。

第二节 商品金融化的度量指标与分层

商品金融化不仅是大宗商品金融化和资产证券化，而且表现为普通商品金融化。在商品金融化的已有文献中，Tang 和 Zhu（2017）所指的“商品金融化”重点在于讨论大宗商品期货合约如何像典型金融资产（证券）一样运行，他们实际定义的是“金融化里的证券化”或者大宗期货商品的金融化。而在中国，金融体系是银行主导型的金融体系，金融市场并不发达（特别是金融产品的种类和金融法规的健全程度都比较欠缺）。因此，谁拥有资金，谁才有金融化的资本。所以，在西方特别是美国，讲金融化就是讲证券化或大宗商品期货合约问题。而在中国，金融化主要问题不是证券化，而是实物商品金融化。

在普通商品金融化的研究中，具有代表性的是张成思等（2014）关于中国商品金融化分层问题的研究。作者指出，商品金融化既不是宏观层面的经济金融化，也不是微观层面的商品证券化（即大宗商品证券化），而是介于二者之间的一系列普通商品的金融化。这一定义有两层含义：一是在该商品的交易机制中，金融属性逐渐增强，以致商品的价格决定越来越不取决于实体层面的供给和需求因素，而是取决于进入市场的资金量的大小。二是商品不是作为商品在交易，而是把对这种商品的所有权作为一种金融资产（商品则成为该金融资产对应的标的），购买的目的是转售所有权获利而非使用商品本身。因此，价格绝对量的变动并不一定能反映一种商品是否在经历金融化。

要准确度量商品金融化程度并不容易。商品金融化这一术语并不是一个定义准确、外延清晰的概念，也不是由一个维度或一种指标就能完全表征的理论。因此，商品金融化的度量指标需要通过考虑金融品交易过程的特征，并使用多维度指标来共同界定。综合来看，商品金融化程度可以从以下五个方面进行考察。

（1）资本密集度。

每种商品市场都会存在一定的资本集聚程度，大部分商品的资本聚集程度都受到实体层面供需因素的调节，我们称这种资本密集度是正常的。但对于已经金融化的商品，这个市场里的资本密集度就不再受供需因素的制约，而是可能出现任何形态，多数情况下是资本过密化。资本过密化是指市场中的资本集聚程度远远超过了实现供给需求平衡时的常态水平。资本过密化程度的计算方法为：

$$资本过密化程度=\left(\frac{市场中实际的资本集聚量}{实现供需平衡时的正常资本量}-1\right)\times 100\%$$

（2）市场杠杆率。

杠杆率是衡量一个经济主体用多大的外部资源来为经济行为服务的能力。在中国以信贷作为最重要金融工具的制度背景下，一种商品市场内流动的资金与交易参与主体自有资金或借贷资金的比例是衡量该商品市场金融化程度的重要指标。我们在这里使用的杠杆率的概念，可以被看成经济参与者个体杠杆率的加权平均，从整体上看，便是市场杠杆率，计算方法为：

$$市场杠杆率=\frac{该市场流动资金总量}{该市场流动资金量中自有资本数量}\times 100\%$$

（3）资产流动性。

流动性有很多度量指标，我们可以用换手率作为一个简便的代理指标，该指标越高，意味着流动性越强，金融化程度也相对越高，计算方法为：

$$换手率=\frac{实际成交量}{市场中商品价值总量}\times 100\%$$

（4）价格波动性。

可用价格波动性来比较商品价格波动形态和证券的相似程度。如果相似程度较高，则金融化水平较高。理解商品的价格波动性可以有两种思路：一种思路是研究它自身的波动性，例如使用波动性指数（Volatility Index)。另一种思路是假定典型的金融资产（如股票）是波动的，研究某商品的价格波动和该典型金融资产的波动有无相关性。如果相关性高，则说明该商品从价格波动上来看和典型金融资产区别不大，这一指标在已有文献中也被使用过。

（5）过程稳定性。

过程稳定性比较难量化。有一种思路是看商品的价格在经历一个完整的周期波动后，商品能否仍然保持金融属性（用上面四个指标衡量）。

一种商品开始金融化，可能是上面全部五个指标都显著，也可能只具备其中的某一些特征，甚至不同指标的结论形成对立。我们判断一种商品的金融化层次，需要综合考察以上五个指标。商品分类和金融化分层有对应关系，但又不是一一对应的。在图 1-1 中，商品的分类有两种口径：左边是按照实物用途属性分类，右边是按照货币金融属性分类。商品按照实物用途属性分类可以是中间产品、消费品和资本品，其含义符合我们通常的理解。在大多数情况下，中间产品和消费品从货币金融属性来看属于普通商品，供需决定价格，由于它们的保存期短且不具升值潜力，故不作为投资品。但在特别的情况下，中间产品和消费品可能会成为投机品，靠短期投机操作赚取价差（图中用虚线示意）。在正常状态下，依据实物用途属性分类的资本品和依据货币金融属性分类的投资品是对应的。然而，资本品是很容易在资金炒作的情况下变成投机品的。

普通商品向金融品转化需要经历金融化的过程。而投资品可以天然地成为金融品或者类金融品，例如期货、股票、债券、不动产产权等。由于投资品的种类、金融属性以及投资者的偏好不同，它们的金融化程度可以分布在低、中、高三个不同层级。按照这个层级划分标准，普通商品的金融化一般停留在中、低层次，因为普通商品的存在周期短，给高层次金融化留下的空间小。单纯的投机品的金融化层次最低，因为它缺乏过程稳定性。当然，要对一种商品的金融化程度进行更精确的界定，需要针对前述五个指标进行综合研判。

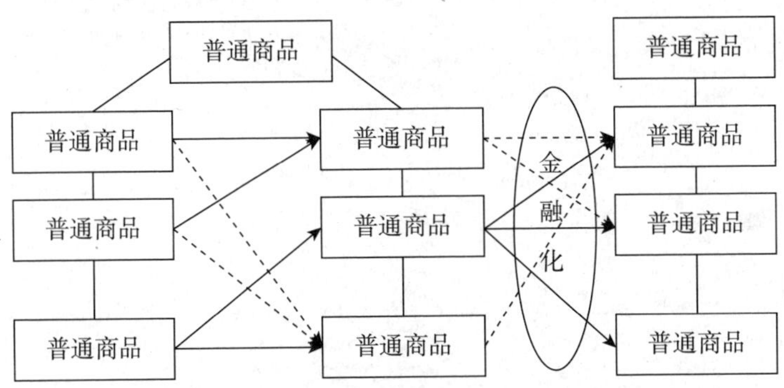

图 1-1　商品向不同层级金融品的演化过程

事实上，根据商品向金融品的演化过程，我们可以把经济中的交易标的分为金融产品和商品两类，如图 1-2 所示。金融产品包括股票、债券、衍生工具等品种。我们还可以把商品分为资本品和普通商品：资本品包括房地产、大型机器设备、名贵收藏品等；普通商品交易市场规模较小，没有规范交易机制，使用价值是其主要属性。不过，资本品和普通商品在特定条件下（例如资本炒作）也可以向金融品或者类金融品转化，在交易机制、市场规模、资本密集度和价格波动性等方面出现金融产品的典型特征。

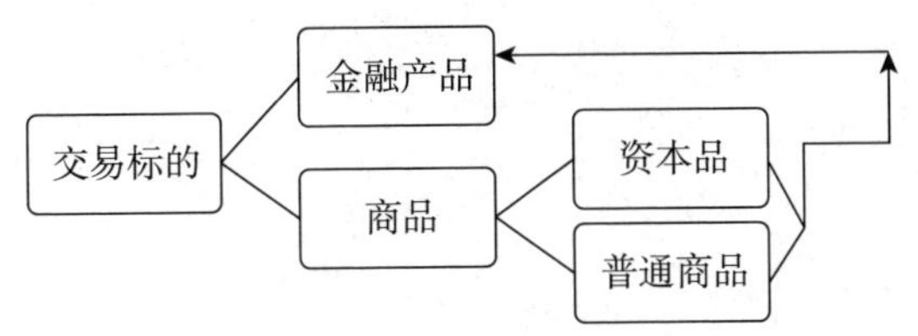

图 1-2　金融产品和商品的分类（按交易标的）及转化

从本质上看，普通商品金融化的逻辑内涵是资本的逐利性。如果说微观企业的金融化是企业经营者在生产端追求股东价值最大化和企业利润最大化的结果，那么普通商品金融化就是投机者在商品市场追求极致利润的结果。当然，普通商品金融化过程中，标的商品一般具有某种独特属性，至少是在一定范围内存在稀缺性，或者可以形成垄断市场，标的商品价格在短期内出现大幅波动，产品价格形成机制发生扭曲。注意，投机是商品金融化的开端，商贸繁荣是商品金融化一致的大背景，而泛金融业的金融化和微观企业金融化为商品金融化提供了不同层级金融化竞争和比较的基础。

第二章　商品金融化的理论框架

本章概览

- 商品金融化的动因（金融市场不发达，资本在商品市场寻求获利机会）
- 商品金融化的理论框架

本章提要

中国出现普通商品金融化的动因是中国的社会资本充裕与资本市场不发达之间的矛盾，资金所有者为寻找合适的投资标的，转向商品市场。商品金融化的总体的理论逻辑是：流通领域中流通成本的规模效应特性使得流通环节资本集聚，经销商议价能力增强，消费者购买的商品价格升高，形成了商品金融化的基础；在这一进程的基础上，如果商品的文化价值等难以准确定价的价值更多，那么商品更具有金融化潜力，而在不发达的资本市场中，民间富余资金推动这一潜力的实现；投资该类商品套期保值和抵御通货膨胀的资产配置需求和商品价格上涨期望所引发的投资、投机需求共同推动了普通商品价格的上涨，而价格上涨和交易量的提升又提高了该类商品的流动性，进而提高了该类商品的金融属性和套保投资、投机的价值，形成了正反馈下的商品金融化进程。

第一节　商品金融化的动因：民间资金富余与资本市场不发达的矛盾

近年来中国出现的普通商品金融化现象，与大宗商品金融化和经济金融化现象不同。普通商品金融化在西方资本市场和商品市场发达的国家没有出现，而在中国出现，原因在于中国作为发展中国家，金融市场不发达，在金融市场中，资金拥有者所能投资的资产类型有限，无法完全满足资金拥有者的需要。

市场参与主体在货币市场中投资，往往只能持有商业银行各类存款，或者国债、国开债等国家信用的固定收益债券。西方发达国家如美国的货币市场中常见的金融工具现今在我国多处于初建阶段，在本书描述的商品金融化的进程中尚没有引入，比如 2015 年，中国人民银行（简称央行）正式推出大额存单产品，商业票据等在 21 世纪初持续繁荣，直至 2016 年风险事件频发。中国的货币市场的发展明显滞后于资本市场（尤其是股票市场）的发展，除了货币市场工具的种类不能满足投资者需要以外，现存的主要问题还包括：交易所和银行间市场分割明显；市场参与主体太集中且不均衡；市场对信用风险定价能力不足。货币基金的投资门槛在近年来电子支付兴起的背景下才明显降低，社会闲散资金的进入在一定程度上缓解了商品金融化中资金涌入的压力，但货币基金投资配置中部分问题仍然存在。因此在中国货币市场中，民间富余资金的投资渠道单一，且面临的通货膨胀风险较大，好的投资标的有限。

中国的资本市场以股票市场为主要代表，在改革开放之后的建设有相当的成效，但是依然不能完全满足社会闲置资金的需要。相对而言，中国股票市场的流动性比中国债券市场的流动性更高，期望收益率也更高。中国股市的波动性相对西方发达国家的市场更高，而且具有“牛短熊长”的特性，这意味着如果不具备足够的专业知识或强大的投资团队，则难以承受中国股市的剧烈震荡。1994～2018 年，中国股票市场的波动率和美国股票市场的波动率详见图 2-1，中国的波动率显然更高，这是造成资本市场没有承接全部资金的重要原因。

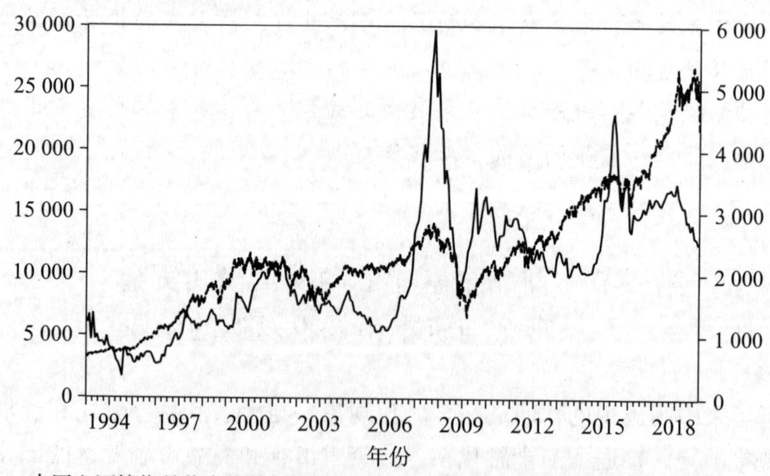

图 2-1　中国和美国股票市场的波动性特征

资料来源：万得（Wind）数据库。

商品期货市场的性质与普通商品市场非常接近，另外，商品期货市场的交易标准化是保证金杠杆交易，因此更加便利。中国商品期货市场在 2009 年和 2010 年两年的成交量处于全球首位。但是，中国商品期货市场的发展依旧不完善，根据杨沁旎（2016）的总结，目前中国商品期货市场存在的主要问题如下：一是可交易品种较少，部分现货市场参与者没有对冲标的；二是市场参与主体以国内投资者为主；三是产业客户参与较少，套期保值功能发挥有限；四是期货公司业务结构单一；五是市场监管不完善，把控生产行为扭曲市场价格的现象仍然存在。综合上述原因，商品期货市场可以承接部分社会资金，但是其发展仍然不完全。

总体而言，中国的金融市场发展仍然不完全，但是与此同时，外汇占款和危机后经济刺激计划导致的货币大量发行，使得民间资金极端富余。图 2－2 展示了 1990～2017 年中国的 M2/GDP 比值的变化趋势，可以看出该比值呈现出持续增加的趋势。社会资金占国内生产总值（GDP）的比重逐步提升，意味着经济体中社会资金富余，而不发达的资本市场无法满足其投资需要。因此，相当一部分富余的闲散资本转向普通商品市场，寻求抵御通货膨胀以及获得稳定而良好的收益的投资模式。

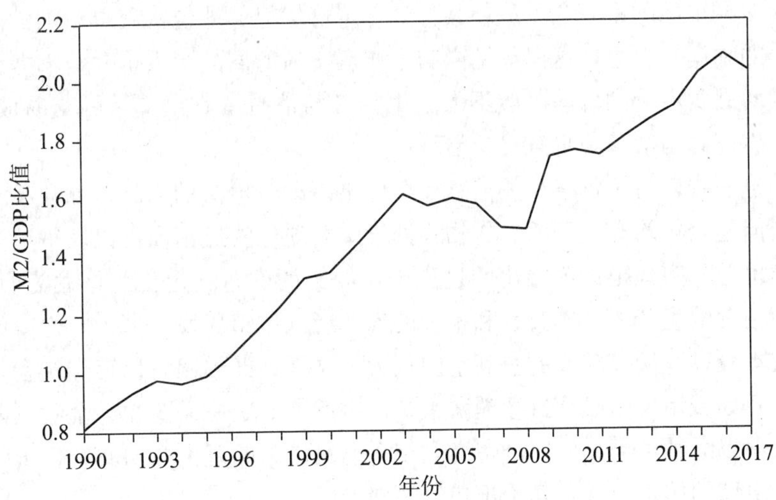

图 2－2　1990～2017 年中国的 M2/GDP 比值的变化趋势

资料来源：国泰安经济金融数据库。

第二节　商品金融化的理论分析框架

普通商品金融化是普通商品向金融品演化的过程，这一过程的表现包括如下几个方面的变化：资本密集度、市场杠杆率、资产流动性、价格波动性和过程稳定性。本节的理论分析框架的主要着眼点是在普通商品金融化过程中商品价格和流动性的变化。

从信息最简单的、金融化程度最低的商品类型中可以理解普通商品金融化进程出现的契机，理解资本为何涌入商品流通环节而非推动生产与消费环节的价格上涨。使用价值明确、需求价格弹性较低的商品的价格相关信息是较为完全的，而其中即时出清、当期生产当期消费的商品更为基础、简单，适合作为分析资金涌入这类商品市场的流通环节的原因的出发点。

如果价格相关信息完全、即时出清、当期生产当期消费的商品的流通环节规模效应明显，那么流通环节的单位成本将随着规模的增加而减少，这一市场的经销商的竞争将从完全竞争逐渐进入寡头甚至垄断，经销商开始在议价过程中具有优势地位。在生产者与经销商之间、消费者与经销商之间，经销商的不完全竞争使其均处于定价优势的地位，获得更高的流通环节的利润。注意，这里经销商与生产者交易的商品买入价和与消费者交易的商品卖出价的价差，应不大于生产者与消费者直接交易的交易成本，否则生产者与消费者将直接交易。

进一步，对于价格相关信息完全但不是即时出清的商品，如在某季有收获但是全年均有消费的农作物，处于垄断地位的经销商可以获得更高的买卖价差。宋代粮食金融化的过程中，经销商的垄断定价地位尤为明显。因为粮食的生产者（农民）和粮食的消费者（城镇居民、军人）之间的交易成本极高，所以粮商的获利空间很大。又因为经销商可以存储粮食，但消费者如城镇民众必须持续消费粮食，生产者如农民需要在某个时点前出售粮食以缴纳税项，所以经销商利用自己的较高贴现率和耐心，低价收取农民出售的粮食，寻机高价出售给消费者。

上述对使用价值明确、需求价格弹性较低的普通商品的分析，也可以推广至更复杂情形下的一般商品，展现了资本进入流通环节推动商品金融化的契机和基础。但是据张成思等（2014）对普通商品金融化的分析，商品金融化是分层次的，商品金融化处于高层次的商品将具有更多金融属性，不难发现仅因垄断定价导致的商品的高价格等原因并不足以实现低等程度以上的商品金融化。

孙国茂等（2013）认为期货商品市场中资金的增多是期货商品金融化发生的根本原因，但是将这一解释应用于普通商品金融化时，无法解释民间资金涌入普通商品市场引发的是分层次的商品金融化而非通货膨胀（简称通胀）。民间资金涌入商品市场之后，没有形成商品价格的全面上升即通货膨胀，而是在某些具有特殊性质的商品载体上实现价格水平的波动性增加乃至金融化，这是与商品本身的属性有关的。如果某类商品的市场的价格发现功能不足，或者该类商品的价值主要是文化价值等难以准确估价的无形价值，商品的价格就难以确定，从而表现出更明显的波动性。又考虑到中国市场中资金对投资目标的迫切需求，该类商品的金融化程度往往更高，表现出了更多的金融化属性。

普通商品的市场价值的基础是使用价值，消费普通商品所能得到的效用是商品具有价格的保障。而如果将商品视为金融资产，那么可以将它视为未来某时刻获得一次性支付的金融资产。孙国茂等（2013）认为投资者参与商品市场投资这类金融资产的目的包括：抵御通货膨胀、对冲风险、优化投资组合。

普通商品一般具有抵御通货膨胀的功能，以商品为基础资产的合约往往可进行套期保值的操作，因此可以被视为抗通胀风险、套期保值的金融资产，是普通商品进入金融化进程的重要原因之一。一般而言，如果不考虑存储成本和生产技术进步所造成的贬值等因素，投资于普通商品的投资组合不会随着通货膨胀而贬值。在中国存在通货膨胀压力、资本市场和商品市场均不发达的情况下，商品的抗通胀特质使得商品在投资者眼中备受青睐。

普通商品除了应对通货膨胀的作用之外，还能够满足投资、投机的需要，是另一个推动具有无形价值的普通商品金融化的重要原因。对商品价格的上涨期望引发新一轮的价格上涨，这一资本追逐利润的过程是这类商品金融化的重要理论逻辑。

在宏观经济稳定增长的历史环境中，收入需求弹性较高的商品的需求提升将更多，价格上涨的空间也更大，因此保健食材、白酒、艺术品等商品具有长期的价格水平上升的趋势。市场对于这些商品的价格水平有上升期望，这驱使经销商等角色进行资本运作，提前进入这一行业甚至进行大规模的购买、囤积以获得这类商品价格上升的利润。资本市场、商品市场不发达以及对未来产量与盈利的估计不准确，使得商品价格上涨程度过高，并导致价格波动性急剧增加。

对保健食材、白酒、艺术品等的价格上升的预期实际上具有一定基础，只是不完全市场的定价导致价格波动，长期来看，这些商品的价格确实应该温和地上涨。但是另外一部分商品，以郁金香、君子兰、比特币为代表，其价格上涨的预期缺乏经济学基础，引起的价格上涨浪潮中泡沫的成分更大。郁金香、君子兰的观赏价值不具有明显的可替代性，而比特币更是缺乏足够的使用价值，这些商品的价格上涨预期大体是媒体宣传报道的结果，因此价格的暴涨暴跌的程度更高。

无论是收入需求弹性较高的商品的价格水平随着宏观经济发展上升的预期，还是宣传报道引起的公众对某类商品追捧的价格上升预期，都推动了商品价格的上涨和交易量的增大，而商品的流动性的增加又会推动商品的抵御通胀、套期保值和投资作用等金融属性的凸显。周丽娜（2007）认为，金融资源的富集作用是商品金融化的内在动力，商品金融化以经济和金融发展到一定阶段为前提，更实质的原因在于丰富的金融资源，在现有的金融资源下，原先金融属性较差、金融价值不被人发现的商品的金融属性得到了改善，开始具备金融价值，也因此具备了金融化的前提，而这种商品的金融化又丰富了金融资源。这时商品的价格波动因素会明显地受到银行信用扩张与收缩的影响。

在这类“预言自我实现”式的金融化进程中，普通商品的资本密集度升高，价格波动性变大，流动性变好，逐渐承担金融品的属性。当某类商品市场出现了规范化的现货或者期货交易机制，流动性极高，能满足投资者出于套保和投资需求的交易愿望时，则可以认为该类商品进入了相对更高层次的金融化水平。而房地产是比较特殊的较高等级金融化的商品，其高流动性主要是表现在作为融资抵押的作用上。除了房价上涨预期催生的楼市高涨的价格波动、房地产企业大规模融资的资本密集和高杠杆等因素，房地产金融化的重要表征之一在于企业使用房地产进行抵押贷款，房地产的抵押品属性成为另一种意义的高流动性的表现。

普通商品金融化的总体理论逻辑如图 2 - 3 所示。流通领域中流通成本的规模效应特性使得流通环节资本集聚，经销商议价能力增强，消费者购买的商品价格升高，资本涌入流通环节，从而形成了商品金融化的基础。在这一进程的基础上，如果商品的文化价值等难以准确定价的价值更多，那么商品更具有金融化潜力，而在不发达的资本市场中，民间富余资金会推动这一潜力的实现。投资该类商品套期保值和抵御通货膨胀的资产配置需求和商品价格上涨期望所引发的投资、投机需求共同推动了普通商品价格的上涨，而价格上涨和交易量的提升又提高了该类商品的流动性，进一步提高了该类商品的金融属性和套期保值、投资、投机的价值，形成了正反馈下的商品金融化进程。

根据上述演进过程，我们可以得到如图 2-4 所示的以供给和需求为框架的商品金融化理论逻辑。金融化之前的普通商品供给曲线为 S，需求曲线为 D，供需平衡点处于 E_1，均衡价格为 P_1。

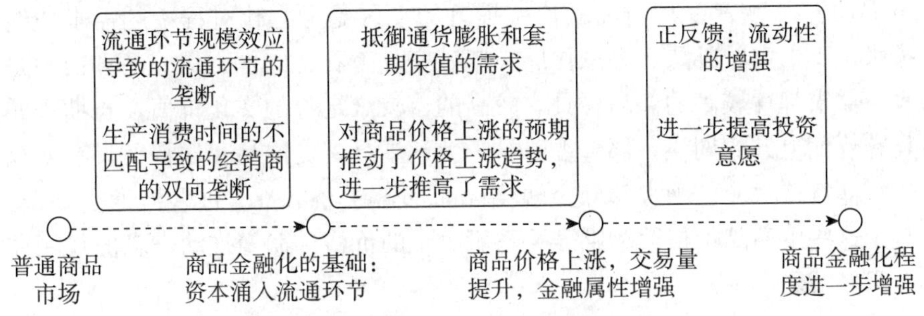

图 2-3　普通商品金融化的总体理论逻辑

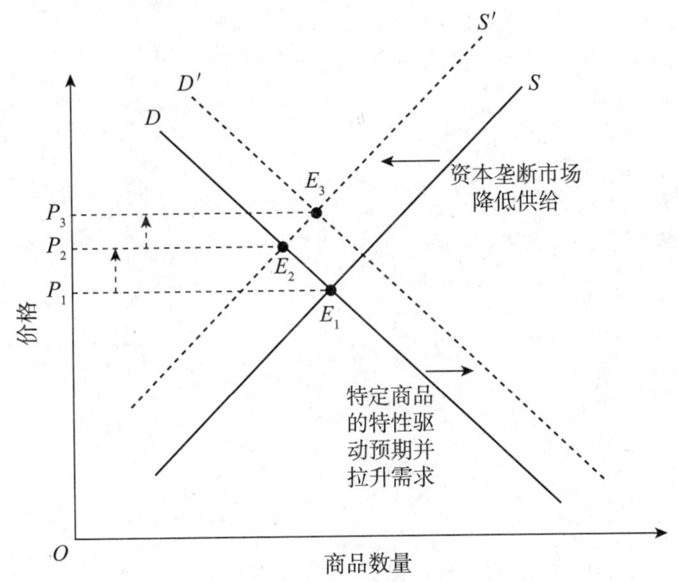

图 2-4　商品金融化的理论基础：供给与需求视角

由于资本进入流通环节，流通环节的垄断导致商品供给受到操控，供给曲线 S 向左移动，移到新的供给曲线 S'，新的均衡点为 E_2，市场价格从 P_1 上升至 P_2，这时商品价格提升的原因是金融化进程中产量减少。在本书所介绍的商品类型中，粮食、生丝、小宗农产品的金融化过程主要是由供给减少驱动的，而房地产的价格同样受到了地方政府对土地供给限制的重要影响。

同时，由于某类商品本身的特质（例如集聚历史文化信息的特定商品），一方面投资者有抵御通货膨胀的投资对象选择需求，另一方面宏观经济长期增长趋势或者媒体情绪渲染导致对该商品价格出现上涨预期。这些原因推动需求曲线向右移动至 D'，达到新的均衡点 E_3，对应的市场价值 P_3 比 P_2 更高。此时商品价格提升的动因是金融化过程中的需求曲线扩张。本书中，邮票、书画作品、紫砂壶、玉石、红木、保健品和白酒是收入需求弹性较高的商品，具有较高的、较难定价的文化价值，长期来看具有价值上升的期望，郁金香、君子兰、星月菩提饰品和比特币具有明显的媒体宣传效应。绝大部分金融化商品都需要经历资金进入流通的环节，对于这些由商品价格偏离供需关系所决定的价格，期望推动需求的作用非常明显。

第三章　商品金融化的文献回顾

本章概览

- 普通商品金融化的研究
- 大宗商品金融化的研究
- 微观企业金融化的研究
- 经济金融化的研究

本章提要

商品金融化尚未形成统一标准的严格定义，各文献所探讨的“金融化”分别有着各自的内涵。本章的四节分别梳理了普通商品金融化、大宗商品金融化、微观企业金融化和经济金融化的已有的相关文献研究。普通商品金融化是本书讨论的问题，而大宗商品金融化与普通商品金融化的研究在原因、机制上有许多相似之处。微观企业金融化看似与普通商品金融化相关，但企业主体明确且唯一，其金融化历程与基于市场视角的商品金融化的可比性不大。经济金融化是最为宏观的金融化进程，商品金融化在经济金融化中只是一小部分，经济金融化中金融业、房地产业和保险业占比提升的现状是普通商品金融化的大背景之一。

第一节　普通商品金融化研究

商品金融化尚未形成统一标准的严格定义，各文献所探讨的“金融化”分别有着各自的内涵。本章的四节分别梳理了普通商品金融化、大宗商品金融化、微观企业金融化和经济金融化的已有的相关文献研究，为本书所讨论的商品金融化和文献中所能看到的“金融化”的含义辨析提供基础。

经济交易行为的标的产品可以分为金融产品和商品，前者包括股票、债券、衍生工具等，后者可以分为资本品和普通商品。相比于金融产品和资本品，普通商品一般没有如期货市场的大规模市场交易机制，社会的资本投入较少，普通商品的使用价值占据支配地位。本书讨论的是普通商品金融化的问题，而本节回顾对普通商品金融化的既往研究，总结前人文献对普通商品金融化的界定、现象、成因、演进和机制的分析。

根据张成思等（2014）对普通商品金融化的界定，普通商品金融化是指介于宏观层面经济金融化与微观层面商品证券化之间的一系列商品的金融化，具体有两层含义：第一，商品交易机制中金融属性逐渐增强，以致商品的价格越来越不取决于实体层面的供求因素，而取决于进入市场的资金量的大小；第二，金融化是一个趋势相对稳定的演进过程，金融化商品的价格形成机制和交易机制的形成过程一般不可逆。

中国出现的普通商品金融化的现象在既往文献中已经受到了关注。张成思等（2014）注意到普通商品的价格波动性以 2007 年左右为重要的分水岭，在 2007 年之后受到资本轮动驱动价格上涨的商品涨跌幅明显扩大，价格的不稳定性增强。

普通商品金融化的成因在已有研究中尚且没有定论。周丽娜（2007）认为金融资源的富集作用使得金融资源本身是动态的自我发展过程，这种发展过程的外在表现就是商品金融化。另外，周丽娜（2007）认为商品金融化过程中的过高的价格是商品金融价值的表现，这与大多数文献中对商品金融化的批评态度和对泡沫的传统认知不符。郄彦平（2011）认为商品金融化的原因是存在投资价值的商品存在供给缺口，能扩大市场的总需求并拉动经济，但不具有可持续性。

对于普通商品金融化的演进过程，既有文献从不同角度进行了描述。张成思等（2014）通过资本密集度、市场杠杆率、资产流动性、价格波动性和过程稳定性这五个指标，将普通商品分为高、中、低等不同金融化层次的商品。在这一基础上设定商品需求模型中现实价格和预期价格的波动率，得出了高层次金融化商品的价格变化对消费者价格指数（CPI）的作用时间较长的理论结果，并在实证中得到了验证。吴华等（2014）将普通商品金融化中的艺术品金融化的发展历程分为三个阶段：第一阶段，艺术品形态发展出商品形态，艺术品的无形价值被市场认可；第二阶段，资本以艺术品为投资对象，艺术品呈现出资产化倾向，艺术品的投资价值浮现；第三阶段，基于艺术品的衍生交易发展，所有权和经营权分离，金融交易门槛降低、频率变高。

总体来看，由于普通商品的定价信息和市场主体信息较少，难以开展标准化、规范化的研究，而日常生活中都可以注意到的普通商品金融化进程的文献相对较少，学术探讨更是寥寥。本书致力于弥补这一空白，力图利用各类普通商品金融化的材料，提炼商品金融化的逻辑的一致与分歧。

第二节　大宗商品金融化研究

大宗商品金融化问题与本书中主要研究的普通商品金融化问题密切相关。大宗商品与普通商品同属于商品，都具有抵御通货膨胀的功能，在投资组合中的作用相近，价格变化受到宏观经济的影响的方向相同。另外，因为同属于商品，大宗商品和普通商品的储存、质押等一系列操作很接近，所以金融化的进程中的原因和机制等将是相似的。

学术界对大宗商品金融化的概念目前也没有统一的界定。Epstein（2005）认为大宗商品金融化是指金融动机、金融机构在大宗商品交易中起到越来越重要的作用，而 Dore（2009）认为大宗商品金融化是指在整个经济活动中大宗商品交易所占比重逐渐增加，吕志平（2013）认为大宗商品金融化是大量货币资本介入大宗商品期货市场使得大宗商品期货价格波动幅度加大甚至暴涨暴跌的现象。

既往研究都意识到了 2004 年之后美国大宗商品投资的热度大幅上升和机构资金流入大宗商品期货市场的现象，并且对商品期货合约价格与期货指数、股市指数之间关系的变化进行了分析。Tang 和 Xiong（2012）指出 2014 年之后，指数类商品和非指数类商品的行为越来越不同，前者与石油和股票市场的相关性越来越强。Singleton（2014）认为机构投资者的资金流动对油价的涨跌起到了重要影响。另外，中国商品期货价格在 2006～2008 年保持稳定，与美国的商品期货大幅上涨态势形成了鲜明对比。这表明了大宗商品的价格上涨不仅是由新兴经济体推动的供需变化造成的，而且可以发现美国商品期货大幅上涨的时段恰恰与中国普通商品价格波动上升的时间一致，即与中国普通商品金融化频发的时段一致。

现有文献中也有对大宗商品金融化的原因进行分析的，但尚无定论。Gorton 和 Rouwenhorst（2005）证明如果大宗商品收益率与股票投资收益率持平，则其方差更小，与股票债券的收益率的相关性也较小。韩立岩等（2012）的实证研究结果认为，长期来看实体经济因素是大宗商品价格上涨的主要原因，短期来看国际投机因素导致了大宗商品期货的金融化。田利辉等（2014）发现大宗商品现货价格受到美国股市波动的影响，且美国的标准普尔 500 股票指数比中国的沪深 300 股票指数影响更为严重，这也说明了中国大宗商品现货定价乃至金融化态势受到国际因素影响。崔明（2012）认为大宗商品金融化的内在原因是投资组合的多样化、抵御通胀的需求、对冲美元汇率风险、国际投资者投资新兴经济体的渠道和套利的需要，而大宗商品金融化的外在因素是低利率和宽货币环境、新型金融工具和机构投资者的加入、期货交易机制趋于完善的便捷性。但是实证结果挑战了大宗商品分散风险功能和多样化投资组合的功能，Silvernnoinen 和 Thorp（2010）、Tang 和 Xiong（2012），以及 Daskalaki 和 Skiadopoulos（2011）都阐释了次贷危机期间商品期货与股票价格同步性显著提高的情况，这使得大宗商品金融化的原因更加莫衷一是。Basak 和 Pavlova（2015）从机构投资者的行为入手，构造了包括机构投资者和传统期货市场参与者的模型，发现在有机构投资者的情况下所有商品期货的价格和波动性均上升，指数期货的价格和波动性高于非指数期货，而商品现货价格和库存会随着金融化而上升，任何商品指数的震荡都会波及所有可储存的商品价格。

金融化对商品期货和现货价格的影响一直广受讨论，尤其是金融化是否扭曲商品价格的命题更是引发了激烈争论。Irwin 和 Sanders（2011）的研究对后金融化时期石油期货市场投机增加是油价的重要决定因素这一命题提出了质疑。Kilian 和 Murphy（2014）将 2003～2008 年油价飙升归因于全球需求冲击。Cheng 和 Xiong（2014）关注金融投资者对商品市场中风险分担和信息发现的影响，并认为金融化通过这些机制大大改变了商品市场。

以上均是针对大宗商品金融化的由来，以及金融化对大宗商品本身的现货和期货价格的影响的研究，而同样有文献关注大宗商品金融化之后其价格对股市的影响，尤其是研究金融危机期间油价对股市的影响。Kilian 和 Park（2009）研究发现美国股市的实际收益取决于油价变化，进口油价供给不确定性则是股市震荡的关键原因之一。Wen 等（2012）的实证结果表明金融危机中雷曼兄弟破产之后油价与股市指数之间的尾部相关性显著增强，但同时油价对于中国股市的传染效应较弱。

大宗商品与普通商品的区别在于，大宗商品交易量大，资本密集，有标准化的期货交易机制，金融属性普遍更强。而大宗商品的期货合约本身就是成熟的金融产品，有着高流动性和投资价值。所以大宗商品金融化研究的范式整体与普通商品不同，更侧重于后金融化时期金融化对商品现货与期货价格的影响，以及机构投资者对价格影响的问题等，而普通商品金融化主要研究普通商品金融属性增强的过程中的推动力量和结果。

第三节　看似相关的微观企业金融化研究

微观企业金融化现象是指企业的投资标的与获利渠道都越来越向金融资产倾斜的现象。这一现象从 20 世纪 80 年代以来在发达国家和一些新兴市场国家开始出现，进入 2000 年以来尤为明显。因为非金融企业的金融投资上升而实业投资持续下降，威胁实体经济的运行，所以非金融企业热衷于金融资产投资这一议题引起了广泛关注。

Epstein 和 Jayadev（2005）对经济合作与发展组织（OECD）国家非金融企业一个较长时期的资产配置情况进行了实证分析，发现在 21 世纪初发达国家已经出现了比较明显的金融化现象，企业越来越倾向于将资金投到金融资产上，而不是用于商品生产的长期固定资产上。Demir（2009）对新兴市场国家中的墨西哥、阿根廷和土耳其上市公司数据进行分析，同样发现这三个国家中非金融业、保险业和房地产业（FIRE，即 finance，insurance 和 real estate 的简称，又称泛金融部门）出现了减少固定资产投资、增加短期金融资产投资的现象：这三个国家在 20 世纪 90 年代一方面吸收了大量外部投资，另一方面其固定资产形成比例逐年下降，甚至在 20 世纪 90 年代下降到 20%以下，远低于一般意义上持续较快增长的下限 25%。

从微观企业角度观察经济金融化的研究一般基于“通过金融渠道积累利润的企业累积方式逐渐占据主导”这一定义，该定义最早由 Arrighi（1994）提出，并经 Krippner（2005）发展完善，即“利润越来越多地通过金融渠道而不是传统的商品生产与贸易渠道获得”。这一定义既包括经济体中金融行业利润占各行业总利润比例的提升，又体现在非金融企业越来越依赖金融渠道获利上。这导致经济发展的核心从生产制造部门（还有一些外延的服务部门）变为金融部门（Foster，2007）。在这一领域的研究中，非金融企业的金融投资行为受到股东价值论的影响（Froud 等，2000）。特别是在 20 世纪 70 年代以后，西方资本市场的大发展带来了并且改变了非金融企业的公司治理理念，由追求长期增长转变为短期股东价值最大化，表现为非金融企业增加金融交易而减少生产性投资，即形成金融化特征。国内有文献实际上研究了非金融企业的金融化现象，从非金融企业的影子银行化角度进行分析，包括非金融企业影子银行活动的识别

（王永钦等，2015）、融资结构对非金融企业从事影子银行业务的影响（韩珣等，2017）、非金融企业金融化程度与杠杆率变动的关系（吴军等，2018）等。

对于中国非金融企业的金融投资问题的结果与影响，既有文献的结论基本一致，认为非金融企业的金融投资行为对企业的各方面具有负面的甚至破坏性的影响，包括对企业经营收益率的冲击（宋军等，2015）、对全要素生产率的显著抑制（刘笃池等，2016）、对企业创新能力的破坏（谢家智等，2014）。长期来看，非金融企业的金融投资会显著抑制企业技术创新的动力（王红建等，2016；2017），这不但没有缓解反而会增加企业的融资难度（徐家辉，2013），最终还损害了实体企业主营业务的发展（杜勇等，2017），导致市场扭曲和经济结构失衡（罗来军等，2016）。

现在部分文献开始注意到中国非金融企业从事金融资产投资的影响机制：谢家智等（2014）指出制造业创新发展能力弱化、金融收益虚高和机构投资者的公司治理因素共同驱动和强化了制造业的金融投资行为；宋军等（2016）通过对上市公司非金融企业会计报表数据的分析，发现主营业务经营收益率对金融资产配置的非线性影响；张成思等（2018）基于投资组合选择理论，得出了中国非金融上市公司的固定资产投资相对风险而非绝对风险主导了企业的金融投资行为，但金融资产与固定资产收益率之差不会显著影响企业金融投资行为的结论。

微观企业金融化的相关研究是从企业利润最大化的角度出发，来研究其金融资产配置决策和金融投资行为的现状以及影响因素，而研究商品金融化的视角是以某类商品的市场整体这一视角为出发点的。尽管微观企业金融化可能会影响企业对某类商品的购买、储存与质押的决策，但是微观企业金融化过程由于企业主体明确且唯一，因此其金融化历程与商品金融化的可比性不大。

第四节　看似相关的经济金融化研究

20 世纪 80 年代以来，在第三次科技革命与放松金融监管等因素的推动下，包括金融业、保险业和房地产业的泛金融部门已经迅速发展成为美国最大的产业。Foster（2007）指出，近 20 年来金融部门在美国的 GDP 贡献、吸纳就业、利润规模等方面所占的比重大幅上升，美国 FIRE 行业的 GDP 贡献率从 1980 年的 16％上升到 2007 年的 20％以上，而同期的制造业则从 20%下降到 12%。显然，经济活动的重心正在从产业部门转移到金融部门，正如 19 世纪工业部门超过农业部门成为经济主要支柱一样。

基于金融部门膨胀这一定义的研究与主流金融学中的金融发展、金融深化等方面的研究有所交叉。例如，衡量金融发展的代表性指标麦氏指标和戈氏指标也常被应用于经济金融化的研究中。前者是 McKinnon（1973）提出的以 M2 与 GDP 的比重来衡量一国经济的货币化程度；后者是 Goldsmith（1969）提出的以某个时点一定口径的金融资产总额与实物资产总额或名义 GDP 的比重来衡量一国经济金融化程度。1952 年，美国的金融资产总量相当于当年名义 GDP 的 4.52 倍，而到 2008 年，这一比例扩大到 10.2 倍，金融资产在 56 年的时间里增长了 97 倍，其增速远超实体经济的增速。

经济金融化的概念由 Sweezy（1977）在研究保险业和房地产行业扩张时首次使用。Sweezy（1997）指出 20 世纪 70 年代以后经济结构发生了较大变化，在此前的经济结构中，支持生产体系的金融部门规模较小，随后金融部门急剧膨胀并表现出与实体部门相对独立的特征，这导致大量投机活动的出现和实体经济的停滞，也催生了资本积累过程中出现的经济金融化趋势。

随着经济发展和金融创新的加快，世界各经济体均经历了不同程度的金融化，经济金融化成为被普遍关注的议题，关于经济金融化内涵的解读及其与经济发展的利弊作用也随经济发展而不断变化并推陈出新。在此背景下，世界各国学者围绕经济金融化问题开展了深入的研究和讨论，并从研究视角、内涵、现象等多维度为经济金融化提供了理论基础，以期提供对应的监管措施和政策建议。本节从正面、负面和折中三个视角来观察经济金融化问题，总结目前主流的宏观经济学流派在经济金融化领域的理论研究现状，并为后续的研究提供参考和借鉴。

金融发展学说是褒扬经济金融化的重要学说之一，也是新古典经济学派的主要学说，其包含金融发展理论和金融深化理论，其基本共识是金融发展和经济增长存在正相关关系，学术观点聚焦金融化的优点及其发扬。Schumpeter（1912）在 20 世纪初期指出了银行对经济增长存在促进作用，这是金融发展与经济增长问题研究的开端。主流的新古典经济学频繁使用“金融深化”、“金融发展”和“金融增长”等表述，这些文献虽未明确使用“金融化”概念，但本质上涉及与金融化紧密相关的内容。例如，Gurley 和 Shaw（1955）提出的经济发展的金融视角，Patrick（1966）、McKinnon（1973）、Shaw（1973）、King 和 Levinc（1993）、Rajan 和 Zingales（1998）等提出的金融深化与金融发展理论，以及 Goldsmith（1969）提出的金融结构分析方法，都可以被视为金融化学说的前身和渊源。

McKinnon（1973）和 Shaw（1973）认为金融抑制是发展中国家经济发展的重要障碍，因此要实现经济的快速增长，应当施行一系列的金融自由化政策。金融深化的主要目的是减少过度金融干预，让金融市场充分发挥资源配置作用。

Goldsmith（1969）最早进行金融发展领域的实证研究，将金融中介资产价值与国民生产总值的比率作为金融发展指标，研究表明，金融发展和经济增长同时发生。King 和 Levine（1993）在 Goldsmith（1969）研究的基础上加以改进，选用 4 个金融中介指标（金融深度、存款货币银行、非金融企业信贷和非金融私人企业信贷）和 4 个经济增长指标（GDP、物质资本积累率、国内总投资和经济效率）研究金融发展和经济增长的关系，研究结果显示出所选的金融中介指标和经济增长指标之间拥有很强的相关度，表明提高物质资本积累率和经济效率可以提高经济的增长率，金融中介的发达程度与物质资本积累率、投资率相关，因此金融中介可能领先经济的增长。

左派的激进的政治经济学流派则持有截然相反的金融破坏说，其基本共识是金融的发展对经济增长不但没有促进作用，反而破坏了经济系统的正常运行。金融破坏说是激进政治经济学流派的主要学说，其重点关注金融化的危害及其治理。20 世纪 70 年代以来，资本主义社会工业经济得到了快速发展，伴随着经济金融化的进程，实现了资本积累和总需求的扩张，金融服务实体经济的目标得以实现。然而随着资本流动速度的加快和混业经营导致的金融深度的提升，经济和金融发展开始出现步调的不一致。较为突出的现象是经济波动和金融周期出现的频率更高且幅度更大，甚至出现了金融危机和经济衰退。

西方马克思主义、后凯恩斯主义经济学和激进政治经济学与新古典经济学派不同，代表人物 Crotty（1990；2005）、Arrighi（1994）、Amin（1996；2003）和 Harvey（2005）频繁地使用金融化（Financialization）这个表述，用以形容资本主义的发展形态，并且将金融化与全球化和新自由主义（Neoliberalism）联系起来，认为金融化与全球化和新自由主义一唱一和，构成了全球资本主义新框架，在全球范围内都带来了破坏性影响。Stockhammer（2000）所代表的法国调节学派认为，股东权利的增加使得非金融企业的金融投资上升，而资本的商品积累在下降，从而导致整个经济的增长率下降，对经济有负效应。Mayer（2008）、Stockhammer 和 Grafl（2010）等的研究认为金融危机出现的原因是虚拟经济的过度发展。Palley（2010）认为过度金融化引起融资结构失衡，进而使得企业负债率上升，引发金融危机。Foster（2005）认为资本的过度积累是导致金融危机的根本原因，垄断资本的金融化使世界经济增长陷入了金融化陷阱。Foster（2010）认为，生产性投资和金融性投资之间的联系渠道较为模糊，资本主义和垄断公司的发展使得经济中存在过多的盈余，这导致了低增长、高失业和产能过剩并存的现象。Epstein（2006）认为经济金融化产生的分配效应会使贫富差距增大，在经济增长趋缓时，非金融部门逐步转向金融部门，最终引发实体经济的收缩和金融危机的出现。Orhangazi（2007）发现非金融企业进行金融投资可能使实体经济投资被挤出。Hudson（2010）认为非金融企业金融化是金融资本的扩张、掠夺和剥削程度加深的结果。

国内学者也对经济金融化的危害进行了反思，并探索重建金融与实体经济之间的关系，并使金融回归其应有的服务生产性活动的本质上来。任重道等（2010）认为过度金融化会导致经济出现储蓄动员机制、风险管理机制和分配调节机制等一系列经济运行机制的蜕化和失灵。陈雨露等（2008）认为，西方发达国家在长期宽松货币政策的刺激下，经济金融化与金融衍生化程度过高成为全球新型金融危机的重要特征。

在拥护和反对金融化两种立场之间，还存在致力于回答金融化的最适程度、金融化对经济发展作用的机理变化等问题的金融化折中论视角。金融化折中论中的一个分支提出了最合适的金融化程度的判别标准：唐玉斌（2007）将经济金融化对我国经济的影响分为支持效应和约束效应，支持效应指的是经济货币化和金融化对商品经济发展的推动，约束效应指的是资金使用效率低下和资金配置效率降低对经济发展的制约，是否能实现支持效应最大化和约束效应最小化是经济金融化是否适宜的判别标准。

经济金融化的现象影响到宏观经济的整体形势，是广受关注的议题。而经济金融化的拥护者与反对者的研究都陈述了经济金融化的相关事实。不难看出，商品金融化的进程只是经济金融化总体形势中的一小部分，而商品金融化在经济金融化中的地位、发生的原因与发挥的作用是本书所要讨论的内容。

第四章　落后者遭殃：投机与商品金融化辨析

本章概览

- 投机与投资的区别
- 金融投机与商品投机
- "投机倒把"与商品金融化
- 投机与商品金融化辨析

本章提要

现代意义上，为了再出售（或再购买）而不是为了使用而暂时买进（或暂时售出）商品，以期从价格变化中获利的经济行为被称为投机。金融化则是指商品交易机制中的金融属性增强的一个趋势相对稳定的演进过程。投机与金融化在资金条件、监管环境以及交易主体变化等背景方面具有相似性。投机常是商品金融化的开端，但投机不是对金融化的完整刻画，并非一切商品的金融化都以投机为最主要标志，出现投机的商品也必须在金融化各指标中表现明显，并且该商品的价格决定机制和市场交易机制均发生变化才达到金融化的标准。投机的发生往往揭示商品的金融属性，反映其金融潜质，成为金融化的一个阶段。当一些商品的金融化进程在发展中不再局限于投机层面，投机仍在其中发挥价格发现、风险分担和流动性供应的作用。区分投机与金融化有助于更好地把握各商品的金融化特点。

第一节　投机与投资：激情与爱情

商品金融化的开端是投机，没有投机的动机和动力，可能就不会出现后续完整的商品金融化过程。当然，这种开端的动机也许不是投机而是投资。当我们提及投机和投资时，或许会意识到这二者似乎存在一定的差别，但是具体差别在哪些方面，又可能不是特别清楚。确实，要澄清投机与投资的差别，就像要求苦恼的青少年解释爱情和激情之间的区别一样，少年意识到爱情和激情不一样，但它们的差别似乎不够明显，不足以消除少年心中的困惑（爱德华·钱塞勒，2012）。事实上，爱情在一定阶段时充斥着激情，而激情也是爱情的一种表达。只不过，爱情从名称上更加高尚一些，而激情则可能令人不齿。同样，对于投资和投机来说，很可能二者的对象都是相同的，但是投资更显正面，而投机则偏向负面。

尽管如此，投机和投资的差别还是存在的。一方面，投机追逐的主要是短期或者超短期的获利机会，而投资更多的是追求较为长期的增长机会；另一方面，投机面对较高的损失风险和获利预期，而投资经常面对可控的损失风险和稳健的增长预期。形象地说，投机是想让一点点钱在短期变成一大笔钱，但是可能会失败；投资是防止一大笔钱变成一点点钱，应该会成功。即使如此定义已经比较形象和准确了，但可能还需要做一些补充说明。例如，投机中的损失风险虽然较高，但一般会被投机过程中获得高额利润的可能性所补偿。适度投机可能有助于提高市场的流动性和价格发现能力，但是频繁的投机又可能带来市场的动荡。

现实中要区分投资和投机行为，仍然困难重重。例如，为了抵御通胀、保值增值，购买房屋后出租获得租金的行为，可以视为投资行为；而购买房地产之后在短期内马上转手出售以获得差价利润，这就更接近于投机行为。当然，也许购房出租者当初并非计划出租而是计划尽快转手，只是短期内并未找到购买者而改变了计划；或者购房转手人的初衷是长期持有，但因为家庭变故急需现金而不得已出售房产。种种情形不一而足，此时对于第三方就很难从购买行为的动机上区分投机与投资。或许二者的差别本来就不应该在这种角度上被深究。

换一个角度，从商品金融化视角考察相关问题，则是另辟蹊径，会获得更多的信息。具体来说，我们可以通过研究投机或者投资行为开始之后标的商品的价格走势，以及由价格变化带来的市场反应、过程特征和结束特征等，来更全面地理解投机或者投资带来的影响和冲击。从这个层面看，商品金融化的研究价值可能要比区分投机与投资的问题更高。

第二节　金融投机与商品投机：先进市场与落后市场

从投机的标的物（简称标的）来看，可以分为金融投机和商品投机。

金融投机的标的物是金融产品，商品投机的标的物是普通商品，二者存在着诸多不同。金融投机需要有较为发达的金融市场作为基础，即使现时没有发达的金融市场，也经常会在投机过程中带动金融市场的发展，或者开创出相应的金融市场部门来。

对于商品投机而言，情况则截然不同。在多数情况下，投机者持币待投，然而由于缺乏较为发达的金融市场，或者难以在短期内形成一定形式的金融市场，投机者便将目光盯准了部分具有特殊品质的商品，因此普通商品或者资本品都可能成为标的物。所以，商品投机的市场是商品市场，而非金融市场。

显然，金融投机和商品投机的标的物是完全不同的，二者面对的市场也是不一样的。遗憾的是，在诸多对投机进行系统分析的资料中，几乎都没有对金融投机和商品投机进行区分。《金融投机史》一书的作者（爱德华·钱塞勒，2012）似乎也感觉到了二者的区别，但是从其将“郁金香泡沫”与“南海计划”等混在一起对投机进行评述的做法中不难看出，他并未识别出二者有多大区别。

事实上，亚当·斯密（Adam Smith）在《国民财富的性质和原因的研究》（简称《国富论》，*The Wealth of Nations*）一书中的部分论述已经为商品投机甚至商品金融化的定义提供了线索。斯密认为，投机商人的业务经营是不规律的、不确定的。也许他今年是一个谷物商人，明年可能就变成了茶叶商人。不管什么贸易，只要他预期其中的回报很可能高于其他贸易，他就会进入，而当回报下降到低于其他贸易的水平时，他就会退出。

斯密所说的投机商人正是商品投机的主体，他们的资金量很可能尚达不到在金融市场兴风作浪的规模，因而才会对不同的商品饶有兴趣。这些商品投机者与证券市场上的金融投机者有相当大的区别。因为商品市场的交易特征、价格形成等运行规律与金融市场截然不同，两个市场对应的价格波动性特征也迥异。因此，不对市场进行区分而笼统地对投机行为进行定义是不妥的。在传统层面上，投机动机经常被定义为“从市场价格的变动中获利的企图”。相应地，投机行为就被定义为“从市场价格的变动中获利的行为”。在实践中，金融投机的交易一般指在证券市场的证券交易、外汇市场的汇率交易、期货市场（包括商品期货、指数期货等）的差价交易等，而证券市场、外汇市场和期货市场都是金融市场，这些市场的典型特征就是价格波动性较大，而且价格的黏性较小。而商品投机则是在商品市场中进行，商品市场的价格波动性一般没有金融市场高，而且价格黏性较高。

可是，只有区别和厘清从哪个市场获利，才可以清晰地阐释市场价格的变动问题，才能搞清楚相应投机的内在特征。否则，不管投机的话题如何引人关注，留给公众的印象只有股市的泡沫和暴跌，以及金融衍生品的惨败，进而引发人们的焦虑和担忧；而专业人士面对的似乎永远都是如何避免繁荣的泡沫，如何教导人们警惕金融的贪婪和恐惧，甚至教诲人们如何寻找金融投机的成功与获利路径（Ashley，2009）。然而事实上，有些投机根本不是金融市场的交易，只是商品市场的投机活动，又何谈金融的贪婪和恐惧呢？本书针对的主要是商品投机，而不是金融投机。

第三节　计划经济时期的“投机倒把”与商品金融化

提到商品投机，在当代中国最为有名的当属 20 世纪 80～90 年代被称为“投机倒把”的行为。当时有一句流传颇广的顺口溜：“十亿人民九亿倒，还有一亿在寻找。”那么，当年为何会产生如此大规模的商品倒买倒卖行为呢？中国当下的商品金融化与 20 世纪 80～90 年代的投机倒把行为又有何不同呢？

价格双轨制指的是对同样的商品实行两种不同的定价机制，是计划经济向市场经济过渡过程中的特殊产物。在计划经济时代，价格是统一制定的，一盒火柴两分钱，一斤盐一角三分，这样的格局维持了近 30 年之久。在计划经济中，价格更多地是一个符号，难以起到调节供需的作用。改革开放初期，我国生产力较为低下，供需严重失衡。要想扭转这种局面，就必须发挥价格的信号作用。考虑到贸然放开价格可能造成经济的大幅波动，国家采取了双轨制以逐步放开价格，向市场经济过渡。1984 年，国务院颁发的《关于进一步扩大国营工业企业自主权的暂行规定》指出，属于自销和超产部分的工业生产资料，企业可以在不超过 20%的幅度内自主确定价格。1985 年 1 月，20% 的幅度限制被取消，双轨制正式开始实施。

双轨制的初衷在于“放调结合”，既要放开一部分价格，又要有步骤地调整、提高计划价格，逐步使两轨并拢，牌价与市价统一，最终回归单轨制。然而，由于供需严重不平衡，两轨之间的差距在短时间内迅速扩大。大庆油田的原油体制内价格为每吨 100 元，而市场价达到了每吨 600 元，其他生产资料的差价也十分可观。由于计划体制内的价格难以一步调整到位，巨大价差的存在迅速吸引了众多投机者。众多的“倒爷”们通过各种手段拿到“批条”（即购买许可），将购买到的计划内物资再以市场价格卖出，从而以近乎“空手套白狼”的方式积累了大量财富。根据1985年的《经济日报》报道，当时内蒙古赤峰的一家国营金属材料公司从一家铝锌矿以每吨3 714元的“计划内价格”购得500吨铝锭，然后以每吨6 500元的价格就地倒卖给广东某民营公司，后者再将之倒卖3次，价格提高到每吨7 000元，最后仍由国营金属材料公司买回，调拨给赤峰的国营电线厂。铝锭原地未动，从中倒腾的“倒爷”们却赚得盆满钵满。在南京，1 000吨钢材在原地不动的情况下被转卖129次之多，江苏、广东、安徽和湖北的83个部门参与其中，价格翻了三倍有余。这种倒买倒卖现象一直到实现完全并轨方才消失。

客观地说，双轨制为我国实现从计划经济到市场经济的平稳过渡做出了贡献，激活了计划外市场，但同时也带来了诸如投机倒把、官商勾结等问题。在双轨制下产生的投机倒把现象对商品价格波动带来了较大影响，而且充斥着各种资金的影子（或许那时候还谈不上金融资本），那么这与我们今天提出的商品金融化问题是否相同呢？事实上，“投机倒把”与当前中国的商品金融化现象是在不同的制度背景下产生的，二者的操作手段、操作过程以及目标商品都存在本质上的差异。

首先，二者的制度背景不同。历史上的投机倒把行为发生在我国从计划经济向市场经济的转型时期，而当前的商品金融化则发生在市场经济体制下。在转型时期，受客观条件的限制，我国实施了相当一段时间的价格双轨制。在存在两种价格，市场又普遍存在供给不足的情况下，不可避免地出现了部分人想方设法获取批条，然后将低价购买到的计划内商品倒卖至零售市场的情况。因此，当年的投机倒把更多的是在供给不足的大背景下发生的制度性套利，是一种变相的权力寻租与变现行为，存在一定的不合法因素。吴敬琏先生曾经指出，“双轨制等于是在同一条道路上同时实行靠左行驶和靠右行驶的双重规则，势必出现‘撞车’与混乱，助长计划内外价格的‘权力寻租’现象”（张新光，2005）。而中国当前的商品金融化则发生于市场经济体制已经基本完善，商品价格具有市场调节的基础，基本不存在长期持续性供给短缺的大背景下，特定商品的炒作一般是自发的市场行为，制度性因素相对较低。

其次，二者的炒作手法并不相同。投机倒把行为的主要操作手段是设法获取批条，低价购得计划内商品，然后倒卖至市场，从中牟利。由于利益巨大，一时出现了不少官商勾结的贪污腐败现象。在这种投机倒把行为中，资本的参与程度相对有限，甚至有不少“空手套白狼”的例子，而如何设法钻制度空子，拿到计划内商品才是最关键的。与此不同，商品金融化的炒作手法则是首先选择资金盘面较小，可以用少量资金控制的商品，有时候分批购入，直至可以控制大部分市场供给，然后通过市场垄断等行为来制造供给短缺以抬高价格。因此，商品金融化对资本的数量及操作都有较高的要求，部分市场甚至有配资炒作的现象。

最后，二者的炒作对象不同。投机倒把行为对商品本身的要求并不高，只要计划内外存在较大差价，从工业原材料到百姓日用品皆可炒作。当时的“倒爷”们出售的产品既有布料、肥皂、洗衣粉，也有钢铁、水泥、汽车指标，甚至还有外汇。而对于商品金融化而言，由于需要“控盘”，所以对商品的选择至关重要。2011 年，山东大蒜炒家（或者称为投机商）改炒白菜失利的案例就可以很好地说明这一点。具体情况是这样的：山东金乡县是著名的大蒜之乡，经常有商人在此处囤积大蒜进行炒作。大蒜本身产地集中，因为是调味品，需求有限，盘面较小，利于控制和炒作，导致“蒜你狠”时常见诸报端。2010 年秋季，大蒜价格下行，前期已经获利颇丰的部分大蒜炒家见本季度储藏大蒜无利可图，改而囤积白菜，寄希望于借助春节效应大赚一笔。但是，白菜作为冬季的主要蔬菜之一，产量高，产地广，囤积商的有限资金和库存能力对市场的影响极其有限。结果，2011 年春节期间白菜价格暴跌，原来每斤 0.7 元收储的白菜跌至每斤 4 分，大部分炒家血本无归，甚至直接抛弃白菜一走了之。由此可见，在商品金融化中，对被投机炒作的商品有较高的要求，只有在该商品流通盘面容易被控制的情况下，炒作才能够成功。基于二者的较大差异，本书重点阐释的是在市场经济环境下的一般性的商品金融化行为，而非由于双轨制产生的不合法的投机倒把行为。

第四节　投机与商品金融化辨析

1. 重温“投机”

我们在之前已经提过，投机行为历史久远。《史记·吕不韦列传》中出现了“奇货可居”一词，指囤积珍奇的货物以备高价售出，后人用“囤积居奇”形容此类行为，可见中国至少早在战国时期已经有了投机行为。其他文明史上也有此类记录。约瑟在埃及时，从七个好年份和七个坏年份的梦中受到启发，在好年景时，他囤积大批粮食，好在日后歉收的年份以高价投入市场。古希腊哲学家泰利斯通过观测星象预测到第二年秋天本地橄榄将会遇到百年一遇的大丰收。于是，他秘密去拜访了当地所有的橄榄油压榨机的主人，付给每人一小笔定金来买下一份期权，该期权的内容就是到了秋天时，他能优先以正常的租金租用他们的压榨机。第二年，大丰收果然来临了，压榨机的需求骤然增加，泰利斯得到了向求租者索要高价的机会，结果发了一笔财。显然，我们并不会认为类似的投机行为是金融化，虽然其中可能有资本的过密化和价格的波动。

在亚当·斯密的描述中，投机商人是经营实体业务的企业家，而不是资本家。这一定义更适用于吕不韦这样的投机商人，而资本家的投机更符合现代关于投机的定义。现代意义上的投机，根据《新帕尔格雷夫经济学大辞典》中的定义，是为了再出售（或再购买）而不是为了使用而暂时买进（或暂时售出）商品，以期从价格变化中获利的经济行为。结合该定义，可以按字面把投机解释为将资金投向机会，交易者利用市场中出现的价差机会进行买卖交易而从中获得利润的行为，因此把握时机是投机的关键。根据交易者的买进（或售出）与再出售（再购买）两次操作之间的时间间隔长短不同，可将投机者分为长线投机者、短线投机者和超短线投机者。其中，长线投机者的两次操作之间通常间隔数周、数月甚至数年；短线投机者的一回合买卖之间则间隔数日、数周；而超短线投机者利用价格的微小变动进行交易以获取微利，一天之内可以进行多个回合的买卖交易，因而他们也被称为“逐小利者”或“抢帽子者”。

人们关于投机与投资的界定至今仍然充满争议，投机与投资的确是有所不同的。投机更看重的是出现价格差的机会，即交易者所购资产现在与未来价格的关系，而投资看重的是所购买的资产的价值与目前价格的对应关系或者资产现在价格与未来价值的关系。

投机是零和的博弈，有人获利，就有人损失，该过程不产生财富的创造，只有财富的转移。而投资往往是正和的。真正意义上的投资行为，通常是通过双赢或多赢的途径来实现的。投资会有相当的一部分进入实体层面，比如促进生产或者促进公司的成长。

但 17 世纪的“郁金香泡沫”让投机的层次发生了转变，这也是人类历史上第一次有记录的金融泡沫（但并不是第一次出现的商品金融化）。原来在商品市场出现的投机活动的方式是囤积货物、抬高物价，其成功的根源在于存在供需缺口。这些商品市场的波动都没有像郁金香泡沫那样大，原因是郁金香市场的交易机制发生了变化。在 1634 年以前，郁金香和其他花卉一样是由花农种植并直接经销的，价格波动的幅度并不大。在 1634 年年底，荷兰的郁金香商人们组成了一种类似产业行会的组织，基本上控制了郁金香的交易市场。在1636年年底，荷兰郁金香市场上不仅买卖已经收获的郁金香球茎，而且提前买卖在1637年将要收获的球茎。郁金香的交易被相对集中起来之后，买卖双方的信息得以迅速流通，交易成本被大大降低。郁金香合同很容易被买进再卖出，在很短的时间内几经易手。这就使得商人们有可能在期货市场上翻云覆雨，买空卖空。在多次转手过程中，郁金香价格也被节节拔高。[①] 郁金香交易呈现出金融化的端倪，最重要的一点在于是资本而非供需在推动价格变化。但郁金香交易并未发展成高层次金融化，因为这种机制是非常不稳定的，泡沫破灭之后这一过程就中断了。

投机行为在今天仍屡见不鲜，从葱、姜、蒜，到棉花、金属，再到房地产，无处不在。我们区别金融化和普通投机行为的标准仍旧是前文中提到的五个指标。注意，葱、姜、蒜的金融属性也是不稳定的，它们与一般投机行为的区别主要在于价格驱动机制，和郁金香类似，交易机制甚至还不如郁金香层次高，如果不认为郁金香是金融化，而把葱、姜、蒜作为金融化，逻辑上则会存在矛盾。但是好在葱、姜、蒜的这种投机不是一次性的，对于同一种商品，可能过个几年就又会大起大落一次，这是它们区别于郁金香的关键。这种会不定期反复出现的大起大落，说明这种交易机制起码有一种脆弱的可持续性，而不是像郁金香一样被彻底打回原形。因此，我们把葱、姜、蒜作为最低层次的金融化商品，它们和一般投机商品存在交叠，其界限并不是十分清晰。

2. 商品金融化并非都以投机为主要标志

自2008年以来，在宽松的货币政策背景下，资金涌入不同行业，促使许多普通商品价格波动加剧，普通消费品市场出现价格轮番上涨的情况。诸如大蒜、生姜等商品由于投机的屡次发生而呈现出金融化的趋势。然而这并不意味着出现对某种商品的投机就等于该种商品的金融化。金融化与投机之间既有共同点，又存在着区别。

金融化和投机在初始形成的条件方面具有相似性。其一是资金条件。充足的金融资本是金融化与投机发生必不可少的条件。只有当市场中存在着大量甚至过剩的资金，流动性需要释放时，才会出现寻求新的投资机会的动力，普通商品才得以成为大量资本的潜在依附对象。金融资本的充足或过剩常常与宽松的货币政策、超量的货币供给以及低利率政策有关。其二是监管的放松。普通商品市场往往缺乏严格的监管措施，这为资本进入

① 本书第九章将详细分析郁金香的金融化过程。

进行炒作或改变商品的交易机制、价格决定机制提供了条件。其三是商品交易主体的变化。商品的交易主体不再仅由生产和消费商品的买卖双方构成，而是出现了持有资金并希望从这一商品的交易中获得其他利益的参与者，这其中包含民间资本持有者以及金融机构，一种商品的市场上不仅存在传统的消费需求，而且出现了资金的保值、获利或对冲来自其他市场的风险的需求。

在市场上流动性过剩时，民间资本由于参与许多现有金融工具市场受限，而成为商品交易投机的主要驱动力量，一些商品由此进入金融化的开端。但并非所有的商品金融化都是从投机开始或以投机为标志的。

商品期货市场在发展初期是以价格发现和套期保值两大功能服务和从属于现货市场，而非由投机引起的，也不是仅存在单纯投机性的交易。商品衍生品市场的参与者由套期保值者和金融机构组成。其中，套期保值者是商品的买家与卖家，他们参与市场的动机是利用衍生品来对冲其现货头寸的风险或锁定收益，例如商品的买家利用多头头寸对冲未来价格上涨可能招致的损失，而商品的卖家利用空头头寸对冲未来价格下降可能招致的损失。金融机构的交易动机则更多是投机或套利，是市场中不可缺少的一部分。不过，初期的商品衍生品市场以风险管理而非投机为主。

此外，还存在一种不完全由大量资金进入而导致的金融化。如果说投机是以大量资金涌入市场而使得商品开始主动金融化，那么这种金融化对商品而言是被动的。然而，黄金、珠宝首饰的金融化属于一种主动的金融化。黄金、珠宝首饰行业作为资金密集型行业，由于材料成本高、产能过剩、终端市场产品积压严重等问题而面临发展困境。在此背景下出现了一系列互联网黄金金融平台，投资者在其平台上购买黄金托管产品后，平台将托管账户中的黄金租借给中小黄金加工企业使用，收取租金。此外，首饰共享租赁也是黄金、珠宝首饰金融化的主动尝试。

艺术品的金融化也不同于完全由投机驱动的金融化。根据吕益民（2011）对艺术品金融化问题的分析，艺术品金融化的两个核心特征是：艺术品成为金融机构资产管理的投资标的；艺术品可以成为金融机构对企业或个人信用评级和资产定价的重要标志。

3. 出现投机并不等于实现金融化

根据定义，发生金融化的商品的价格决定越来越不取决于实体层面的供求因素，而取决于进入市场的资金量的大小，并且金融化的演进过程必须满足趋势的相对稳定和不可逆。一种商品的金融化一定能从资本密集度、市场杠杆率、资产流动性、价格波动性、过程稳定性这五项指标中得以体现，可能是这五个指标均表现明显，也可能是仅有个别的指标表现明显。某些商品的投机不足以达到金融化的标准，因此出现投机并不等于金融化。

若投机的价差仅由供需失衡引起，这样的投机就不等于实现金融化。如果投机者仅以“搭车人”的身份，跟随价格这一辆“车”运动，在价格较高时“下车”，那么投机者更多地充当了一种普通意义上的消费者的身份，特别之处仅在于属于大额消费者。在这种情况下，投机者仅作为供需失衡时的实体经济参与者，商品的价格决定机制、市场交易机制都未发生变化，仅仅是经历了一次供需失衡，不存在金融化的特征，因而没有实现金融化。

另外，即使投机引起了价格决定机制和市场交易机制的变化，但仅一次而已，在泡沫破灭后就长期中断，一切被彻底打回原形，则也不等于实现金融化，至多可以描述为“有一次金融化的尝试”。如发生在17世纪的荷兰郁金香泡沫，主要驱动因素是投机，其间巨大的财富效应吸引了来自各个行业的荷兰人、侨居异国的荷兰人和欧洲大陆其他投机商的资金，荷兰人为郁金香交易特别制定了一系列规范，规定郁金香的计量单位，允许在股票交易所中专门进行郁金香交易，并且对未收货的郁金香球茎进行期货交易。郁金香市场的交易机制发生了变化，但在泡沫破灭后政府禁止一切郁金香投机交易，在投机潮时形成的所有变化都被打回原形，郁金香金融化的进程由此回到原点并且长期中断。这样的投机不能满足金融化的过程稳定性的要求，因此也不能算作真正的金融化。

有的投机发生时引起了商品市场机制的变化，虽然资金撤出后市场又恢复原状，但这类投机不止发生一次，而是具有一定的周期规律。比如近年来我国的葱、姜、蒜等普通商品出现了多次炒作的现象，并呈现出随气候变化而不定期发生的规律。这种交易机制存在着一种比较脆弱的可持续性，因此葱、姜、蒜等可以被视为存在较低层次的金融化。

以投机作为金融化开端的商品，一部分目前停留在由投机维持其金融化现象的阶段，比如葱、姜、蒜；另一部分在进一步的金融化发展中形成了稳定存在的新的价格决定机制和交易机制，但在进一步金融化之后已经不完全由简单投机主导市场，并且这种商品在金融化之后也不仅仅作为投机赚钱的机器而存在于金融市场中。比如机构投资者参与大宗商品市场投资，主要出于三方面的原因：第一，商品期货投资可以较好地抵抗通货膨胀，这是因为所投资的商品往往在一揽子商品中占有相当的比重，或者其价格与一揽子商品的价格呈现相近的变化趋势，所以商品期货投资收益与通货膨胀率有很大相关性。第二，商品期货投资可以优化投资组合。已有的研究（Gorton 和 Rouwenhorst，2006）表明商品期货合约同股票有相似的平均收益，但在经济周期的不同区间内与股票和债券的收益不同，且商品期货合约收益的波动性较股票而言小得多。第三，商品期货投资可以对冲风险，如汇率变动的风险等。虽然商品期货合约没有实际产出，唯一获利的来源是期货合约价格的上涨，从而金融机构的商品期货交易属于投机性质，但上述三方面的参与动机都不宜被界定为最基本的从价差中获利的投机动机，因此金融机构参与商品期货市场实际上不是单纯的投机性交易。

4. 其他区别

投机往往是一次性的行为或某一段时间内的现象，是一个“点”事件，人们常用“一次投机”来描述投机行为的发生或一轮投机潮的出现。而金融化刻画的是一个完整的过程，虽然起始点经常表现为投机行为，但是金融化强调的是这些行为带来的后续演进路径和结果。

而且，投机与金融化的侧重点不同，投机侧重于价格差带来利润，是从资本的角度出发进行界定；而金融化则强调商品的价格决定机制、市场交易机制发生质的改变，是从商品性质的角度出发的。从这个方面看，投机可以作用于商品的金融化，但不能代表金融化。

另外，投机更多地依赖于经济周期的波动性或某种商品在其贸易周期中的供需失衡。投机的关键在于捕捉价格差出现的机会，而投机的存在本身又趋于消除价格差出现的机会，且经济的波动性和商品在贸易周期中的市场波动并非持续存在，因此投机只能是间隔性发生的。而金融化强调过程稳定性，即当商品的交易机制、价格决定机制等一旦开始发生变化，其进程就不因外界因素如经济的周期变动、价格的波动等而中断。

5. 投机对于金融化的意义

投机反映商品金融化的潜质，常成为金融化的开端。商品包含两层属性：一是商品属性或自然属性，是商品具有使用价值的属性；二是金融属性，是指商品的类似金融产品的属性，包括在交易中产生的收益性、在流通中的不易损耗性、流动性、易于标准化或者分级评估的属性。而这两种属性分别决定了商品的商品价值和金融价值。

周丽娜（2007）提出了金融资源的富集作用，即从长期来看，金融资源具有自我实现、自我挖掘的功能。在现有的金融资源下，原先金融属性较差、金融价值不被人发现的商品的金融属性得到了改善，开始具备金融价值，也因此具备了金融化的前提。金融资源的富集作用使得金融资源在不断丰富自身的同时具备了吸纳金融属性较弱的商品的能力，这体现为金融化的主体从最初的货币到黄金，进一步到其他有色金属、能源及战略物资，并向普通商品的演进。商品金融化是在金融资源的富集作用下推进的，而投机是金融资源富集作用的一种实现。

由于资本的逐利性，资本倾向于捕捉能产生超额收益的机会。市场中存在大规模的过剩金融资本，并且事实上金融资本的量仍呈现出增长的趋势，而当这些资本由于经济增速减缓、金融危机等原因无法被原有的金融产品吸引时，或由于金融监管的种种限制而无法进入某些投资领域时，便开始进入新的领域寻找获利机会。

投机则恰是对商品的金融属性的发现与揭示。投机资金进入某个运行着传统的供给和需求平衡机制的商品市场时，一定是发现了其中蕴藏的获利机会，即对该商品的未来价格会高于现行价格有一定的把握。而这一对商品价格变化的预期则以商品自身的某些特性为基础。

如黄花梨、冬虫夏草等天然稀缺珍贵的商品，供给量少甚至不再产生新的供给，在市场存在较为稳定的需求，或部分消费者由于预期未来商品的稀缺性而在短期内增加需求的情况下，价格将会升高。而另有一些商品的供求关系易受某些季节性因素的影响而发生周期性的变化，比如葱、姜、蒜等农产品每年的产量较大程度地受到冬季及早春时节的降雨（雪）和寒潮的影响，不时出现减产预期，使得市场供不应求，在短期内表现为价格上升。不时出现的减产预期带来的价格上涨预期为投机资金进入并进行囤积居奇的炒作提供了契机。房地产则是通过房产证等契约形式的转让完成的，这自然使房地产的金融属性大大增强，使资金持有者乐于涉足房地产交易，而不仅仅因为使用价值需求而将其作为一种消费。此外，受众面广的商品由于与许多人生活相关而保证了一定的市场需求；易储存、在流通和储存过程中不易损耗的商品使得投机者能够专注于价格变化，在购入时不必担心因持有而招致损失。这也是投机发生的客观条件。

投机资金因此进入这些商品市场，并在一定程度上影响着这些商品的价格及交易机制、风险承担机制以及信息传播机制等。实际上，商品的这些特性一方面为投机的形成创造了条件，另一方面则构成了它们自身的金融属性。投机的发生往往是由于商品具有这些特性，因此投机实则是挖掘出它们的金融属性，并通过投机带来的市场关注而放大其金融属性。在投机的作用下，商品金融化的潜质更明显地显现，投机也常常成为商品金融化的开端。

6. 投机在金融化进程中仍然存在并发挥作用

商品在经历金融化的开端后，在其金融化的进一步发展中，投机仍然存在，并发挥着作用。在金融化商品的市场中，投机起到分担风险、提供流动性、增加交易量和价格发现的作用，是维持市场活跃性的重要参与者。在金融化的演进过程中，出现了建立在投机基础上的更深层和多样的投资，如将商品作为投资组合的一部分以抵抗通货膨胀、减小波动性等。比如在商品衍生品市场的进一步发展中出现了指数投机者这类新的市场参与者，他们把期货合约作为投资组合分散化的工具，用以对冲通货膨胀、优化投资组合。指数投机者对商品金融化的促进作用主要在于使得商品的价格与金融市场的联系更加密切。越来越多的金融机构参与指数投机者当中，意味着有越来越强的市场力量把纳入指数的商品和金融工具联系起来，商品的价格表现与投资组合中的其他资产价格表现关系更加密切，从而体现出金融工具的特性。指数投机者的存在与发展因此推动了商品金融化的发展。

投机往往是商品金融化的开端，并且在发现商品的金融属性、挖掘商品的金融化潜能方面扮演重要角色。然而，并非所有商品均从投机开始金融化的进程，商品的投机也不一定能够使之实现金融化，在商品金融化演进的过程中，投机或许不再起到完全的主导作用。投机作为金融化的一种阶段，并不能刻画出金融化的所有特征，但投机与金融化是密不可分的。

总之，商品金融化的初始动机可能是投机，如果没有投机的动机，就很难有后面一系列对应商品价格从低到高然后继续波动的过程，而正是经过成千上万次投机而产生的价格波动使得商品出现了有别于使用价值的金融价值，进而出现了商品金融化，因此投机是商品金融化的原因和组成部分，商品金融化是投机的结果。

附录 1：中华人民共和国成立前后的“银元之战”与“米棉之战”

“银元之战”是中华人民共和国成立前后，在上海发生的一场经济风波。部分拥有大量资产的商人希望通过银元的交易来阻止人民币进入上海市场流通。当时，巨额的投机资本蠢蠢欲动，囤积居奇。投机商们首先从捣乱金融开始，于 1949 年 4 月、1949 年 7 月、1949 年 11 月和 1950 年 2 月连续掀起四次大规模涨价风潮，上海的物价从 1949 年 5 月到 1950 年 2 月，上涨了一二十倍。物价上涨首先是从金银、外币开始的。之后不久，各地军管部门和人民政府都颁布了金银、外币管理办法，禁止以金银计价，统一由中国人民银行限期收兑，同时宣布：中国人民银行发行的人民币为唯一合法的货币。但投机商人对此置若罔闻，金银投机活动有增无减。从 1949 年 5 月 27 日至 6 月初短短的 13 天中，黄金价格上涨了 2.11

倍，银元价格上涨了1.9倍，市场物价也随之上涨了2.7倍。极为猖獗的金银投机活动严重冲击和动摇了人民币的地位，造成了市场物价急剧上涨，严重影响市场物价，影响人民币的地位。中央人民政府首先集中大量银元进行抛售，把价格压低，然后宣布禁止流通，并查封金银投机的主要网点和钱庄等。这就是有名的“银元之战”。

“银元之战”结束以后，投机资本家并不甘心，又将投机目标转向粮食、棉纱、棉布和煤炭等市场。投机者囤积物资，哄抬物价，全国物价出现成倍上涨的局面。1949年6月至7月，上海米价上涨4倍；1949年10月至11月，上海米价又上涨3倍。为打击投机倒把活动，稳定物价，中央人民政府统一部署，从全国各地调运大量粮食、棉花、棉纱和布匹等物资。经过周密布置和准备之后，选择市场价格达到高峰之际，于1949年11月底在全国各大城市统一行动，集中抛售。投机资本家错误判断形势，认定物价还会上涨，不惜高利拆借巨款，继续买进，但最终不敌实力雄厚的国营公司。国营公司敞开抛售后逐步降价，这时政府收紧银根、征收税款。这“一抛一收”使得投机资本家资金周转失灵。市场物价很快开始下降，粮食、棉花等商品价格大跌30%至40%。投机商人哄抬物价的阴谋破产。之后，投机商人也竞相抛售存货，导致价格进一步下降。结果，“囤积”并未实现“居奇”的效果，众多投机商人因亏损过多宣布破产，许多私人钱庄因借给投机商人的款项无法收回，亦宣告倒闭。这就是著名的“米棉之战”。“米棉之战”在政府平抑物价、掌控市场的斗争中作用很大，其意义甚至被认为“不下于淮海战役”。经过“银元之战”和“米棉之战”，到1950年年初，全国物价终于稳定，结束了我国连续十多年物价暴涨的局面。

附录2：“杨百万”的投机历程

人物事件

杨怀定，祖籍江苏镇江，出生于上海，是原上海铁合金厂的一名职工(杨怀定，2007)，性格中具有江浙人特有的精明与敏锐。他在1988年从事当时被市场忽略的国库券买卖并获得资本原始积累，随后成为上海的第一批证券投资大户，人称“杨百万”“中国第一股民”。杨怀定的证券投资故事被世界各地媒体广为报道，并在1998年被中央电视台评为“中国改革开放二十年风云人物”。

历史背景：国库券摊派制

在我国改革开放初期，中央提出全国要在1980年基本实现农业机械化，在上述行政指令的引导下，我国经济出现了投资过热和通货膨胀的态势，国家财政赤字大幅增加，其中1979年和1980年两年的财政赤字合计高达298.1亿元，创中华人民共和国成立以来的历史纪录。国家不得不发行国债，向老百姓“借钱搞建设”，以弥补国库的空虚。

我国在1981年首次发行国库券，总金额为40亿元，要求全民所有制和集体所有制单位购买20亿元，城乡居民购买20亿元。按照国家规定，国库券不得作为货币流通，也不得自由买卖。当时老百姓手中可自由支配的资金并不多，而国库券的利率不高，不能带来可观的利息收入，因此居民并不热衷于购买国库券，国家因此通过行政手段以摊派任务的方式出售国库券（李泽兴，1987）。

1981～1987年，国家年均发行国库券59.5亿元，发行国债成为国家弥补财政赤字的重要手段。由于国库券的低流通、低回报的特点没有得到改变，居民认购国库券的积极性仍十分低下，行政摊派依然为主要手段。1988年4月，国家批准部分城市开放国库券转让试点，国库券的流动性大大提高。由于当时各地区发展水平存在差异，信息不对称，加之居民的金融敏感度不高，少数“先知先觉”的投机者在这样的环境下赚了大钱。

“杨百万”的第一桶金

作为“文化大革命”前的初中毕业生，杨怀定毕业后曾在上海铁合金厂做工人，随后成为仓库保管员。由于生活不富裕，他和妻子承包了浙江一家乡镇企业的销售业务，逐渐有了近3万元的存款，这在当时算是大数目。后来，由于所管仓库被盗遭厂方怀疑，虽最后得以澄清，但自尊心极强的杨怀定毅然辞职。

1988年3月，辞职后的杨怀定失去了经济来源，他每天到图书馆看报纸并寻找致富信息。1988年4月初的《人民日报》提道：经国务院批准，中国境内公民可自由买卖国库券。杨怀定发现了商机，想从证券交易高低变化的差价中赚一笔钱。

后来，杨怀定得知全国有6个城市可以买卖国库券，在上海面值为100元的国库券卖102～103元，而离上海最近的合肥国库券卖100元（受国库券摊派制影响，当地居民缺钱花，急于将国库券兑现）。于是杨怀定拿出2万元本金，并从亲友处东拼西凑，最终带了十几万元连夜坐火车赶往合肥。通过国库券的买卖，杨怀定一次就赚到上千元。杨怀定日复一日地往返于上海和合肥，不久便有了7位数的存款。

投机是否合法？

杨怀定买卖国库券获百万身家的事迹引起了社会的广泛关注，在当时的历史背景下，作为“先富起来”的一批人，杨怀定在享受成功喜悦的同时也担心有人“割资本主义尾巴”。为了确保自己赚的钱合理合法，杨怀定便开始为自己的收入寻找法律依据。他先是到税务局主动申请交税，得到的答复是国库券免税，从事国库券交易不用交税；随后，他又到中国人民银行，要求“接受党和国家的教育”，求证买卖国库券的合法性，得到的答复是：中国人民银行总行鼓励公民随时买进卖出，作为公民，他的行为是合法的。他还以高额工资请公安人员充当其保镖，为的是“在人民公安的监督下做事，为自己留条后路”。

投资和投机是一对接近且容易混淆的名词，二者的区别是：如果初始动机为低买高卖并从中套利，而不关心真实价值，不做深入研究，则可定义为投机；如果认可长期价值与长期投资，并收获资本增值，则可定义为投资。很显然，杨怀定在国库券可以自由买卖初期的行为是典型的投机，他凭借自己的判断低买高卖并合法地赚取差价，也在某种意义上促进了国库券市场的流动。在取得人生第一桶金后，杨怀定决定进军股市，成为一名真正意义上的投资者。

进入股市，变身投资者

1988 年，我国出现季节性抢购挤兑现象，为此国家提出了“治理经济环境、整顿经济秩序”的方针，一年后，消费品市场出现下滑，居民消费热情不高，国家决定放松银根（刘永强，1991）。杨怀定敏锐地判断在国家鼓励居民消费的大背景下，股票会上涨。因此他来到静安证券门市部买入真空电子股票。半年后股市开始上涨，杨怀定持有的真空电子股票从每股 100 元涨到 2 000 元以上，他的财富得到了快速的增长。

人物评价

杨怀定并没有很高的学历，但他具有极强的悟性，更为重要的是他懂得人的心理。杨怀定平日十分重视学习，他不仅看股市操作和国库券交易的书，还订阅了上百份报纸，勤于学习、善于思考使得他抓住了历史机遇，实现了命运的转变。

第五章　泡沫化的世界：商品金融化的演进逻辑

本章概览

- 投机与商品金融化
- 商品的投机历史
- 商品金融化的层级演进

本章提要

金融化与投机存在着紧密的联系。不过，从商品投机到商品金融化的演进过程反映了金融化与投机的微妙区别。本章阐释了三个层面的演进过程和演进逻辑：一是从投机到商品金融化的演进逻辑，二是投机的历史演进逻辑，三是商品金融化的层级演进逻辑。

第一节　从投机到商品金融化的演进

投机（Speculation）的原始词义很明确，英文单词中的词根“SPEC”以及“SPECT”的原始意思就是“看”。顾名思义，投机就是“寻找机会进行获利”“瞅准机会进行倒腾”的意思。我们已经讨论过，这种行为用中国改革开放初期的说法——“投机倒把”来形容可能更加形象。

投机作为金融术语，自身的含义很广，可以用于金融市场的金融投资，也可以用于其他市场的投机。本书要讲的内容虽然与金融市场存在千丝万缕的联系，但是我们分析的焦点是集中于商品市场，专注于商品投机，以及与商品投机紧密联系的商品金融化问题。

投机的本质是一种乌托邦式的理想，渴望自由和平等，以平衡现在经济制度下单调乏味的理性主义和物质主义，打破不可避免的财富不平等。投机是预判市场走势并针对价格变动与市场中其他参与者进行对赌，利用市场价差进行买卖并从中获得利润的行为。本杰明·格雷厄姆提出以安全边际为标准对投资和投机活动进行区分，他认为投资是指根据详尽的分析，对本金安全和满意回报有保证的操作，而不符合这一标准的就属于投机。投机成功的关键是确定市场环境变动和入场的确切时机。通常而言，投机会带来标的商品或股票价格的大幅波动，但在价格走势持续期短，资金进场和离场速度快。取决于投机规模的大小和涉及的经济领域，投机对宏观经济造成的冲击程度也有所不同。

商品金融化是指商品价格的形成机制不仅由传统的、基于实体市场的供求关系决定，而且由资本和货币量决定。投机是商品金融化的开端，商品金融化在某种程度上可以被看作投机行为的成熟化，具备资本密集度更高、过程更为稳定、价格持续期更长，以及存在一个较为完整的过程等特征。因此，投机是一个点行为，而商品金融化是一个具有系统性的面行为。

一般认为，投机最早已在近代欧洲大宗商品贸易中诞生，荷兰以其独特的地理位置和宽松的经济发展环境，最早形成了现在商品交易体系和定价方式，随后远期合约、期货等金融衍生品逐渐生出萌芽，成为商品定价的主要决定力量。事实上，商品金融化的案例可以回溯到更早的时期，例如中国唐代出现的“洛阳纸贵”，宋代出现的粮食金融化，清代发生的生丝金融化。只不过，这些历史事件多被孤立地从投机角度进行审视。由于多种原因，在回溯商品投机的起源时，很多资料都是以 17 世纪荷兰的郁金香泡沫作为典型案例。

对于商品金融化这样一个过程，投机是一个重要的起点和必要条件。因此，在梳理商品金融化的历史演进逻辑过程中，就有必要从投机的发展简史开始，对商品金融化的典型事例进行梳理。需要注意的是，从投机标的是商品还是金融产品来看，投机可以分为金融投机和商品投机，与商品金融化最直接相关的投机是商品投机而非金融投机。不过，无论是金融投机还是商品投机，都蕴含了较为一致的投机理念，对理解商品金融化的概念和过程都具有重要意义。因此，我们对投机历史沿革的梳理包含金融投机（例如南海投机）和商品投机（例如郁金香投机）。当然，在本书的分析视角和框架下，一些历史上的投机事件就是典型的商品金融化（例如郁金香泡沫）。

第二节　投机的历史演进

（一）中国古代投机历史

中国早在唐宋时期就出现了投机行为，尽管还未发展到稳定的较高层次的商品金融化阶段，但仍可以作为研究商品投机起源的重要参考，进而对我国商品金融化演进历程的分析提供支持。

1. 洛阳纸贵

以唐代的“洛阳纸贵”为例，这一词源于《晋书·文苑·左思传》：“于是豪贵之家竞相传写，洛阳为之纸贵。”原指西晋著名文学家左思所著的《三都赋》极负盛名，被争相传抄，造成纸张供不应求、价格飞涨的情形。从整个事件过程来看，作品本身价值的发掘对纸张价格的上升而言是一个外在冲击，但西晋时期由于技术约束导致纸张产量不足及存量有限引发的纸张供求缺口才是价格飞涨的直接原因。“洛阳纸贵”不同于其他商品投机，标的商品本身并未经历包装炒作过程，其深层推动力主要是名人作序的推荐，因而这一案例的历史文化特点尤为明显。但从事件发生的背景、过程、价格形成机制和价格水平持续性角度考虑，“洛阳纸贵”仅能作为一个典型的投机案例，而不能从商品金融化的角度加以定义。

2. 宋代粮食投机

中国早期商品经济的萌芽产生于宋代，并在两宋时期迅速发展，但由于当时处于封建社会末期，不等价交换的现象普遍，为商品投机创造了巨大空间，其中尤以粮食领域的投机热度最高。粮商的投机行为主要在三个领域：一是在向官府销售军需粮草时抬高价格诈取钱财，二是在城市间粮食贸易中从城市居民和农民之间赚取巨额差价，三是封建地主家庭往往会趁粮食短缺之际压榨农民。自然灾害和军事形势所带来的粮食供求缺口为商家的投机炒作提供了可能性，农民自身难以贮藏粮食及官府粮款下拨不及时也为商家囤积居奇创造了市场需求。此外，官商勾结更是加剧了粮食领域投机的盛行风气。在粮食投机过程中，商家囤积居奇的行为所需的资金量较大，粮食价格的形成机制也发生了改变，粮价在某一水平的持续性也较强，因而宋代的粮食投机不只是单纯的投机活动，已经具备了初步较低层次商品金融化的特征。

（二）欧洲投机历史

若将研究视角从中国转向欧洲，同样可以发现投机行为。记载中最早的投机案例可以追溯到公元前罗马共和国时期，金融体系的雏形已经形成，信用概念得以在民众中普及，社会对于财富的追捧和冒险的热情高涨，投机随之而来。欧洲中世纪是敌视金融投机活动的时期，废除了古罗马时期许多金融交易机制，包括货币交易，重新采用了实物交易方式。在欧洲中世纪晚期，部分意大利城邦开始重新发行可买卖的政府债券，到16世纪中期，信用的概念重新在金融市场中出现，债券的价格逐渐反映出对未来风险和收益的预期，投机活动也再次出现。16 世纪 30 年代，佛罗伦萨曾经出现财团打压里昂的市场价格的现象。16 世纪 50 年代中期，安特卫普和里昂的市场又出现了对王室债券的投机。

16 世纪下半叶，由于宗教战争及政府破产等一系列事件，法国作为欧洲金融中心的地位开始衰落，许多移民带着资金及交易技能迁居荷兰，为荷兰成为 17 世纪欧洲最发达的经济体奠定了坚实的基础。荷兰以其优越的地理位置和自由的贸易环境逐渐成为欧洲商品交易的中心，随着商品交易量的扩大，商人开始考虑商品保值等规避风险的方式，慢慢赋予了商品更多的金融属性而非单纯的消费属性。尽管近代欧洲历史上出现过许多投机事件，但欧洲商品贸易大型固定场所的出现为商品金融化的发展提供了必要的条件。

1. 郁金香泡沫

近代最著名的投机事件即荷兰的郁金香泡沫，其出现与荷兰当时的经济背景有密不可分的联系。17 世纪 30 年代的荷兰商业乐观情绪在市场中蔓延，东印度公司得益于巴达威亚（现在的雅加达）的移民行动从而股价飙升，城区的住宅价格上涨，市郊也开始大兴土木建造楼房。此外，荷兰人对郁金香的追捧由来已久，郁金香引入荷兰后不久就成为贵族和植物学家花园中的专属，是财富及地位的代名词。荷兰人还用军衔对不同的郁金香品种进行等级划分，高等级品种的价格慢慢包含了泡沫的成分，如最高等级的“奥古斯都”在 17 世纪 20 年代的卖价相当于一座独栋城区住宅的价格。

除了民众的热爱，郁金香自身具备的特点使其成为投机的理想对象。首先，花瓣的颜色具有较大的随机性，即便是普通的球茎也可能开出高品级的花朵；其次，球茎的种植较为简单，也没有市场准入门槛，这就为资金量有限、难以参与大公司股票交易的群体提供了另一种成本低但有可能获利极高的投资对象。随着郁金香市场中交易对象的复杂化和交易量的显著扩大，交易场所和方式都发生了改变，市场中投机成分的占比越来越高，从 1636 年年末到 1637 年年初是炒作的顶峰，出现了“风中交易”的形式，用于交易的郁金香大多根本没有实际交割过，球茎依然埋在地下。但这种交易方式随后催生出了郁金香的期货市场，买方和卖方都以各自的信用凭证完成交易，随着市场中的泡沫越积越多，当买方人数少于卖方人数的时候，这场投机狂热就会面临崩溃。

郁金香泡沫的破灭并未对全国经济造成明显冲击，因为作为经济基础的贸易行业并未参与这场投机活动，但许多单纯投机者的资产大幅缩水，地方议会最终采用以看涨期权替代未完成交易的方式来为泡沫的破灭收尾。郁金香狂潮的整个过程体现出投机活动的一个重要特征：通常发生于新产业或新产品诞生的初期，此时市场对未来前景充满信心，易于高估潜在收益，为价格的飞速上涨提供充分预期空间。金融衍生品在这次投机活动中的应用也体现出了早期的商品金融化特征。

2. 政府的推波助澜——南海投机

南海投机是投机历史中政府参与力度较大的一例。南海公司（本书中简称南海）成立于1711年，成立之初就接管了1 000万英镑的政府债务，帮助英国政府分担债务，将债务转化为自己的股份并按年向政府收取利息。到1719年，南海公司又承接了170万英镑养老金形式的政府债务，此外，南海公司还获得了南美洲及太平洋群岛地区奴隶贸易及捕鱼业务的专营权，但后续的贸易经营进行得并不顺畅，因而南海公司决定效仿法国密西西比公司的做法，通过股价的抬升获得更大的利润。1720年，南海公司通过贿赂政府推出了南海计划，简言之就是以公司股票换取国债，并从募集到的资金中抽出750万英镑作为政府的权利金，剩余的留存为公司利润。英国政府批准南海公司发行票面总额为3 150万英镑、每股面值为100英镑的股票，即最多可发行31.5万股，以国债换取的股份不能在市场中流通，只有不用于转换的股票才可以进行销售以募集资金，因而股票价格越高，公司就能够以越少的股份换取国债，匀出更多可用于市场流通的股份，为公司创造更多利润，因而南海计划成功的关键为公司股价的抬升。而股价的上升对于计划参与各方而言都是有利的，除了南海公司自身的利润可以增加外，政府的权利价值也在上升，对于养老金领取者而言，股价越高，所持股票的市场价值也越大。

1720年1月21日，在议会宣布南海计划后，南海公司股价迅速上涨。1720年2月中旬时，股价已经从年初的128英镑上涨至187英镑，3月时股价已经超过了300英镑，南海公司为了推动购买，还推出了一系列鼓励措施，如认购者只需要交付20%的保证金，余款可以在16个月内分8次付清，且几乎每轮认购结束后南海公司都会提高股票分红比例。最终在南海公司打算接管的3 100万政府养老金中，南海公司仅以票面价值850万英镑的股票就完成了2 600万英镑的转换，留给南海公司15.5万股可用于市场销售的股票。对南海公司的投机热潮促使英国几乎全部股份有限公司的股票都成为理想投机对象，人们不在意公司的业务、经营状况以及发展前景，相信股票发起人提出的任何盈利计划，全国经济陷入前所未有的投机泡沫中。1720年6月，英国政府逐渐意识到这一问题的严重性，出台了《泡沫法案》对投机活动进行限制，规定股份有限公司只有获得议会许可才可以经营，许多公司被迫解散，恐慌情绪在市场中迅速蔓延。

包括南海公司在内的所有公司股票的高价格实质上依赖于市场对其未来价格走势仍将上涨的预期，一旦预期发生变动，价格水平就无法再延续。《泡沫法案》的出台使得持有者开始快速抛售股票，股价迅速下跌，截至1720年9月，南海股价从高峰的1 050英镑跌破200英镑，南海投机泡沫宣告破灭。由于这次投机在英国政府的推波助澜下达到了空前的规模，泡沫的破灭也对英国经济造成了巨大冲击，同时引起了巨大的民愤，议会进而出台了一系列法案，其中《约翰·巴纳德爵士法案》（Sir John Barnard's Act）规定了卖空、期货及期权交易非法。南海投机过程中最大的特点是政府的参与，政府不仅接受了南海公司的贿赂，还带动民众购买股票，增加民众对南海公司的信心，即便是《泡沫法案》的出台，其本意也是帮助南海公司排挤对手，进一步提高股价，但现实引起的市场恐慌起到了相反的作用。南海泡沫并未体现出明显的商品金融化特征，更多的是政府纵容下利用信息不对称的人为投机活动。

3.1929年股市投机与泡沫破灭

早在美国进入20世纪20年代宣称的资本主义新时代之前，股市已经有过多次投机狂热，每次投机风潮兴起时，银行家和股民都会认为当前的繁荣将一直持续下去，且有可能迎来更大的繁荣。1913年美国联邦储备系统（简称美联储）的建立让市场认为商业周期已经被有效地消除了，并且将之前的金融危机归结于中央银行未在市场动荡时期为银行业提供救助资金。美国联邦储备系统使得公开市场操作成为可能，从而可以控制利率，稳定经济，避免危机的发生。这一广泛存在的观念刺激了市场中的投机热情，投机者和银行家对金融交易和银行管理的规范操作都有所放松，为后续规模更大、程度更深的危机爆发埋下了伏笔。

始于1924年的“柯立芝繁荣”巩固了市场对未来持续繁荣的信心，且伴随着自由贸易的扩大、通货膨胀的缓解、规模经济的发展和更为科学化的企业管理方式的应用，以费雪为代表的经济学家也坚信资本主义新时代的到来。从股市来看，股票估值方法从以往以利润的10倍为基础同时考虑预期股息转变为未来利润贴现法。这种估值方法实质上非常有利于投机，在对企业未来利润进行估值时，太多的不确定因素使得投机者有机会通过各种精确公式和虚拟假定得到任何期望的估值结果，从而以良好的收益前景吸引投资者购买股票。

除了股票市场，保证金贷款的兴起为个人信贷的发展提供了支持，消费领域允许分期购买是消费信贷大规模扩张的直接原因，截至20世纪20

年代末，零售总额的12.5%左右是消费信贷，未偿还的分期付款债务达到60亿美元。保证金贷款还可用于股市投资，到1929年10月，经纪商和银行借给投资者的贷款总额接近160亿美元，由于保证金贷款的资金来源主要是美国公司及外国银行，均不受美联储控制，企业将从股市中募集的多余资金以保证金贷款的形式贷出，从中获得大约11%的利息差价，从而增加企业利润。但利用保证金贷款炒股的投机者会通过进一步推高股价来弥补自身的成本，因而保证金贷款规模的不断扩大是增加美国金融体系不稳定性的重要原因。同时政府将自身视为促进美国社会商业进步的推动者，如大力改善商业环境，降低所得税、企业增值税和资本利得税税率，赋予富裕阶层更多可用于投资的资金，期望提高社会的投资收益。

并非市场中所有参与者都对未来保持着高度乐观的情绪，对股市而言，如果投资者对亏本的恐惧超过了对盈利的期望，就会引发整个市场走势的转折。1929年10月28日，道琼斯工业指数暴跌了38点，创下有史以来最大单日跌幅，自此之后美国股市陷入持续下滑，直到1929年11月中旬，美国政府开始采取对策应对危机后果，出台了包括减税、降低贴现率等刺激措施，短时间内取得了一定的成效，然而1930年春，股市重新走低并持续至1932年，在此期间，美国GNP比1929年下降60%，失业人数增加到1 250万人，非农劳动人口中的失业者超过了三分之一，国家经济整体陷入大萧条之中。

1929年美国股市的泡沫破灭是持续繁荣信念支持下的投机规模非正常膨胀的结果，对美国经济造成了巨大冲击。从事件整体过程来看，市场杠杆率较高，许多投机者都会借助财务杠杆以期提高未来收益水平；市场资金密集度较高，危机前美国实体经济发展状况良好，在投资渠道尚不健全的情况下大量资金脱实入虚进入投机领域。从这两方面来看，美国股市在本次投机狂潮中体现出一定的金融化特征，但由于其标的并非同时具备消费属性的商品，因而不将其划分为商品金融化的范畴。

第三节 商品金融化的层级演进

从西欧商品贸易衍生出商品金融的过程来看，谷物远期交易是对商品赋予金融属性的早期尝试，但受制于当时的法律环境未能推广。16世纪80年代，荷兰的青鱼市场再次出现了金融衍生品，形成了同质化标准化合约。17世纪初期的郁金香交易则催生了会员制及清算制的雏形。在前一部分对中外投机史梳理的基础上，可以发现投机往往是金融化的开端，金融化是投机活动的成熟阶段，但在对商品金融化进行定义时，还需要注意其与广义金融化的差异。通常，实现商品金融化必备的条件有两点。第一，在特定历史和经济背景下，用于交易的商品具有规范化和标准化特征，或者具有某种较为特殊的品质。第二，在资本所青睐的标的商品的市场中，有大量资金用于价格的形成及持续。基于这两个必备条件，本书梳理了我国近年来典型的商品金融化案例，并根据各自所属的商品金融化层级加以区分。

（一）低级商品金融化——普洱茶、大红袍

茶文化是中国传统文化的重要组成部分，近年来随着传统文化热潮的兴起，茶的社会关注度也在不断提升。在香港、台湾专家研究证实普洱茶的“健康性”之后，公众对普洱茶的认可度再次提高。此外，地方政府宣传力度的加大也有效推高了普洱茶和大红袍的知名度。云南省政府通过一系列的大型活动对普洱茶及普洱茶文化进行宣传，如 2005 年 5 月 1 日开始的“马帮茶道·瑞贡京城”活动，以 120 匹马经过半年的长途跋涉，于 2005 年 10 月 9 日到达北京，打破了茶马古道半个多世纪的沉寂，把普洱茶文化活动推向新高潮，使得普洱茶在短时间内获得了大量关注。大红袍也是如此，涉及武夷岩茶的《乔家大院》和《印象·大红袍》等影视文艺作品接连热映，大红袍的传统制作技艺也被列入国家非物质文化遗产名录，使得大红袍知名度迅速上升。自身保健养生功能的重新发现和产量相对较低带来的供求缺口是促使普洱茶和大红袍价格上涨的表面助力，真正促使其被当作奢侈品炒出天价的原因是炒作资金的进入。

普洱茶炒作的一般过程为：茶商向茶厂缴纳数量不等的保证金从而成为经销商。经销商按照规模，梳理出一条环环相扣的销售链，每一级经销商从中提取该级利润。一旦茶厂和茶商供销体制形成，一级经销商便与二级经销商、三级经销商联手抬拉普洱茶价格。由于一级经销商具有绝对的垄断权，可以留下 70%左右的茶品进行囤积，对能够控制的品牌茶推出少量的份额，首先在一级经销商内部形成价格联盟，相互抬拉，由此造成市场价格飙升的假象，此时二级经销商和三级经销商通过控制卖出的数量，造成市场缺货的假象，进一步拉高价格。当价格被拉到出厂价 3 倍左右时，一级经销商才抛售给二级经销商，并从中赚取 3～4 倍的利润。

此外，不少有渠道优势的二级经销商将普洱茶从云南运到销售地之后，先进行二次包装，将普洱茶变成高档礼品，之后再仿照一级经销商的做法，留下 80%的茶品囤积，将 20%的茶品联合抬拉，达到满意的价位

后才抛售给三级经销商。由此，真正在市场上流通的普洱茶不到 20%，形成了“有价无市”的市场状态。据云南媒体报道，从 2006 年开始，一批商人大量收购被囤积的下关砖茶，使原本进入消费领域的茶至少 80% 以上转入流通环节。而原料价格的高涨也使得厂方转而生产利润更高的普洱茶。最终，随着普洱茶价格的飙涨，同时股市在 2007 年年初开始上扬，许多炒作资金离场转而进入股市中，之前囤货的经销商也开始卖空，导致普洱茶价格暴跌。

大红袍的炒作热潮从 2009 年开始，其价格上涨主要是在 2010 年，持续时间约一年半。其被游资盯上的最主要原因是产量下降。围绕着武夷山的邵武、建阳、光泽等周边县市原是大红袍茶青的重要补给地，但在 2010 年年初，这些地方遭遇冰雹和霜冻灾害，大多数茶园出现了 50%到 70%的大幅减产。在大减产的背景下，盯上大红袍“钱景”的社会游资开始炒作，大红袍售价被急速推高，在北京、厦门等少数城市，大红袍已攀上 10 万元的天价。2010 年以来，武夷山大红袍市价已翻了两三倍。茶青普遍每公斤售价 20 元至 80 元，比 2009 年翻了好几番。一些好的茶青每公斤甚至卖到 280 元。在批发市场，2009 年每公斤 100 多元的大红袍在 2010 年几乎都涨到了每公斤 200 元以上。而在零售市场，品质稍高的茶叶可以卖到几千元甚至上万元。从 2010 年下半年开始，虽然大红袍的价格没有出现明显的下滑，但销量在逐月递减，出现了无市之势。市场景气度下降，价格也在渐渐回落。很多茶商对市场较为悲观而不敢贸然进货。从近几年的情况来看，大红袍的价格已经回到了炒作之前的正常水平。

普洱茶与大红袍高价位不可持续的主要原因有以下几方面：第一，作为一般商品，普洱茶和大红袍不具备稀缺性。茶叶年年生长，茶园年年扩大，普洱茶不符合“物以稀为贵”的原理。第二，普洱茶加工进入门槛低。生产普洱茶并不需要高深的技术，只要一台设备，收来茶青即可加工，资本投入不过几万元。在充分竞争的市场中，由于资本的逐利性，需求的迅速扩大导致供不应求，从而赚取超额利润的状态不可能长期持续。第三，普洱茶和大红袍的消费群体规模并未明显扩大。在炒作过程中，真正用于消费的茶并不多，大多数都存在炒家和收藏家手中。随着炒作资金的离场，价位也随之回归理性。

从衡量商品金融化程度的常用指标来看，商品价格统计及拍卖数据显示，普洱茶和大红袍的资本密集度及市场杠杆率都不高，资产流动性也较低；在受到游资追捧时，其价格波动性较大；从炒作和价格上涨的持续时间来看，其过程稳定性也相对较弱。基于以上特征，本书将普洱茶和大红袍划分为低层次的商品金融化，且其中大红袍的金融化程度低于普洱茶。

（二）中级商品金融化——比特币

比特币作为一种数字虚拟货币，诞生于2009年，其发明者中本聪于2009年1月发布了比特币（Bitcoin）客户端的第一版，并在芬兰小型服务器上挖出了第一批比特币。比特币在诞生之初仅是少部分极客在网络虚拟世界中所使用的实验品，知之者甚少，价格非常低廉，仅5美分左右。2010年，比特币交易平台——比特币市场（Bitcoin Market）成立，这是目前所知最早的比特币交易平台。之后，大量的交易平台成立，全球参与者的增加推动了比特币价格的上涨。比特币自诞生以来总共经历了两轮价格大幅上涨的周期。这两轮价格上行周期的起始点分别在2013年年初和2015年第三季度。

2013年年初，比特币在中国的交易量约占全球市场份额的10%～20%，当期的比特币市场价格还不足100元。而到2013年12月，比特币的中国市场份额快速上升至近70%，中国取代美国成为第一大比特币交易国。在中国市场份额快速上升的过程中，比特币的价格涨幅高达70倍，且根据抽样调查，中国80.77%的比特币投资用户进行比特币交易是为了通过买卖价差获得短期盈利，即投机获利，由此可以发现投机是推动比特币价格快速上涨的主要原因。

但比特币的价格走势受监管政策影响明显，2013年12月，中国人民银行发布《关于防范比特币风险的通知》，明确比特币不具有法偿性与强制性等货币属性，并非真正意义的货币，不能且不应作为货币在市场上流通使用，比特币价格应声下跌。此轮价格上涨行情至此结束。从2015年第三季度开始，比特币第二轮价格上行周期启动，从1 500元左右上涨至3 000元。此轮上涨周期一直持续到2017年，其中2016年比特币的价格从年初的2 841元上涨至年底的6 818元，涨幅约为1.4倍；2017年1月至5月，比特币价格从6 000元左右上涨至12 000元左右，涨幅约为1倍，屡创新高。

比特币作为一种特殊的虚拟货币，自身的一系列特点使之具备实现商品金融化的基础。第一，总量有限，其最终发行量在2 100万个，稀缺性使得价值不断增长成为可能，此外，由于发行总量不能无限制扩大，在一定程度上规避了通货膨胀的风险。第二，比特币是去中心化的，其发行与任何一个国家信用无关，因而在全球经济金融形势不稳定和民众对政府信用信心不足时，对比特币的偏好程度会显著增加。第三，比特币可以以多种货币计价，可以在全球交易平台上进行24小时不间断交易，且没有涨跌幅的限制，为投机套利活动创造了理想的条件。第四，金融危机过后许多国家为了刺激经济复苏相继出台了宽松的货币政策，导致全球流动性过剩，因而投资者需要寻找新的投资渠道，比特币作为一种新型避险资产受到市场追捧也在意料之中。

但比特币的两轮价格上涨的主要推动力略有差别，2013年的价格上涨主要是中国投机需求的增加和投机者规模的扩大导致的，而2015年则主要是海外投资者推动的，国内比特币价格的飙升是随着海外形势的跟风上涨。综合来看，根据比特币的交易价格（每枚比特币近万元）和比特币的最新市值突破600亿美元，可以认为比特币的资本密集度较高。尽管目前无法获得准确的交易杠杆数据，但从交易平台所提供的保证金交易机制来看，比特币交易的市场杠杆率水平不会太低；此外，由于24小时不间断交易和无涨跌幅的限制，比特币的资产流动性和价格波动性都较大；从持续时间来看，上涨行情能维持一年至一年半，其过程稳定性相对较弱。因而综合以上标准，本书将比特币划分为中级商品金融化。

（三）高级商品金融化——房地产

房屋作为生活必需品，在具备消费属性的同时，还具备良好的保值增值属性，自古以来就是资本青睐的对象。近代以来，房地产的金融化趋势愈发明显。1998年，福利分房制度被废除，住房由实物分配向货币化分配转变，中国的房地产由此进入市场化阶段，这为房地产走向金融化奠定了制度基础。与此同时，中国的金融体制改革也在不断加深，之前积累已久的各项金融管制逐步放松，金融自由化的趋势日益明显。中国人民银行也逐步取消了对商业银行的贷款限额管制，改为实施资产负债比例管理，各商业银行纷纷逐步调整信贷结构，寻找新的业务增长点，个人住房贷款业务逐渐成为其发展重点。政府政策的放松以及银行业务重点的调整为围绕房地产的资本操作提供了一定的空间，间接促进了房地产的金融化。

房地产炒作的一般过程为：第一，价格基础来源于土地价格的攀升，土地出让价格作为房屋最主要的成本，对房价起着至关重要的作用。政府在土地供应中占据垄断性地位，且土地出让金及相关税费也是政府财政收入的重要来源，房价的不断上涨会促使政府提高土地出让价格，而土地出让价格的上升又会反过来进一步推动房价上涨。第二，房地产经销商的炒作。其炒作手段与针对其他标的商品的方式类似，即通过刻意垄断房源减少供应造成市场上供不应求的假象，从而提高房价。第三，投机者的宣传造势。在房屋进入流通领域后，一些有组织的投机者，如炒房团，会通过低价买入、恶意囤房、虚假报价等方式再次大幅抬高房屋价格。在这一轮的价格增长中，“热钱”、游资的作用突出，这些资金具有体量大、周期短的特点，在推升房价至高位后迅速撤离，但此时房地产市场整体的价格水平已经呈现出几何级增长的态势，许多消费者开始盲目从众购房，市场需求增加，价格进一步上涨。与其他普通消费品和资本品的投机不同，房地产投机具有周期长、所需资金量大的特点，因此具备长期且持续吸引资金的条件。此外，住房抵押贷款使得房地产领域投资的杠杆率水平持续升高，高杠杆、高收益的属性为房地产实现商品金融化提供了价值基础。

1998 年的住房改革拉开了我国房地产市场化的序幕，同时我国的房价也开始进入周期性上涨阶段。房价真正意义上的飞速上涨是从 2004 年开始的，当年我国的商品房平均销售价格增速一改之前 3%左右的常态，达到了 18.7%，在此之后虽然受到外部环境或者政策调控的影响，导致房价有过阶段性的小幅调整，但是每次调整之后紧接着是另一波更大规模的上升，可以说，房屋价格在近 20 年来总体上一直处于持续上涨的态势。以北京市为例，北京市海淀区的房价从 2003 年的每平方米 4 200 元左右涨到了 2016 年的每平方米 63 100 元左右，在短短 14 年的时间里，其平均价格上涨了约 14 倍，部分学区房的价格更是上涨了 20 多倍；而同期北京市的年人均工资从每年 2.4 万元涨至每年 10.46 万元，仅仅上涨了 3.36 倍左右。这种超出人均购买力的房产炒作已经持续了十多年的时间，并且没有看到明显的终止趋势。

综合来看，相较其他投资品，房地产价格的变动影响范围最广，受众规模最大，且房地产市场体量大，能够持续吸引大规模的资金完成商品金融化过程。由于其不可替代性和高杠杆的特点，房地产市场往往可以为投资带来更高的资本收益。此外，房地产具有更为完善的价格评估和交易机制，对资产流动性和价格稳定性而言都是较好的制度保障。结合判定商品金融化层级的五个标准，可以认为现阶段的房地产具备较高的资本密集度与市场杠杆率、较为理想的资产流动性、较低的价格波动性，并且其过程相对稳定，因此处于高级商品金融化阶段。同时房地产的金融化具备坚实的价值基础与制度保障，未来的金融化程度可能会进一步加深。

综上所述，投机与商品金融化是两个本质不同却又有交叉的概念，对商品金融化过程而言，投机是出发点和必备条件，商品金融化在某种程度上是投机活动发展至成熟阶段的结果。对商品金融化的理解首先要对中外的投机史进行必要的梳理，从诸多典型的投机案例中发现逐步成熟的商品金融化条件和逐渐凸显的商品金融化特点。商品金融化自身也是一个不断发展的过程，不同的标的商品由于自身特点和各自投机发展路径的差异，在市场杠杆率、资本密集度、资产流动性、价格波动性和过程稳定性方面有着不同的体现，可以依据这五个标准将其划分为不同的商品金融化层次。

第六章　商品金融化的被动式演绎：中国西晋时期的"洛阳纸贵"

本章概览

- "洛阳纸贵"的历史背景
- 价格波动的来龙去脉
- "洛阳纸贵"的内在逻辑

本章提要

在我国悠久的历史长河中，曾发生过数起商品价格发生巨大波动的事件，例如"奇货可居""洛阳纸贵"等成语典故对应的历史事件。现代观点多认为，这些事件中涉及的商品经过了蓄意炒作，炒作引发了其剧烈的价格波动。那么在这些事件背后是否涉及市场资金的介入？具体的炒作过程又是如何？本章从商品金融化的角度探讨"洛阳纸贵"这一历史事件中价格波动的逻辑，并与其他章节中提到的商品金融化逻辑进行了简要的对比。鉴于本章所述事件为历史典故，故在分析商品标的——纸张之前，先简要介绍相关人物和历史背景。之后在这一特殊背景下分析"洛阳纸贵"中折射的金融化现象的深层逻辑：纸张的金融化是一个以供需关系为主要推动力，因受到名人作序效应的突发外生冲击而产生的较低层次的金融化过程。

第一节　"洛阳纸贵"的典故

"洛阳纸贵"一词源于《晋书·文苑·左思传》："于是豪贵之家竞相传写，洛阳为之纸贵。"原义指西晋时期著名文学家左思[①]所著的《三都赋》极负盛名，被争相传抄，造成纸张供不应求，价格飞升的情形。后世一般用于比喻作品有价值，风行一时。

---

① 左思（约250年～305年），齐国临淄（今山东淄博）人，西晋著名文学家。

《三都赋》高超的作品水平是被广为传诵的基础。左思的父亲左熹从小吏做起，因才华出众被提拔至殿中侍御史，专管殿廷仪卫等事务。左思自幼受儒学思想熏陶，曾经学习书法、鼓琴，但均无所成，在父亲的鼓励下奋发学习，通读当时辞赋，逐渐形成了辞藻壮丽的文风，之后潜心写作，写出了如《三都赋》、《咏史八首》及《娇女诗》等著名的作品，其中以《三都赋》最为著名。《三都赋》全文万余字，描写了三国时期三国都城的历史、风土、人情等。

《三都赋》符合时代审美是其负有盛名的重要条件。据今人考证，《三都赋》写成于 280 年，全文包括总序，以及正文的魏都赋、吴都赋和蜀都赋。280 年正是三国末期。280 年三月中旬，东吴灭亡，三国时期宣告结束，虽然西晋王朝在灭吴完成统一后，曾经短暂地倡导过节俭，但好景不长。统一之后不久，司马家族逐渐走向奢靡，导致朝政腐朽，贿赂盛行。虽然西晋时间短暂，但由于破除了两汉对儒学的独尊，西晋文化走向多元化。同时由于社会整体繁荣，因而这一时期的文学作品也大都工于雕琢，内容博大。《三都赋》正是凭借其对三国都城的细致描绘，内容翔实宏大，因而名噪一时。

然而就算是这样的杰出而顺应时势的作品，其传播过程也不是一帆风顺的。《三都赋》的广为流传，在很大程度上归功于当时的两位已经成名的人物——张华和皇甫谧。

张华①官居要职，工于诗赋，还编纂了中国第一部博物学著作《博物志》。张华是率先慧眼识珠的关键人物，为《三都赋》引荐。皇甫谧②为人品德高尚，不好名利，不仅对当时及随后的医学事业做出了巨大的贡献，在文学领域也有相当惊人的作品数量。他所著的《帝王世纪》《年历》等文史著作广采百纳、博据考稽、建树史学，文章思想性和艺术性俱佳，对后世文学的发展起到了很大的积极作用。皇甫谧是《三都赋》的序言《三都赋序》的作者，而这篇序言极大地提高了《三都赋》的知名度。

第二节　独特的“被动式”炒作过程

据史料记载，左思的父亲左熹从一介小吏当起，凭借自己的才干升至

① 张华（232 年～300 年），字茂先。西晋时期政治家、文学家、藏书家。

② 皇甫谧（215 年～282 年），字士安，自号玄晏先生。安定郡朝那县（今甘肃省灵台县）人。西晋时期学者、医学家、史学家。

殿中御侍史。事业有成的他，对儿子左思有着较高的期望。左熹请来老师教左思书法和弹琴，但左思的成绩没有让父亲满意。加之左思年少时身材矮小，貌不惊人，左熹感到很失望，常常对友人表达对儿子的不满，这种情况一直持续到左思成年。不甘于这种蔑视，左思开始奋发图强。在开始创作《三都赋》之前，左思曾通读了东汉时期班固写的《两都赋》和张衡写的《西京赋》。这两篇赋写出了东京洛阳和西京长安的宏伟气派，给左思带来不少启发，同时这两篇赋华而不实的写作风格也让左思下定决心创作一篇基于史实的作品，而这篇作品也就是后来名噪一时的《三都赋》。为了使得每句话都有翔实的史实支撑，左思收集了大量关于魏、蜀、吴都城的历史人文资料，之后闭门谢客，专心写作。为了写出这篇鸿篇巨作，左思近乎痴迷，屋子里堆满了纸张，每当想起了好的词句，便马上记录下来，如此不分冬夏，昼夜勤思，终于在十年之后写成了《三都赋》。

然而碍于当时左思名不见经传，每当他把《三都赋》拿给别人看时，最先收到的不是重视而是讥笑。当时，有一位著名文学家陆机也曾经想创作一篇《三都赋》，当他听说一个名不见经传的文人写了《三都赋》时，十分不屑，甚至给他的弟弟陆云写信讥讽左思："有个狂妄的家伙写了《三都赋》，我看他写完之后，只能拿来给我盖酒罐。"①

左思将《三都赋》拿到当时的文学界品评时，文人们一见左思毫无名气，把《三都赋》贬得一文不值。左思不甘心自己十年的心血被无端埋没，于是找到了著名文学家张华。张华细细阅读了《三都赋》，又问了左思的创作过程，当他再次细读《三都赋》，认真领会了词句间的含义后被深深打动了，以致爱不释手。他称赞左思道："以前常说班固的《两都赋》十分精彩，现在你这篇《三都赋》也是十分出色了，但是你的文章没有为世人所重视，应当找个名人给你举荐一下。"②

于是张华便将左思和《三都赋》一起推荐给了当时在文学界和医学界都享有盛名的皇甫谧。皇甫谧看过《三都赋》以后对文章予以高度评价，并为这篇文章写了序言，即《三都赋序》。皇甫谧还请著作郎张载为《三都赋》中的魏都赋做注，请中书郎刘逵为蜀都赋和吴都赋做注。刘逵在给蜀都赋和吴都赋做注时也感叹道："世人往往崇尚古代的作品，而轻视当时之人的创作，没有人愿意了解作品的内涵。"③

名士作序推荐后，《三都赋》声名鹊起，文学界人士读后无一不对它

① 原文引自《晋书》：此间有伧父，欲作《三都赋》，须其成，当以覆酒瓮耳。

② 原文引自《世说新语》：此二京可三。然君文未重于世，宜以经高名之士。

③ 原文引自《晋书》：世咸贵远而贱近，莫肯用心于明物。

大加称赞。之前曾讥笑左思的陆机，在细细品读了《三都赋》之后，也连声称赞，认为自己无法写出比左思的《三都赋》更优秀的作品。

《三都赋》大获成功后，京城人士纷纷买纸传抄这一著名作品，造成了纸张供给短缺，价格飞升，后人于是称之为“洛阳纸贵”。显然，纸张价格的大幅波动，并非由于纸张市场出现投机炒作而形成的，而是外生冲击带来的价格“被抬升”，因此属于典型的“被动式”上涨。

第三节　“洛阳纸贵”的事件解读

尽管“洛阳纸贵”在后世常用来形容文学作品本身价值高，而非指文学作品的载体（纸张）价值高。但从整个事件的炒作过程来看，作品本身的价值被发掘，这事实上是一个突发的外生冲击，最终导致了纸张价格的巨大波动。本节中，我们以西晋时期的纸张商品为标的，从金融化的角度来具体分析其价格波动的内在逻辑。

1. 标的商品特点

根据史料和考古资料，造纸技术最早开始于西汉时期，当时的纸张多是麻纸，质地粗糙，多用来包裹物品，不适于书写文字。到了东汉时期，随着社会经济发展，造纸技术有所进步，这一时期，民间已经出现一种笺记纸，虽然仍然不适于记录图书档案，但是已经可以用来写信。到了东汉和帝期间，宫廷中出现了可以用来书写文书档案的纸，即蔡侯纸，这种纸利用渔网、树皮等材料混合制作，纸质细白，故适合书写。到了东汉末年，出现了一种麻纸的改良纸张，称为左伯纸，是当时的朝廷御用纸张。魏晋时期的纸张则称为谷皮纸，纸质洁白，是当时朝廷的贡纸。

东汉末年至三国时期长期割据混战，造纸技术停滞不前，史料也少有记载有关纸张制造的信息。这一时期用于书写档案的纸张通过官方提供，民间难以获得高质量的纸张。到了西晋统一时期，社会短暂地安定下来，纸张制造技术迎来发展的契机，这一时期出现了多种高质量的书写用纸，纸张质量和普及程度较三国时期有很大提高，但总体来看，民间用纸仍然较为紧张。史料表明，到东晋时期，政府贮存3万张麻纸，供朝廷抄写文书用，地方政府贮存的多为笺记纸。这些存量较大的纸张通常多用于书写朝廷文件，而非用于书写文史作品。若私人要抄写文字、图画等，仍需要向统治阶级“请纸”。可见，虽然纸张普及程度有所改善，但民间使用纸张仍然受限，社会上流传的纸张，仍有较多是笺记纸，仅适于当作信纸。

从上述纸张制造技术的发展情况来看，纸张的产量不足和存量有限是导致纸张价格不稳定的最直接原因，这是当时在技术层面的约束。

此外，据记载，在《三都赋》著成之前，纸价约每 10 张卖 1 000 钱，而西晋时期米价正常约为每石（100～120 汉斤）10 000 钱，可见每斤米与每张纸均为 100 钱左右，相对昂贵的纸价使得一般民众难以购买，纸张市场的有效需求非常有限，用到高档纸张的群体仅包括当时的权贵。

总的来说，在西晋时期，虽然造纸技术已从战乱中有了一定恢复，但适于抄写文书的纸张仍然供应紧缺且价格昂贵，市场需求量小，高质量的纸张仅限中央统治阶级使用，地方政府使用笺记纸居多，这是导致“洛阳纸贵”的主要原因之一。

2. 炒作前后背景

纸张价格的巨大波动的影响因素除供求因素外，还有纸张承载的作品价值的变化。从这一角度来看，“炒作”《三都赋》的行为，是纸张价格上涨的非供求因素，可以认为是一个突发的外生冲击。结合时代背景，《三都赋》造成一时轰动有以下两方面的深层次原因。

一方面，在《三都赋》著成期间，正是西晋灭吴，结束三国时期完成统一的关键时期，统治阶级需要合适的政治观点来支撑其“正统”的统治地位。“正统”之争自三国时期就已经开始，当时主要是按统治阶级出身来论证谁更有正当权利继承统治者地位，从这一角度来看，当时的蜀国君主刘氏，是东汉统治阶级的后裔，显然在“正统”论上占据优势。而西晋的统治阶级是司马家族，原本是曹氏家族旗下的一个氏族，随后曹氏末主禅让于司马家族，建立西晋王朝，若从出身背景来看，无论曹氏还是司马家族，均不是汉主后裔，事实上是以禅让之名行篡夺之实，因而西晋统治阶级力推禅让的合法性来确立其家族统治的正统性质。《三都赋》则从文学、地理角度，进一步宣扬了“魏为正统，晋承魏统”的政治观念，顺应了当时西晋统治者建立正统统治基础的政治需求，加之其内容翔实，所描述的三国都城风土人情均有史料可考，从而受到文学界的赏识。这也正是《三都赋》能够在京都造成轰动的深层原因之一。

另一方面，《三都赋》由当时的著名文人皇甫谧作序推荐，以现代眼光来看，事实上相当于给作品做出权威评级。《三都赋》刚刚著成的时候，由于左思名气小，作品并不受当时文学界看重，皇甫谧作为当时文学界、医学界的著名人士，为《三都赋》作序等于向文学界发出高度认可左思作品的信号，导致文学界重新审视这个作品，才使《三都赋》的名气迅速扩张开来。西晋时期，文学界用誊抄来记录优美的文学作品，《三都赋》的轰动造成略懂文学之人争相传抄，而即便在当时洛阳都城，适于书写文学作品的纸张仍然紧缺，供给不足而需求突然上涨，纸张价格急速上涨。

据《晋书・地理志》记载，《三都赋》造成轰动之后，市面上纸的价格迅速攀升到每张300钱，即买一张纸的价钱可用来买3斤米，同之前的每张纸约100钱相比，价格上涨了200%，炒作《三都赋》这一外生冲击和纸张供给短缺、需求不足的特点共同造成了“洛阳纸贵”这一现象。

3. 事件持续时间和影响范围

“洛阳纸贵”事件发生在洛阳都城，这主要有两个原因：一方面，《三都赋》需要有一定文学鉴赏水平去领会其价值，而当时的都城洛阳，文人墨客相对集中，《三都赋》在这里才能有最大的影响力。而当时的信息传播效率较低，成本较高，这就将《三都赋》对纸张价格在该时点的影响范围限制在洛阳城。另一方面，当时地方政府的贮存纸张大多是书写信件用的笺记纸，并不适于抄写文学作品。都城作为政治文化中心，贮存了适于书写的纸张，这也是当时文人得以买纸、“请纸”争相抄写《三都赋》的重要原因。

从已有史料来看，纸张价格暴涨是一个突发性的事件，随着誊抄《三都赋》的需求下降，纸张持续稳定供给，纸张价格预期很快恢复到正常水平。同时，这一时期纸张需求的上升拉动了纸张生产技术的进一步发展。短期内，由于纸张的稳定供给，纸张价格会随着《三都赋》大热这一突发冲击的影响逐渐消退而逐步回到正常水平；长期来看，纸张制造技术的进一步发展将带来纸张产量的扩张，使得纸张价格下降到一个更低的水平。

第四节　“洛阳纸贵”事件的内在逻辑提炼

从上述事件解读中不难看到，“洛阳纸贵”这一事件中所体现的纸张金融化过程，和后文中的玉石、冬虫夏草等商品的金融化过程有着本质的差异。诸如玉石、黄花梨木等产量低的珍稀商品，经过市场的包装、炒作，加之一定的资金运作，其价格能够在较长时间内保持很高的水平，这一类商品的金融化过程事实上是在市场供需关系的基础上加上资金炒作而推动的。而在本章纸张的金融化过程中，深层次的推动力除了纸张制造技术的约束和市场供需关系的因素外，更为关键的是一个非资金因素的外生冲击：名士作序推荐作品。这就决定了“洛阳纸贵”事件中纸张的金融化案例是一个带着历史文化特色的特殊案例。

“洛阳纸贵”事件中的纸张由于并不涉及资金的炒作，因此其资本密集度和市场杠杆率这两个衡量一般商品金融化的指标极低。一方面是因为，当时可以用来抄写文学作品的高档纸张如左伯纸，基本只供统治阶级和权贵使用，普通民众难以购得，也难以支付高昂的纸价，从而限制了资金的炒作范围。另一方面是因为，当时信息传播效率低且成本高，在《三都赋》突然造成轰动之后，纸张的市场销售方来不及反应，比如难以迅速从地方调运纸张到京都卖出，从而限制了可能进入的资金的及时运作。

史料中没有可靠的证据显示当时纸张的市场销售方如何利用资金恶意抬高纸价。从已有史料来看，《三都赋》造成了纸张的迅速脱销，形成当时京都一纸难求的局面。结合当时较为落后的纸张生产技术，可以猜测，即便有资金进入炒作，市场销售方也难以像后文中提及的部分案例，在短时间内通过囤积纸张，形成垄断的局面来抬高纸价。

西晋时期的纸张主要分为用于书写信件等对保存时限要求较低的笺记纸，以及用来书写文学书画等需要长期保存的左伯纸等。前者的产量较高，各地方政府也有较多存量；而后者产量低，供给较少，只有政府权贵、文人墨客有机会用到。洛阳作为当时全国的政治文化中心，权贵集中，高档纸张存量相对充裕，但是价格昂贵，一张纸的价钱可以用来买一斤米，普通的民众难以负担。从这一角度来看，涉及的纸张市场流动性较低，基本只在统治阶级范围内流通，市场上虽有流通，但价格昂贵，在一般民众眼中已经属于奢侈品，市场需求受到限制。纸张在不同城市市场间的流动性也较低，一是因为交通运输方式落后，二是在于信息传播效率低，对于《三都赋》这类突发事件，其他地区市场难以及时反应。

在《三都赋》造成轰动之前，纸张价格是一张约 100 文，之后迅速涨到了一张 300 文左右，上涨幅度达到 200%，波动程度十分惊人。一方面是因为高档纸张产量少，当需求大幅上涨时，市场出现极端的供不应求局面，信息传播手段的落后也限制了不同市场间纸张供给的流动。另一方面是因为名士作序产生外生冲击后，市场反应迅速、强度明显，《三都赋》由当时的文学界名人和政界名流共同推荐，加上作品本身素质过硬，一时被文人极度追捧，不少权贵高价聘人传抄作品。

关于这一轰动持续了多长时间，虽然没有确切史料记载，但是从纸张的发展历史来看，纸张生产技术的不断进步会扩大纸张的产量和质量，从而将纸张的价格拉到一个较低的水平。如东晋时期，适于书写的麻纸已经大量普及，有史料记载，东晋时期著名书法家王羲之曾赠予友人数万张纸张。东晋后期，还出现了麻黄纸，这类纸是将麻纸浸泡在黄檗汁中并晒干，得到防虫防蛀的黄色纸张，可用来代替竹简进行长久保存。可见相比西晋时期，东晋时期纸张的供给有了长足的改善。

随着《三都赋》热度逐渐消退，短期内纸张价格会随供给量的缓慢回复而回到正常水平。长期来看，技术进步会推动纸张的价格达到更低的水平。因此若仅从事件炒作前后来看，纸张价格的持续时间较短，且不具备长期持续性。名士作序这一冲击迅速将纸价抬到高点，之后随着作品热度下降和纸张供给恢复，纸张价格下降到正常水平，冲击前后价格波动幅度大。整体而言，金融化过程稳定性较差。

综合来看，在“洛阳纸贵”事件中，金融化的标的商品——纸张体现出了资本密集度低、市场杠杆率低、资产流动性差、价格波动性大、过程稳定性差这五个特点，相比后文中的玉石、黄花梨木等商品，本章中的纸张金融化处于相对较低的层次。但“洛阳纸贵”事件中纸张的价格波动发生于西晋这一充满历史特色的特殊时代：三国割据混战时期结束，社会短暂繁荣，文化多元化发展，优美文艺作品涌现等，其金融化的过程也染上了鲜明的文化色彩。即在不依靠资金运作的前提下，仅仅靠作品本身的高质量和当时名士推荐这一外生的冲击，便将作品载体——纸张推上了价格高位，甚至“洛阳纸贵”这一成语的美谈流传后世千年、沿用至今。尽管分析这一过程时，不能忽视当时纸张生产技术的约束，但文化的冲击才是推动纸张被金融化的根本原因。这也是本案例区别于其他商品金融化过程的关键所在，“洛阳纸贵”这一鲜活的案例也为后续分析其他商品的金融化过程提供了对照和参考。

第七章　滥恶高估：中国宋代的粮食金融化

本章概览

- 两宋经济体制背景
- 城市粮食金融化、乡村粮食金融化和贩粜军需粮草投机
- 粮食金融化的内涵

本章提要

粮食是一个国家的战略物资，也是人民群众的生活必需品。这就决定了粮食的需求是刚性需求，是不可被替代的。在两宋休养生息的300多年间，封建统治根基保持了长期相对稳定，为当时社会劳动生产力的快速发展提供了较为有利的外部环境，使宋代的农业发展到了一个前所未有的新高度。宋代粮食金融化现象主要体现为城市粮食金融化、乡村粮食金融化，以及贩粜军需粮草投机。粮食金融化的过程，就是大量资金流入粮食市场的过程。当发生天灾时，城市居民预期粮食减产，会将更多的货币投入家庭粮食储备中，而在这个过程中，粮食的实际需求没有发生改变，只是货币的投入量增加了。宋代主张的新常平仓制度，思想上注重利用市场自发的调节机制进行辅助调节，使得粮食贸易自由化，打破了区域性寡头垄断的局面，形成了宋朝时期特有的粮食储备调节制度思想，也使得宋朝粮食投机者铩羽而归，最终结束了疯狂的粮食投机游戏。

第一节　两宋政治经济与粮食生产

宋朝建立后逐步形成了一套较为完善的中央集权制度（魏天安，1986）。两宋采取了文官制度，汉唐的军人政治虽然可以保证一定的军事实力，却是内部稳定的重大隐患。宋代的文官制度有利于保证上层建筑的稳定，其选取受过儒家教育的文人担任“政府”的高级行政官员，孟子的

治国思想在宋朝被第一次付诸实施，从根本上消除了历朝历代屡见不鲜的宦官、王侯、武将专权或割据的弊病。封建社会政治上的不稳定因素消除之后，经济成为社会安定的重要保障。粮食充足是立国之本，文官也更加注重农业的发展。文官的大量起用使得宋朝的治国思想有了根本的转变，对于粮食问题有了新的认识与管理模式。

在两宋休养生息的两三百年间，封建统治根基长期相对稳定，为当时社会劳动生产力的快速发展提供了较为有利的外部环境，使宋代的农业发展到了一个前所未有的新高度。中原地区的精耕细作方式在宋朝时期被推广到边远地区，古语有“苏湖熟，天下足”的美誉，以太湖流域为中心的江浙地区，至今仍然是中国农业最发达的地区之一。在此期间，宋朝的棉花等作物的种植技术从南方推广到了北方，还有制糖业、茶业等农副产品的大发展又让宋朝工商业水平有了进一步的提升，形成了以农业为主、工商业为重要组成部分的经济结构。

根据史料记载，宋代时期是中国历史上经济最为繁荣的时代之一，甚至达到了我国封建社会的巅峰。这一点可以从几位著名历史学家的判断窥见一斑。例如，著名历史学家陈寅恪曾说：华夏民族之文化，历数千载之演进，造极于赵宋之世。著名历史学家漆侠先生也曾指出：在两宋统治的300多年中，我国经济文化的发展居于世界的最前列，是当时最为先进、最为文明的国家。还有多位历史学者也认为，在中国两宋时期，物质文明（和精神文明）所达到的高度在中国整个封建社会历史时期内是顶峰，在世界古代史上也占领先地位。国外也有经济史学家提出，宋朝时的中国是世界上经济最先进的地区，中国当时的经济在工业化、商业化、货币化和城市化方面都超过世界其他地方。

根据英国著名经济史学家麦迪森的测算，按1990年美元为基准，在960年（赵匡胤建立宋朝），中国人均GDP为450美元，至宋朝末期达到600美元。而处于中世纪的欧洲，仅为422美元。1840年鸦片战争失败后，中国经济一蹶不振，1870年人均GDP为530美元。由于内战，到1950年，中国人均GDP仅为439美元，还赶不上宋朝初期的450美元。1952年，中国人均GDP达到537美元，但仍低于宋朝末期的600美元（朱相远，2011）。

宋朝商业繁盛进而促进了金融的较大进步。从货币层面来看，宋朝通行的货币有铜钱、白银等。有学者提出，宋太宗时期，每年铸币80万贯，而到宋神宗熙宁六年，已达600余万贯。从货币供应量上观察，宋朝的经济规模在此期间有了长足的大发展，才可以保持币值的相对稳定。同时，又由于宋朝时期对外贸易逆差，大量的货币外流，造成了货币供应量的短缺。宋真宗时期，成都 16 家富商主持印造了一种纸币，代替铁钱在四川使用，以商业信用背书，称之为“交子”，这也是世界上最早的纸币。“交子”的使用，标志着我国金融发展在宋朝时期进入了一个全新的时代，货币由富有自身价值的一般等价物逐步转变为信用背书的纸币，为日后的资源有效配置奠定了基础。“交子”也在一定程度上为我国日后对外贸易的发展打开了便利之门，贵金属货币对外流失的速度有所放缓，且贸易成本降低。

宋朝经济能够大发展的原因主要有以下几点：首先，繁荣稳定的社会环境。两宋时期，农民的粮食赋税不重，以及贸易工商业繁荣稳定，是宋朝能够休养生息、经济快速发展的一个重要原因。其次，人口快速增长带来的人口红利。宋徽宗时期人口达到 1 亿人，较汉唐增加一倍（魏天安，1986）。人口的快速增长为宋朝的经济发展提供了充足的劳动力，大量的农村剩余劳动力走向城市，促进了城市规模的扩大以及城市经济的繁荣发展。在人口快速增长的过程中，人口红利使得宋朝传统的劳动密集型产业生产更加有效，人们的物质生活水平得到大幅提升。再次，工商业和生产工具的大发展。宋代的纸币“交子”就是工商业高度发达的产物，货币需求量的大幅增加使得新的具有信用背书属性的金融货币逐步得到发展。由于宋朝的手工业较为发达，已经出现了作坊似的劳动生产单位，劳动生产技术有了全新的提升，大大降低了生产单位产品所需要的必要劳动时间。最后，对外贸易、文化交流的增多。繁荣的海外贸易不仅带来了巨额的利润，而且带来了国外的先进生产方式，引进了高产作物，为宋代经济的繁荣稳定发展奠定了物质基础。

对于宋代时的粮食生产，梳理现有文献来看，宋代北方陆田亩产在 1～2 石，南方水田亩产在 2～3 石（魏华仙和刘双怡，2009），南方由于气候原因，亩产量整体高于北方。当时，北方粮食作物以旱作为主，南方则以水田作物为主。粮食产量受到环境、气温以及地理分布等因素不同程度的影响。随着人口数量的不断增多，宋代的可使用耕地面积也在不断扩大，在人们的辛勤开发之下，低洼的水泽被围成圩田，草莽山林被垦为梯田，农村耕地面积的扩大与土壤改良技术革新并举，使得宋朝粮食的总产量和单位产量都有较大提高。同时，由于宋朝手工业大发展，工商业的繁荣又使得宋朝时的粮商已经能够起到调剂粮食余缺的作用，将粮食产量比较高的省份的粮食运送到粮食产量比较低的省份进行贩卖，获取收益的同时又市场化地进行了粮食的调拨与分配。

第二节　宋代粮食金融化现象

宋代粮食金融化现象主要体现为城市粮食金融化、乡村粮食金融化以及贩粜军需粮草投机。

1. 城市粮食金融化

城市粮食投机者主要是米铺户、长途贩运商（姜锡东，2000），被剥削者主要是城市普通居民和城郊居民。城市中粮食作为一种重要的生活必需商品，具有金融化的基本条件。对于宋朝的城市居民来说，其对粮食具有刚性需求，对价格的变化并不敏感。城市的粮食投机者正是抓住了这一特性，每当城市粮食短缺时，米铺商户就会投入大量现金囤货，趁机涨价，而长途贩运商故意压货，减少供应量，以在城市居民中产生粮食危机的恐慌，使得居民投入大量货币购买、投资粮食，其价格涨幅超出供需所造成的上涨，粮商借机抛出粮食，赚取利润。同时，由于宋朝政府并不限制垄断，很多城市的粮食贩卖都形成了寡头垄断的格局，大肆涨价。

但是，宋朝政府不会袖手旁观，国家粮库中有大量通过税赋收来的粮食，这部分粮食在市场上粮食供应短缺的时候可以开仓贩卖。一者可以增加供给平抑物价，二者可以在天灾粮缺时做官方救灾之用。据姜锡东（2000）考证，宋神宗熙宁六年秋至次年春期间，全国各地普遍发生干旱，不少河北等地逃荒的贫民蜂拥而入当时的京城开封，宋朝政府多次下令开仓赈粜。“又诏三司以上等粳米每石为钱一千，于乾明寺米场听民赊请，中等粳米每斗为钱八十五文，零粜与贫民。无与停贩之家，立许人告捕法”①。

政府的政策首先增加了百姓购粮的杠杆，变相开展了信贷，同时实行价格双轨制，富贫之民价格差异化，对捂粮不卖的商家采取行政措施。开封市场米价为每斗一百五十文，此时官场赈粜上等粳米每斗只有百文，并且是赊粜，可以延期付款。诏令中严禁赊粜给“停贩之家”，即严禁粮商加金融杠杆，但这也反映出以前部分低价赈粜的米落入粮商之手。粮商作为投机者，在政府开仓售粮之际，利用“赊粜”的优惠政策，加足了货币杠杆囤积粮食以开展投机活动。同时，官方价格与市场价格之间存在套利空间，部分粮商从中作梗，利用价格双轨制时期大发粮食国难财，粮食已经逐渐发展成为一种金融产品。如果政府能够源源不断地出售粮食给居

① 《续资治通鉴长编》卷252。

民，粮食贩卖商将会因为囤积过多、负债过重而“破产”，但往往由于官商勾结、权贵干预，政府的赈灾粮并没有多少直接发给百姓，大部分从米铺商等人手中卖给了百姓，粮商赚取了利润。

然而，投机者依然能绕过政府意图抑制粮价的政策。宋开宝三年，京师粮价高涨但是城市粮食储备不足，有断粮的风险。有人认为，其原因在于国家抑制粮食市场价格：“今市中米贵，官乃定价斗钱七十，商贾闻之，以其不获利，无敢载至京师者，虽富人储物，亦隐匿不粜，是以米益贵，而贫民将忧其馁殍也”①。国家限定粮食最高价格之后，各处粮商无法获取可观的利润，就开始寻求隐藏粮食的方法。市场上出现了闭籴的现象。所谓闭籴，就是暂停销售粮食，粮商等待时机，当粮价一涨再涨时才高位抛售。因此，当时有官吏建议放弃粮食最高价限制，如果国家只是进行粮食储备调节，压价抛售储备粮的做法，只能适得其反，使得粮商“囤积居奇”之风更盛，不再出售粮食，也不再进行粮食的民间运送。国家对粮食最高价格做了限制，使得民间粮食自由调配的积极性受到了抑制，所有地区售价被抑制，粮商就不再会选择将富饶地区的粮食运送到粮食短缺地区进行售卖，从而使得粮食短缺地区的粮食供应匮乏局面得不到缓解。这也说明，扭曲的定价政策将会使商品脱离其真实价值，从而降低了资源配置效率。

2. 乡村粮食金融化

乡村粮食投机者在两宋时期是乡村中的地主之家，受害最深的是广大乡村中的小农家庭。乡村中大多数农民比较贫困，为应付各种官方课税或民间借贷，农民不得不在粮食收货时就贱价粜粮，难以待价而沽（龙登高，1993）。且当时粮价的定价权掌握在粮商的手中，粮商在粮食收获季节故意压低价格，获取暴利。南宋思想家陆九渊说：“今农民皆贫，当收获时，多不复能藏，亟须粜易以给他用，以解逋责。使无以籴之，则价必甚贱，而粟泄于米商之舟与富民之廪，来岁必重困矣。”② 到了青黄不接之时或是耕种的季节，贫苦的农民们为应付生产、生活而又不得不高价籴粮或是借粮。地主家庭本来收租很多，又在农民刚刚收获粮食时低价大量收购，竭力囤积，等待贫苦农民青黄不接之时，通过售卖寻求暴利。如果遇到自然灾害，投机活动便达到了高潮。粮食成为收入再分配的一种新方式，也成为地主阶级剥削贫苦农民的一种金融性工具。同时，粮食成为一

① 《续资治通鉴长编》卷13。

② 《陆九渊集》卷8。

种金融媒介，贫苦的百姓通过粮食融资，地主通过粮食做抵押贷款。此外，地主和富农们仍然有很多其他投机手段，例如当发生粮食短缺时，地主和富农们会将粮食卖给出价最高的购买者，而不是最近的缺粮农户。跨区域售粮能获取跨区域溢价，却不是资源配置的最有效方式。

同时，宋朝的地主富农还创造性地将粮食与民间借贷结合在一起，以粮食为一般等价物，在粮食短缺的时候故意不出售粮食，而是进行粮食的民间拆借，由于这些乡村民间借贷发生在较小的范围之内，地主富农对于借米人的风险承受能力与偿还能力都能掌握较好的调查信息，再以高息贷出，之后便能够收取放贷收益。而宋朝法律并没有对粮食拆借的利息范围做出任何规定，政府也不能够对农村地区粮食借贷进行任何限制，导致很多农村地区居民最后因借返贫，因借赤贫。宋朝时的农村粮食借贷完整地展现了民间借贷与商品金融化的结合。

3. 贩粜军需粮草投机

向官府贩粜军需粮草中的投机行为更加暴利。一方面，宋朝政府在市场上采购军需粮草的过程中存在强行摊派、不支钱等问题，对一般民户危害很大，学者们对此论述良多。另一方面，售卖军需粮草的民间商人也不乏奸诈之徒，发国难财的人有很多。其方法不外乎以下四种。

第一是囤积居奇，在国家将要发生战争之际，趁机大肆囤积粮食，待官方收购粮食之时，再高价卖给军队。官府的籴场定价低，绝大多数贩运者当然不会卖给他们。而另一部分资本雄厚的粮商在外面加价截留，收籴囤积。等到官府的籴场完不成收购任务，无法向上级交差时，必然会加价收粮。奸商趁机将囤积之粮抛出，坐取暴利，粮商这种奸诈手段也用在官府收购常平仓米（用来平抑物价的储备粮）时。但是这种投机行为对粮商的实力要求较高，不是一般的商贩所能承担。

第二是以次充好、掺假使诈，粮商将粮食做成标准化产品，以一定单位在市场上进行流通，当官方进行大规模收购的时候，再趁机以次充好，破坏标准化产品的标准，达到投机获取暴利的目的。“诏诸路籴场以滥恶高估入官，许人陈告，百石者全给，百石以上予半，余皆没官。”[①] 由此反映出，在此之前的政府收籴活动中，质次价高问题已相当严重。此后直到南宋时期，仍是屡禁不止，愈演愈烈。

第三是利用信息不对称进行商品凭证的金融化。宋朝政府收购军需粮草，主要用钱与物支付价钱，此外还有官告、度牒等。部分凭证并不能够

---

① 《续资治通鉴长编》卷 101。

很好地被估值，也就使得粮食价格偏离了市场中的价值。

第四是商贩作为粮食做市商，中国古代实力雄厚的粮商可以从农民手中买入粮食，又可以向官方卖出，其所获利润即对粮食进行做市时的买卖价差。由于这些粮商拥有了代理军队采购粮食的特权和资格，可以压低民间收购粮食的成本，提高卖给军队的售价，获取暴利。在向官府贩粜的粮食金融化过程中，行政手段干预定价的因素与金融化产品高度结合是宋朝粮食金融化的一大特点。

第三节 粮食金融化中的逻辑

1. 标的商品特点

粮食是人们生活所必需的商品，是一类农产品的概括统称。粮食实际是各种粮食作物的种子，它含有各种营养成分，供作物生长发育，具有呼吸、后熟、发芽、陈化等生理特点。为了改善粮食品质、提高粮食贮藏稳定性，人们利用湿度、温度及粮堆中空气成分等因素对粮食后熟作用的影响，采用各种物理的或化学的方法来促进粮食的后熟。同时，粮食是一个国家的战略物资，也是人民群众的生活必需品。这就决定了粮食的需求是刚性需求，不可被替代。一般情况下，人们会先留出购买生活必需品的钱，再做其他消费品的规划。因此，即使市场上的粮价降低，也不一定能刺激消费者产生更多需求，反而有可能使得百姓通过消费其他高级替代品来取代一部分粮食的消费。同样，粮价上涨也很难削减对粮食的刚性需求。随着居民生活水平的提高，粮食支出在消费者预算总支出中所占的比重即恩格尔系数就更小了。这些特点决定了粮食是一种缺乏需求弹性的商品，粮价的变化对需求量的影响不大。

粮食是对国民经济稳定发展的重要保障，是粮农的重要经济来源，也是很多工业产品的原料。充足的粮食供应对国民经济长期稳定发展意义重大，一定的粮食储备对稳定人民心理具有重要作用。

2. 粮食金融化的前后背景

宋朝粮食金融化的大前提是稳定的经济发展条件使得宋朝的生产力得到大解放、粮食自由流通，投机者可以通过区域性的垄断或信息不对称来获取收益。粮食作为商品，具有消费的刚性需求，同时具有了投机的金融属性，双重属性使得粮商的投机风险大大降低。投机者囤粮之后，最差的结果是按照原价平粜出去，满足广大消费者的消费需求。倘若供给紧张，价格高涨，则可以得到可观的投机收入。同时，宋朝的城市人口较为稠密，城市居民所需粮食来自粮商，依赖性较强，在信息不对称的前提下，跨地域粮食套利并没有得到推广，从而使得区域经济变得相对封闭，商品金融化投机更易实现。此外，宋朝政府设定粮食销售最高价格，在一定程度上助长了粮食金融化的发展，降低了资源配置效率。

3. 金融化发生的时机

宋朝粮食金融化的时间具有一定规律性和周期性，粮食作物具有天然供给和天然消耗的特点，这就导致粮食收获的季节必然不是粮食金融化投机的时期。粮食商品金融化严重的时期一般是三种时期：一是战争时期，前线打仗，粮食大多运往战场，城市居民的粮食供应得不到有效保障，粮商通过市场进行粮食供给，从而使得部分投机者囤积居奇，伺机高价粜米，部分富足商户囤积粮食再高价卖出；二是青黄不接之时，农民的粮食尚未收获，往年的余粮已经消耗殆尽，此时，农村区域的粮食借贷模式就异常嚣张，成为地主剥削劳动者的一种手段；三是遇到天灾之时，粮食歉收，市场上粮食稀缺，就会发生惜售现象，出售方等待价格涨得更高后再售卖，购买者则投入大量货币去求购粮食，从而更加推高了市场价格。

4. 结束的方式

随着宋朝粮食投机活动的活跃，政府不得不推出新政来维持粮食价格稳定，以使粮食可以有效供应，百姓安居乐业。其中，最为有效和知名的当属王安石的粮食制度改革。这一新的常平仓制度，思想上注重利用市场自发的调节机制进行辅助调节，使得粮食贸易自由化，打破区域性寡头垄断的局面，形成了宋朝时期特有的粮食储备调节制度思想，也使宋朝粮食投机者铩羽而归，最终结束了这场疯狂的粮食投机游戏（刘甲朋，2010）。王安石主张：一者，扩大常平仓钱谷规模，使得官方的粮食储备和粮钱储备都进一步增加，当市场上有人大量购进粮食，惜售囤积谋求高利之时，官方出面抛售粮食稳定物价。当市场上粮商大肆抛售，压低粮食价格，欲使农民低价粜米时，政府出钱收购粮食，保障百姓的粮食有好的销路，政府在这中间充当了做市商的角色。二者，加强常平仓钱谷借贷融资职能。由于增加粮食储备和粮钱储备只能应对城市中的粮商投机，农民在青黄不接之时，仍然需要找到地主或富农进行高息的粮食借贷。官方加强储备钱谷借贷功能之后，可以有效地降低粮食借贷市场的利率，提供给民间商品借贷一个公允的价格，但是美中不足的是，由于信息不对称，官方的粮食商品借贷对风险的控制能力并不强。三者，扶植农业生产，倡行贷款于农的粮食预购制度，政府储备的粮与钱先贷给农村居民，在有剩余的前提下才贷给城市居民。这在一定程度上完成了农业信贷的定向发放，有效地支持了农村各项发展。

5. 影响的范围

宋朝粮食金融化对整个粮食生产、销售、加工、使用阶段的人都有影响，粮食价格过高和过低都不利于农业生产者。粮价过高使得生产者惜售，最终市场有价无市，对于粮商而言，则增大了粜米的难度，资金周转和占用将会大大增加。对于城市居民，粮食价格过高则会降低其生活效用，同时引发恐慌，使其囤积粮食。

而粮价过低不利于提高粮食生产者的积极性，从而减少粮食生产，使得第二年出现超调——过少的产出又会使得价格过快地增长。对于粮食销售者而言，收购价过低也暗示销售可能也不容易，几家粮商之间甚至可能出现恶意竞争、互相压价的可能。粮食税收不利于其在各个地区之间的自由流动，从而影响整个社会的稳定，因为任何人都对粮食具有刚性需求。因此，宋朝的粮食金融化影响着每一个层面的居民。

第四节　粮食金融化的内在逻辑提炼

所谓金融化，一是商品交易机制中金融属性逐渐增强，以致商品的价格越来越不取决于实体层面的供求因素，而是取决于进入市场的资金量的大小；二是指一个趋势相对稳定的演进过程，金融化商品的价格形成机制、交易机制一旦形成，并不会由于价格的波动而导致过程中断（张成思等，2014）。

宋朝粮食金融化的过程就是大量资金流入粮食市场的过程。当发生天灾时，城市居民预期粮食减产，会将更多的货币投入家庭粮食储备中。而发生在乡村的粮食借贷，则给粮食赋予了一般等价物的属性，具有了生息的属性特点。从商品金融化的阶段来看，宋朝粮食金融化处于第一阶段，即从普通商品向资本品过渡的阶段，其价格仍然会受到供求关系的影响，但是由于资本的进入，市场需求已经从单纯的消费需求演变成消费和投资需求同时存在。宋朝粮食在资本密集度、市场杠杆率、资产流动性、价格波动性和过程稳定性五个方面，具备一定的资本密集度、较低的市场杠杆率、一定的资产流动性、较高的价格波动性和相对较高的过程稳定性，且这种商品金融化的过程在一定时期内是不可逆的。

粮食是人们生活中的必需品，宋朝的粮食能够逐步金融化，一是粮食本身的特点，其刚性需求与年产量之间的关系决定了粮食在当时具有一定保值增值的功能；二是粮食生产周期固定，产量受天气影响较大，使得粮食的供给在特定时期内具有稀缺性，货币流向粮食，不仅可以作为自身生活的基本条件，还可以在不确定的未来有投资收益；三是宋朝粮食政策存在一定局限性，宋朝虽然有常平仓制度，但是官方所储备的粮食粮款的力量无法与粮商集团匹敌，当市场价格发生剧烈波动时，官方的储备并不能够实现稳定物价的政策目标；四是宋朝的战争使得居民不敢持有货币，而将货币投向保值增值且易于变现的资产，粮食无疑成为首要选择。

第八章 “红顶商人”的荣光与败落：中国清代的生丝金融化

本章概览

- 清代丝绸业与金融市场
- 生丝商品金融化始末
- 生丝金融化的古事今鉴

本章提要

本章讲述清代“红顶商人”胡雪岩试图在生丝的商品金融化过程中牟利但最终失败破产的故事。在长达两年有余的生丝大战中，胡雪岩利用自己的阜康雪记钱庄所提供的资金支持，大举囤丝，一度垄断了市场供给，导致中国与欧洲生丝价格出现倒挂。然而，1883 年意大利生丝丰收，上海金融市场又出现动荡，流动性枯竭。胡雪岩不得不抛售生丝，然而依旧未能阻止钱号在挤兑之下倒闭。胡雪岩操控生丝市场的失败不仅导致其个人破产，中国丧失生丝定价权，还使得肇始于股票市场的金融危机进一步恶化，新式企业募股艰难，影响可谓深远。

第一节 “红顶商人”与清代生丝贸易

胡雪岩（1823～1885 年），本名胡光墉，幼名顺官，字雪岩，出生于安徽徽州绩溪。胡雪岩幼年家境十分贫寒，十二岁父亲去世。次年，他孤身来到杭州，从学徒做起，逐步积累资本并开办了自己的钱庄。在清军与太平天国交战期间，胡雪岩从上海、宁波等地采购军火、粮食接济清军，并获得了左宗棠的信赖（尹铁，2015）。1866 年（清同治五年），胡雪岩协助左宗棠在福州开办福州船政局，成立中国史上第一家新式造船厂。1875 年（清光绪元年）5 月，左宗棠被任命为钦差大臣，督办新疆军务，筹办收复新疆事宜。此时，晚清国库空虚，财政困难，当时全国各地又普遍遭遇旱灾，粮饷难以筹集。胡雪岩与洋行谈判，前后共借得白银一千余万两，同时积极购买进口军械，为收复新疆战役的胜利打下了坚实基础。1881 年（清光绪七年），胡雪岩因协助左宗棠收复新疆有功，被授予布政使衔（三品），赏穿黄马褂、官帽上可带二品红色顶戴，并总办四省公库。彼时的胡雪岩，有着“红顶商人”的身份，钱庄银号遍布天下，创办的胡庆余堂可与北京同仁堂分庭抗礼，风光可谓一时无两。

19 世纪 70 年代，中国重要出口品生丝价格连年下跌，胡雪岩敏锐地观察到生丝价格的跌势，并认为其中有利可图。生丝是桑蚕茧缫丝后所得的产品，俗称真丝，机缫的又叫厂丝，手工缫的叫土丝。生丝经加工脱胶后称为熟丝。中国丝绸在世界享誉已久，但晚清时期国内制丝技术落后。外国商人先收购土法缫制生丝，然后转运至本国用机械精制，获取大量利润。作为重要的出口商品，生丝成品已经高度标准化，对于其重量、色泽、匀度等均有要求。当时，国内现代化缫丝机器极少，土法生产的生丝质量较差，无法直接用机器织成绸缎。土法缫制生丝的价格大约是 300 两白银一包，运回欧洲经过机器重缫后，可增值至 700 两白银一包。然而由于时代的局限性，胡雪岩并没有把置办机器获取精加工利润作为第一选择（曹立前和胡广丽，2007），而是计划全盘控制生丝供给。

清代的丝绸业以苏、杭、湖三府最为发达，整个江浙生丝产地的商品率高达 83%（单强，1997），而主要的出口贸易中心在上海。1843 年 11 月，上海开埠。从此，中外贸易中心逐渐从广州移到上海。据晚清海关资料记载，1845 年，由上海出口的生丝为 5 146 担。到了 1880 年，由上海出口的生丝已达 69 685 担。当年，全国总出口生丝为 82 201 担（张丽，2008），上海出口量独占约 85%。从 1870 年开始，全国生丝出口贸易约有 2/3 经由上海港输出。那时，旗昌、怡和、天祥等知名大洋行纷纷落户上海，从事蚕丝和茶叶的出口贸易。

商品金融化需要大量资本推动，金融业会直接影响生丝贸易。当时上海的金融市场，特别是股票市场的波动，直接影响了市面银根的紧张程度。1872 年（清同治十一年），轮船招商局创立，成为第一家发行股票的中国企业。四年后，开平矿务局也向社会募股。继之，上海机器织布局、平泉铜矿、荆门煤铁矿等企业陆续创立，均在上海等通商口岸募集资本，其股票也在市面交易，上海华股市场逐渐形成（杜恂诚，1987）。上海股票市场格外火爆，“每一新公司起，千百人争购之”。由于没有中央银行监管，为金融市场提供流动性的钱庄在业务上拥有极大的自由度。因为没有资本充足率的管制，山西票号及洋行（包括外商银行）又提供了流动性充足的拆借市场，上海钱庄的杠杆率达到了惊人的水平，“资本不过数万金之庄，而放账竟多至数百万”。同时，由于行业间的激烈竞争，许多钱庄无限降低放款条件，“唯恐人之不欲”，也接受估价高昂的股票以代替通常的抵押资产。过高的杠杆、几近于无的风控措施、低下的抵押品品质，使得彼时的上海金融市场看似风光无限，实则危机四伏。

第二节　生丝商品金融化始末

胡雪岩曾经在19世纪60年代通过囤积大米而获利。1876年，胡雪岩开始从事生丝投机。他大量收购各地运到上海的生丝，造成丝价陡涨，并从中获利。小获成功后，胡雪岩决定以自己的阜康雪记钱庄为后盾，全面垄断上海的生丝供给。

1881年起，胡雪岩开始大笔买入生丝。在清代，一包生丝约重80斤，价格在300两白银以上。1881年6月，胡雪岩买入3 000包生丝。1882年5月，存货上升至8 000包。1882年丝季伊始，市场估计全国产量为8万包；1882年8月，市场预期实际收成为6万包。1881～1882年，欧洲生丝产地意大利遭受旱灾，生丝减产严重。受减产消息的鼓舞，胡雪岩迅速在江浙地区发放定金，控制货源。晚清学者欧阳昱在《见闻琐录》中记载，胡雪岩“生丝将出，遣人遍天下收买，无一漏脱”。到1882年10月底，胡雪岩已经囤积了超过1.4万包生丝。其他丝商也迅速跟进，囤积货源以待良机。这里需要指出的是，有些史料说胡雪岩动用2 000万两白银“买尽天下生丝”，显然是过于夸张的说法。因为如果动用2 000万两白银（这个数字相当于当年清朝财政收入的四分之一），即使以每包380两白银的市场高位计算成本，也可囤积5万余包生丝。而根据洋行的记录，胡雪岩最终仅抛售了约1.5万包生丝。

胡雪岩坐拥上万包生丝筹码，又和各华商构建了价格同盟，牢牢把控了1882年的生丝市场，使外国商人“欲买一斤一两而莫得”。上海各洋行苦于没有货源，曾经在1882年多次同胡雪岩议价，均因要价过高而未能达成交易。胡雪岩的投机行为使得生丝价格与其实际价值出现了大幅偏离。到1882年9月底，上海一级生丝的价格已经高涨到17先令4便士，而在伦敦市场的价格不过是16先令左右，出现了严重的倒挂现象。外国商人不愿接受如此高的价格，决定等待第二年新丝上市。

1883 年，中国江浙地区遭遇了气候灾害和蚕瘟病的袭击，胡雪岩预计国内生丝产量将进一步下跌，于是在 1883 年 5 月存货累积已达 1.5 万包的情况下，继续下定金收购新丝，其他国内丝商也坚持售价不变。1883 年 4 月和 8 月，怡和洋行再次和胡雪岩接洽，希望购丝，但胡雪岩仍不肯让步，“自信心甚强，因为本季丝收极歉”，双方继续僵持不下。

上海各洋行之所以能够和胡雪岩等中国丝商长期对抗，和生丝商品本身的特质及洋行信息优势均有关系。生丝不能长期储存，存放时间过长会变色腐坏，因此在僵持了一年之后，洋行断定胡雪岩在如此高的仓位下不可能坚持太久，迟早要卖出存货。

同时，洋行还拥有巨大的信息渠道优势——电报。清朝政府起初规定国外所设电信线路不许上岸，即只允许“水线”。1871 年，丹麦大北电报公司擅自把设在长崎（日本）至上海的海底电缆引出，沿扬子江、黄浦江铺设到接至吴淞口外的大山岛，并趁夜间涨潮之际悄悄引线上岸，与上海英租界的电报局相连，收发国际电报。从此，上海各洋行可以经由电报线路方便地了解世界市场动态。通过电报，洋行及时掌握了 1883 年意大利气候适宜，生丝丰收有望的重要信息，遂决定坚持等待。

以胡雪岩为代表的中国丝商则在信息、技术上均处于相对落后的地位。中国的第一条长途电报线路——京沪电报线于 1881 年年底方告建成，且由于清朝政府坚持水线不准上岸的政策，该电报线并未与国际干线贯通。因此，在 1883 年双方僵持的关键时刻，胡雪岩对意大利产地动态的了解十分有限。“光墉虽多智，在同光时代，世界交通未若今便，不通译者每昧外情。”消息的闭塞使得胡雪岩错误判断了市场局势，认为在江浙生丝年景极歉的情况下，可以通过持久战迫使外商让步（姜新和周宝银，2009）。

生丝市场买卖双方的对抗在 1883 年秋季出现了微妙的松动。商品金融化本质上是由资本推动的，一旦投机资金退潮，商品价格便会剧变。上海生丝市场两年之久的僵局最终被一场金融风暴所打破。

1883 年 8 月，怀疑情绪开始在上海股市弥漫，各公司股价持续下跌（叶世昌，2013）。1883 年 5 月，开平矿务局股票每股在 210 两白银以上，8 月便跌至每股 120 两，到 1883 年 10 月仅剩每股 70 两。大量从钱庄借款用于股票投机的商号倒闭，钱庄的抵押品也大幅减值。一如现代金融危机，市场上的流动性以惊人的速度枯竭，原来提供拆借服务的洋行和山西票号迅速停止拆放。山西票号限定各钱庄于 1883 年 10 月 30 日之前偿还所有借款，“白数十万，一齐收回，闭不再放”。洋行收回的拆借资金也约有 200 万两之多。整个市场银根奇缺，一场严重的金融危机爆发在即。

上海金融风潮毫无疑问地波及胡雪岩的诸多产业。然而，胡雪岩在自家钱庄尚可维持的情况下，仍不愿意降低丝价。1883 年 9 月初，上等 4 号辑里丝每包价格为 427.5～428.5 两白银；10 月跌为 382.5～386.3 两白银。1883 年 10 月 9 日，胡雪岩与怡和洋行达成协议，出售 2 000 包生丝，每包 380 两白银，其中一半以现银支付，另一半议定利润平分，可见其对生丝价格上涨仍抱有信心。1883 年 11 月 15 日，生丝价格进一步跌到 375～376 两白银的最低价。胡雪岩在钱庄运行已极其艰难的情况下，向汇丰银行再借 10 万两白银。胡雪岩宁可借债来维持钱庄周转，也不愿出售手头的生丝存货，表现出了极大的竞争决心。

然而，事情并没有如这位“红顶商人”所愿。在流动性严重不足的情况下，上海金融业的困局日趋严重，在胡雪岩的钱庄存款的官绅和商号均来取款，各海关也来催取应交清朝政府的款项，挤兑日益严重。1883 年 11 月 29 日，胡雪岩因严重的周转失灵，不得不放弃长达两年之久的控制上海生丝市场的努力，将手头 1.3 万包生丝分两批尽数出售给天祥洋行。1883 年 11 月 30 日，怡和洋行经理在一封信中写道，其他华商的经济困难也将迫使他们卖出手头的 2 500 包生丝。可见，当时整个上海生丝市场的华商已经陷入了极其窘迫的境地，生丝投机彻底以失败而告终。

中国商人联合垄断生丝市场、投机获利的愿望落空。根据英国驻上海总领事馆人员的估计，胡雪岩亏损大概 150 万两白银（35 万英镑）。然而，悲剧不仅限于此。胡雪岩卖出生丝自救的努力并未成功，仅时隔两天，1883 年 12 月 1 日，胡雪岩赖以周转并曾极力挽救的阜康雪记钱庄倒闭。随后，顺天府尹毕道远等上《阜康商号关闭现将号伙讯究各折片》，告知朝廷阜康雪记钱庄倒闭的消息。1883 年 12 月 6 日，清朝政府下旨让时为闽浙总督的何璟、浙江巡抚刘秉璋密查胡雪岩资产，以备抵债。1883 年 12 月 27 日，清朝政府再下谕旨，将胡雪岩革职，并让左宗棠追剿胡雪岩欠款。此后，胡雪岩位于各地的当铺、商号相继被查封。1885 年 9 月 5 日，左宗棠病逝，户部尚书阎敬铭上书要求将胡雪岩“拿交刑部治罪，以正国法”，并将其家属“押追着落，扫数完缴”。逮捕胡雪岩的命令尚未执行，1885 年 11 月，胡雪岩在贫病交加中郁郁而终。官府在其死后曾查抄财产，但发现“所有家产，前已变抵公私各款，现人亡财尽，无产可封”。“红顶商人”落得如此下场，未免令人唏嘘。

胡雪岩的生丝投机以失败而告终，但这次风潮影响的不仅仅是他个人的命运。胡雪岩在全国有阜康雪记钱庄 20 余处，资金最高达 2 000 万两以上。用现代术语表述，他名下的钱庄毫无疑问属于“系统重要性金融机构”，其钱庄的相继倒闭无疑极大地打击了整个金融市场的信心，使得金融危机进一步加重，其他小型钱庄大量倒闭。到 1883 年年底，上海南北两市只剩 10 家钱庄在苦苦支撑，依靠钱庄进行周转的丝茶商人大多歇业。中国生丝产业也因此受到严重打击，基本丧失了自主定价权。同时，胡雪岩的败落进一步加深了股市的悲观情绪。由于大量流动性因担心危机而撤离，上海股市也极其萧条。轮船招商局面值 100 两的股票在 1883 年 2 月尚值 150 两，到 1883 年 12 月只剩 54 两。开平矿务局的股票也从每股 109 两下跌到每股 53 两，投资者损失惨重，再不肯信任招股公司。这次危机对人们信心的打击十分沉重，以致在 10 年后的 1893 年，根据《字林沪报》的记载，普通商人听闻要集股建厂，“无不掩耳而走”。中国近代企业的发展因此陷入了近 10 年的停滞。

第三节 生丝金融化的逻辑与启示

1881～1883 年的生丝具有商品金融化的典型特征。首先，生丝价格的波动虽然有供需方面的因素作用，但主要是由投资者头寸所控制的。其次，在争夺定价权的胶着时期，生丝出现了产销两地价格倒挂的现象，说明该商品的金融属性已经占据主导地位。最后，在投机资本撤离之后，生丝市场一蹶不振，金融化过程中断，说明该商品金融化的程度还比较低。

这场风波虽然发生于百年之前，但对今天的我们仍有深刻的启示。

首先，证券市场的投机风气过盛不利于经济的平稳运行。1882 年开平矿务局和轮船招商局股票上扬，股票市场繁荣，众多洋务企业纷纷在上海发行股票，“每一新公司起，千百人争购之”。在缺乏严格发行审核机制，人们的投资热情又极其高涨的情况下，许多矿局在技术、管理尚未落实之时，便抢先上市招股，以在极短时间内集齐巨额资金。发行股票公司实际良莠不齐，在泡沫破裂时必将回归真实价值，这为金融风潮的爆发埋下了导火索。

其次，金融机构杠杆率过高极易引发兑付危机。当时的钱庄既无存款准备金要求，亦无经营业务范围的限制。股票与生丝投机均需要大量资本，巨额的资金需求使得钱庄在经营中风险胃口逐步变大。钱庄在自身资本金极为有限的情况下，除了吸收庄户存款之外，还通过向洋行、银行拆借以及向山西票号借款的方式大量拆入资金，再转手借出以获取息差。

《申报》及《字林沪报》指出，当时钱庄的本钱为 2 万～5 万两白银，而"票号长期①多至二三百万，银行拆票之岁在外者数百万"。如此高的杠杆率显然隐含了巨大的风险。同时，在股票市场火爆时，钱庄允许持股者质押股票代替通常的抵押品，抵押物价值的不稳定无疑进一步放大了钱庄的经营风险。另外，钱庄融得资金后，资金去向并不受监管，以致钱庄本身卷入了投机生意。胡雪岩就是以自身的阜康雪记钱庄为资金来源从事生丝投机的。试想，如果胡雪岩仅能以自身资本金收购生丝，其对市场造成的影响必定十分有限。

最后，当危机爆发时，清朝政府并没有采取任何形式的救助措施。根据前文对史料的考证，胡雪岩在生丝投机中共计损失约 150 万两白银，虽然元气大伤，但尚不致全盘败落。如果清朝政府能够有现代中央银行的意识，及时与票号、洋行协调，设法向拆借市场注入流动性，或许能够重振市场信心，阻止大量钱庄倒闭造成的严重商业萧条。然而事实上，清朝官员以最快的速度加入挤兑大军中，海关及各级官绅纷纷到胡雪岩的商号取款（姜鹏，2007）。以现代眼光来看，胡雪岩的阜康雪记钱庄是当时全国实力最强的钱庄，应当属于"系统重要性金融机构"，它的倒闭必然造成危机大面积扩散，进而导致整体经济的萧条。清朝政府的处理方式使得胡雪岩的处境更加艰难，阜康雪记钱庄以倒闭告终，恐慌蔓延整个金融市场。1883 年 9 月，上海南北两市尚有钱庄 58 家，到 1883 年年底，只有 10 家钱庄勉强维持，依靠钱庄周转的商业完全陷入停滞状态，实体经济亦受到严重打击（刘广京，1983）。

由上文的论述可见，1883 年的上海金融风潮成因中固然有国际丝价波动的外部冲击因素，国内投机资本对金融化商品的追逐、金融机构自身的脆弱性、缺乏能够有效监管和实施救援的中央金融机构也是重要的原因。

从生丝商品金融化风波中，我们可以得到一些对当下的启示。首先，严格监管十分重要。如果金融机构参与金融化商品的炒作中，整个金融系统的风险无疑会明显放大。泡沫一旦破裂，系统性金融危机可能随之爆发。其次，投机泡沫的破裂不仅会造成投机者破产和经营不善的金融机构倒闭，而且会伤害依赖金融业融资的实体经济部门。在泡沫形成时期，资本追逐利润，导致实体部门筹资困难。泡沫破裂后，市场资金周转失灵，实体经济同样会遭受打击。因此，监管部门应当对个别商品过度金融化的现象保持警惕，防止泡沫累积对实体经济的伤害。

---

① 向山西票号借得的款项，对方可随时索回。

第九章　风中的交易：郁金香金融化

本章概览

- 郁金香狂潮的来龙去脉
- 郁金香球茎的期货交易雏形
- 早期金融化案例特点

本章提要

发生于17世纪荷兰的郁金香狂潮一直被视为投机泡沫的代名词，但从郁金香在狂潮中所体现出的属性来看，这一事件属于早期商品金融化案例。供需关系的矛盾、过度发行的货币等经济社会因素都在很大程度上推动了郁金香金融化的进程，这一点与普洱茶、大红袍等商品受游资炒作而开始金融化的过程有较大的差别。为交易郁金香球茎，期货市场雏形开始形成，尽管市场规则与监管并不完善，却充分体现出郁金香超越内在价值而趋向资本品、金融品的特征。该商品金融化过程持续时间短，现代社会对这一过程的重视程度也较低，但作为早期案例之一，对其商品金融化特征的分析具有借鉴意义。

第一节　荷兰国花——郁金香

郁金香的商品金融化开始于1634年的荷兰，尽管持续时间较短，但过程发展极其迅速。这与当时荷兰的经济、社会环境密不可分。供需长期失衡、贸易中心强盛和货币过量发行都为之后的郁金香狂潮埋下了伏笔。

荷兰在17世纪前叶凭借其自身的优良港口和早期对外贸易的经验，逐渐在欧洲确定了贸易的统治地位，荷兰的首都阿姆斯特丹也逐渐成为欧洲乃至世界的贸易中心，荷兰的经济实力不断增强。活跃的贸易市场促使荷兰于1609年成立阿姆斯特丹银行，主要负责统一贸易支付和结算。随着交易的日益扩大，阿姆斯特丹银行开始涉足信贷业务，这在很大程度上促进了货币量的迅速增长，同时大量金银贵金属涌入包括荷兰在内的西欧，进一步促进了货币的过量发行，这些都为后来的郁金香狂潮奠定了经济基础。

郁金香是荷兰的国花，荷兰也因17世纪的郁金香狂潮而著名。郁金香原产于小亚细亚半岛，根据文献记载，其于16世纪中叶从土耳其传入西欧。17世纪，尽管郁金香已经开始受到人们的欢迎，但种植者对郁金香的培育效率仍然较低，郁金香供给量较少，所以价格极其昂贵，早在1608年就已经有法国人用3万法郎去换一枚郁金香球茎。1630年前后，荷兰人依靠当地独特的气候和土壤条件，培育出了一批新奇的郁金香品种，其颜色和花型都远超传统品种，这些新品种被视为高贵的象征，而当时欧洲奢侈之风盛行，引发了人们对于具有较高欣赏和装饰价值的郁金香的追捧，供需关系进一步失衡。

郁金香价格在初期还是较为接近由供需关系决定的均衡价格，难以上涨的供给量与迅速上升的需求量之间的矛盾导致了其价格的早期上涨，但身处经济贸易中心的荷兰则为其价格的进一步攀升和逐渐金融化提供了基础。

第二节　郁金香狂潮的来龙去脉

郁金香在进入西欧的初期，已经在法国被视为奢侈和高贵的象征而受富人们追捧，然而与之后荷兰发生的郁金香狂潮相比，这种追捧相形见绌。1634年，随着荷兰人不断培育出更加新奇的品种，郁金香的市场需求量逐渐上升，随后愈演愈烈。1636年10月之后，不只有珍贵品种的价格走高，几乎所有郁金香的价格都飞涨不已。与葱、姜、蒜不同，郁金香并不是生活必需品，与名贵药材、木材等相比，郁金香也仅有欣赏价值，它的实用价值微不足道，所以一旦郁金香的价格超过了普通民众或商人可以承受的范围，对于郁金香的需求热情就应有所下降才合理。但是在当时的荷兰，郁金香的价格已经上涨到超过人们可以理解的范围。表9－1展示了交换一枚郁金香球茎所需要的全部物品，可以看出，一枚郁金香球茎的价格已经完全偏离了其内在价值。

表 9-1　用于兑换一枚郁金香球茎的货物　（单位：荷兰盾）

货物	价值
八千磅小麦	448
一万四千磅黑麦	558
四只牛	480
八头猪	240
十二只羊	120
两大桶葡萄酒	70
四桶啤酒	32
两吨黄油	192
一千磅奶酪	120
一张完整的床	100
一套衣服	80
一盏银杯	60
总计	2 500

资料来源：Mackay（1841）。

仅展示郁金香球茎的价值还不能完全体现出这场郁金香狂潮的疯狂程度，不同品种的球茎价格变化更加细节性地反映出当时郁金香市场的狂热。仅在 1637 年 1 月至 2 月，部分郁金香球茎的价格就增长了 10 倍、20 倍甚至 50 倍。如果换算成年化增长率（乘以 12），那么价格的年化增长率则超过了上百倍。为了说明问题，我们在表 9-2 中给出了 1637 年 1 月 2 日、1637 年 2 月 5 日、1722 年及 1739 年荷兰市场上不同郁金香球茎的价格。从表中的价格数据可以看到，不同的球茎价格在同样时间段的增长率各不相同，月度增长率最高可达数十倍，最低的则为几倍。总体来看，1637 年，郁金香球茎价格出现剧烈上涨，这种剧烈上涨已经很难用普通商品的供需失衡来解释。

表 9-2　1637～1739 年郁金香球茎的指导价　（单位：荷兰盾）

球茎	1637 年 1 月 2 日	1637 年 2 月 5 日	1722 年	1739 年
阿德米雷尔·德曼（Admirael de Man）	18	209	—	0.1
盖勒·格罗宁（Gheele Groonen）	0.41	20.5	—	0.025
白格罗宁（White Groonen）	2.2	57	—	0.02
盖勒和罗特·范莱顿（Gheele ende Roote van Leyden）	17.5	136.5	0.1	0.2
斯威茨（Switsers）	1	30	0.05	—

续表

球茎	1637 年 1 月 2 日	1637 年 2 月 5 日	1722 年	1739 年
森佩尔·八月（Semper Augustus）	2 000	6 290	—	0.1
夏日洁净（Zomerschoon）	—	480	0.15	0.15
阿德米雷尔·范恩丘伊森（Admirael van Enchuysen）	—	4 900	0.2	—
法马（Fama）	—	776	0.03	—
阿德米雷尔·范霍恩（Admirael van Hoorn）	—	65.5	0.1	—
阿德米雷尔·利夫肯斯（Admirael Liefkens）	—	2 968	0.2	—

资料来源：Garber（1989）。

值得一提的是，郁金香的花期较短，凋谢后的郁金香便失去了交易的价值，不过随着郁金香价格不断被抬高，郁金香球茎便成为不想错失利润的交易者在花季结束后的理想交易标的。1636 年，荷兰诞生了世界上最早的郁金香期货市场雏形，交易双方在这一市场内交易未来郁金香球茎的合同（远期合约），同时根据当时郁金香行会的规定交纳 2.5%的交易费用，由于这一交易多数发生于小酒馆中，这些交易费用也被当时的人称为“酒钱”（Wine Money）。

与现在标准化的期货市场相比，当时的市场明显缺乏制度约束，管理松散，所有的合同均为交易双方自行签订，而不是交易所提供的标准合同；且除去上面提到的交易费用，并不需要交纳初始保证金，地方法院也不提供履约的法律服务。这种不成熟且不需要保证金的市场很容易产生不合理的报价，所以当时荷兰人也将郁金香合约交易称为“风中交易”（Wind Trade）。由于当时郁金香的价格在需求的推动中不断上升，人们普遍看好郁金香的交易前景，纷纷投资购入郁金香球茎的交易合同，所以在 1636 年年底，荷兰郁金香市场上不仅买卖已经收获的郁金香球茎，而且提前买卖在 1637 年将要收获的郁金香球茎。随着远期合约市场交易规模不断扩大，郁金香球茎作为金融品、资本品的属性被更多的人所认可，商品金融化的程度也随之升高。

郁金香的交易被这一期货市场雏形相对集中起来之后，买卖双方的信息得以迅速交换，交易成本被大大降低。这一早期期货市场没有明确的规则和有效监管，对买卖双方都没有具体的法律约束，合同很容易被买进再卖出，这就使得商人们有可能在市场上频繁买空卖空。在多次转手过程中，郁金香价格进一步被推高，金融化的过程也不断加快。尽管郁金香远期合约交易市场远没有现在大豆、玉米等商品期货市场完善，但是考虑到当时的经济发展程度，这一期货市场雏形的存在足以说明郁金香的商品金融化程度之高。

不过郁金香的高价仅仅持续了一个冬天。1637 年 2 月，在郁金香球茎合约的交货时间到来之前，郁金香的泡沫突然破灭，郁金香球茎合同的价格一路下降，交易几乎停滞。花商们约定买主有权少付货款，政府也出台规定强行终结这些合同，然而这些决定进一步引发了市场恐慌，大量买家拒绝履约，加剧了郁金香市场的混乱，导致郁金香价格断崖式下跌，之前形成的早期期货市场也几乎消失。至此，经历了轰轰烈烈的商品金融化过程的郁金香一下跌入谷底，之前的资本品、金融品属性也基本上不复存在。

第三节　郁金香泡沫的金融化逻辑

1. 标的商品特点

一般而言，郁金香可以分为普通品种和名贵品种（又称特殊品种）两类。斯威茨（Switsers）、盖勒·格罗宁（Gheele Croonen）、白格罗宁（White Croonen）等属于普通品种，而森佩尔·八月（Semper Augustus）、古达（Gouda）等属于名贵品种。普通品种以重量（磅）论价，而名贵品种则以头论价，普通品种与名贵品种之间的价格相差可以达到上千倍。从历史上看，一开始价格迅速增长的郁金香品种主要是受到富人追捧的名贵品种，而随着炒作愈演愈烈，价格不断哄抬，普通品种的价格也水涨船高。

商品的价格主要由供需关系决定，这一论断对于郁金香初期的价格上涨较为适用，即郁金香供给量的制约在很大程度上导致了郁金香初期价格的上涨，而郁金香供给量的制约主要是由其特殊的繁殖方式导致的。郁金香有两种繁殖方式：种子繁殖和根茎繁殖。郁金香的根茎可以栽到地里，每年 4 月～5 月是开花期，花期 10 天左右，9 月根部又会长出新的球茎。新的球茎的重量比原来种下去的球茎只能增加 1 倍左右。如果通过种子繁殖，则要经过 7 年～12 年才能得到比较理想的球茎，所以其实郁金香市场上交易更多的是球茎，而不是花。

园艺家们在郁金香的栽培过程中发现，利用一些自然开裂的球茎往往可以培育出特殊的新品种，开出非常鲜艳的花朵。这实际上是那些开裂的球茎受到某种花叶病毒的感染之后产生的变异。这种变异只能通过球茎繁殖来传承，而不能通过种子来传承。如果郁金香的球茎不能自然开裂，就不能够保证受到这种病毒的感染。因为当时的科学技术很难控制球茎开裂的概率，再加上这种花叶病毒会降低球茎的产量，所以短期来看，郁金香球茎的供应量几乎恒定，不会因为需求量的增加而发生变化。即使郁金香的价格上升，生产者也无法迅速增加供给。从供求关系上来看，郁金香供给曲线较陡。

虽然与葱、姜、蒜等物品相比，郁金香并不属于生活必需品，使用价值较低，但是当时欧洲受巴黎的时尚引领，名媛们偏爱用新鲜的郁金香花来装饰服饰，且认为郁金香花越奇特鲜艳越可以彰显其高贵和奢华。所以随着这一趋势的流行，郁金香的需求在短期内迅速上涨，在供给量保持不变的情况下迅速推高其价格。

同时郁金香的花期持续时间短，大概只有1周左右，漫长的培育期在很大程度上促成了期货交易市场雏形在荷兰的诞生，而这一不成熟的早期期货交易市场，由于存在缺乏监管、无保证金、大量口头协议等现象，吸引了大量投机资金的参与，从而使得郁金香的价格中存在大量投机成分，明显偏离供求决定的实际价格。

2. 炒作前后背景

在其他章节介绍的普洱茶、名贵木材等商品的金融化过程中，可以很明显地看出大规模投机资金运作、预谋炒作的痕迹，甚至上下游商人勾结的现象也屡见不鲜。不过，与现代商品金融化模式相比，郁金香商品金融化过程并不存在类似的乱象，也很难推断这场郁金香狂潮是投机资金寻求牟利而策划引发的。因为在郁金香价格上涨最迅速的时期，整个市场似乎都非理性地疯狂买进卖出，而在最后的价格突然下跌时期，也几乎没有资金可以幸免于难。经过对历史数据的梳理和分析，郁金香不合理的高价主要是由供求关系、荷兰的经济社会背景和不成熟的远期合约市场三方面推动的。

郁金香的供给在当时受特殊繁殖方式的限制，缺乏弹性，特别是备受推崇和追捧的新品种，由于其产生方式的不可复制性和繁殖的低效率，导致短期内供给量几乎恒定；反观需求方，新品种的郁金香主要被出售给欧洲大陆的贵族或名媛做服装或家居装饰，所以需求方对价格的敏感性较低，供需双方的特点在很大程度上决定了新品种郁金香的高昂价格。

供需双方的特点可以解释名贵品种的高价，但是在 1636～1637 年，不仅仅是稀缺品种郁金香的价格有显著提高，普通郁金香球茎的价格也有明显的上升趋势。很多学者尝试从不同的角度来分析这一反常现象，通过郁金香狂潮前后荷兰的经济、贸易、政策环境的对比分析发现，荷兰发达的贸易经济和货币的过量发行是促进普通郁金香价格上涨的重要原因（French，1992；2006）。当时荷兰的首都阿姆斯特丹是世界贸易的中心，为了解决自由货币制度所引起的混乱、规范贸易行为，荷兰政府于 1609 成立阿姆斯特丹银行，主要负责统一贸易支付和结算。在阿姆斯特丹银行成立初期，银行并不涉及信贷业务，只负责货币的兑换和贮藏，但是随着交易规模的日益扩大和巨额利润的吸引，阿姆斯特丹银行开始涉足放贷业务，促使资产负债表明显上升。从表 9-3 我们可以明显看出阿姆斯特丹银行的总资产从 1634 年的少于 400 万弗洛林迅速增长一倍以上，到 1640 年已经超过 800 万弗洛林。特别是从 1636 年 1 月 31 日到 1637 年 1 月 31 日，短短一年时间阿姆斯特丹银行的总资产便上涨了 42%。

表 9-3　1630～1641 年阿姆斯特丹银行资产　（单位：弗洛林）

年份	总资产	金属存量
1630	4 166 159	3 105 449
1631	3 784 047	2 976 742
1632	3 636 079	3 281 113
1633	4 272 224	3 866 890
1634	3 995 666	3 474 527
1635	3 860 342	3 416 112
1636	3 992 338	3 486 306
1637	5 680 522	5 315 576
1638	5 593 750	5 256 606
1639	5 802 729	5 446 002
1640	8 075 358	7 823 964
1641	8 056 232	8 356 437

资料来源：Van Dillen（1964）。

而且，17 世纪大量金银贵金属涌入包括荷兰在内的西欧，在很大程度上促进了铸币数量迅速上升，从而导致了货币的大量发行。从表 9-4 荷兰铸币的产出数据我们可以看出，1636～1638 年，荷兰铸币的产出数量增长迅速。迅速增长的货币发行量极大提升了民众买卖郁金香及远期合同的热情，进一步引发郁金香价格的上涨，特别是普通郁金香球茎的价格。

表 9-4 1628～1644 年荷兰铸币总产量 （单位：荷兰盾）

年份	金币	银币	铜币	总计
1628～1629	153 010	2 643 732	4 109	2 800 851
1630～1632	364 414	8 838 411	6 679	9 209 503
1633～1635	476 996	16 554 079	—	17 031 075
1636～1638	2 917 826	20 172 257	—	23 090 083
1639～1641	2 950 150	8 102 988	—	11 053 138
1642～1644	2 763 979	1 215 645	47 834	4 027 458

资料来源：Jan A Van Houtte 和 Leon Van Buyten（1978）。

除此之外，郁金香狂潮时期的价格有一个明显的特点，特别是在崩溃前期，很容易出现大幅上涨与下降。以一种稀有品种古达为例，其价格在 1634 年年底仅为每盎司 1.5 荷兰盾，到 1636 年年底也只不过上升到每盎司 2 荷兰盾。不过随后出现大幅变动，1636 年 11 月，价格猛升到 7 荷兰盾，随后回跌到 1.5 荷兰盾，在 1636 年 12 月 12 日其价格再度强烈反弹，直上 11 荷兰盾。过了新年之后，再猛跌到 5.5 荷兰盾。到 1637 年 1 月 29 日已经突破了 14 荷兰盾。这几次大起大落，每一次的振荡幅度都极大。拿 1636 年 12 月 9 日最低点（1.5 荷兰盾）与 1636 年 12 月 12 日的最高点（11 荷兰盾）相比，3 天之内价格上升约 6 倍。而普通品种的郁金香斯威茨也存在类似的现象，它的价格在 1637 年 1 月上旬尚且低于 1 荷兰盾，到月底就被炒到 14 荷兰盾，到 1637 年 2 月 5 日上涨为 30 荷兰盾，在 30 天内涨幅超过了 29 倍。

这种短期剧烈的价格变动已经超出了正常供需关系的解释能力，究其原因，更多的是受到当时郁金香期货市场雏形影响，因为市场没有很明确的规则，对买卖双方都没有什么具体约束，合同很容易被买进再卖出，这就使得商人们可以在市场上频繁买空卖空，从而导致了郁金香价格的巨幅波动，而这种巨幅波动也带来了巨大的超额利润，从而也招来了欧洲各地的投机者，也许有人早就怀疑郁金香的价格已经完全背离了作为一种花卉的常规价格，但是倒买倒卖所获取的暴利使得许多投机资金丧失了理智，针对更多品类的更加频繁的买空卖空，逐渐将郁金香的价格在不断波动中推向顶峰。

这些特殊的背景为郁金香的价格上涨奠定了基础，也使得郁金香能够超越其他商品在短期内迅速实现商品金融化。

3. 持续的时间

荷兰郁金香商品金融化过程持续时间较短，尽管在初期，相比于其他花卉而言，其已经达到一个较高的价格，但基本上还是遵循由供需决定的价格形成机制。不过从 1636 年开始，随着郁金香球茎远期合约市场的兴起，价格出现明显上涨，直到最后的价格断崖式下跌，金融化过程结束仅仅有几个月的时间。具体来看，郁金香商品金融化经历了如下几个阶段。

（1）平稳发展阶段。

1636 年之前，郁金香在欧洲大陆受到了极大的追捧，特别是在奢侈之风盛行的法国和经济实力强大的荷兰，不仅是贵族名媛，连普通市民也偏爱这一具备较高欣赏价值的花卉，郁金香备受认可的现象也是在这一时期开始出现萌芽的。在此期间，郁金香价格有所上涨，但是幅度不大，整体呈现出平稳的趋势。该阶段的市场因素是郁金香价格的决定因素，郁金香价格由正常的供求关系决定，表现比较理性。

（2）快速上涨阶段。

1636 年，在荷兰逐渐兴起郁金香行会和地下的球茎远期交易场所，缺乏严格规范和监管的远期合约交易催生了郁金香交易乱象，投机商的不断买空卖空使得郁金香价格在巨幅波动中迅速上升。这一阶段的投机因素是郁金香价格的决定因素，郁金香价格的不正常上涨基本上是由其背后活跃的投机资金和不理智的交易市场引起的。同时，在该阶段，郁金香作为可以投机获利的金融品属性迅速提升，商品金融化过程迅速加快，到 1637 年年初随着郁金香价格达到顶峰，郁金香商品金融化程度也达到最高。

（3）价格崩塌阶段。

经历前一阶段的疯狂上涨之后，1637 年 2 月，在郁金香交货的传统时节，人们开始怀疑花高价购买的郁金香球茎开花之后能否收回成本，前不久还炙手可热的郁金香合同一下子就变成了“烫手的山芋”，持有郁金香合同的人宁可低价也要出售。在人们信心动摇之后，郁金香价格立刻就开始下降。价格下降导致人们进一步丧失对郁金香市场的信心，恶性循环的结果导致郁金香市场全线崩溃，价格出现断崖式下降，随着价格跌入谷底，郁金香商品金融化过程也宣布结束。

尽管当时的交易价格几乎无法再寻找，不过我们可以根据 Thompson（2006）总结的价格指数来观察 1636～1637 年这一时期价格的巨大波动。从图 9－1 可以看到，1636 年 11 月之前，郁金香价格指数还是维持在 10 左右的低位，保持相对的稳定，而从 1636 年 11 月到 1637 年 2 月初不到 3 个月的时间里，郁金香的价格指数由 10 一路上升至接近 200 的高点，月平均涨幅接近 200%，而在 1637 年 2 月 3 日达到顶点之后，郁金香价格指数从高位出现断崖式下跌，在短短数日便已经跌至最高点价格的 10%。至此整个郁金香市场经历了巨幅上涨和下降，重新回归到了开始的水平。

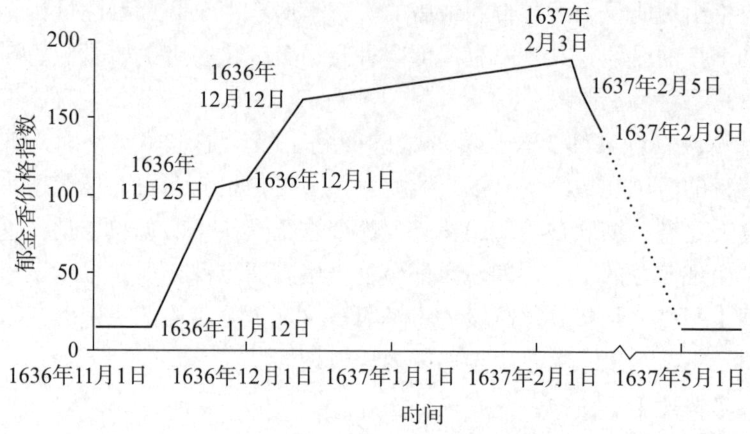

图 9－1　郁金香价格指数

资料来源：Thompson（2006）。

4. 结束的方式

1637 年 2 月，冬季刚刚结束，郁金香价格受市场情绪影响出现明显下跌，在这种情况下，1637 年 2 月 24 日，花商们在荷兰首都阿姆斯特丹开会决定，在 1636 年 12 月以前签订的郁金香合同必须交货，而在此之后签订的合同，买主有权少付 10%的货款。这个决定不仅没有解决问题，反而进一步加剧了郁金香市场的混乱，买主和卖主的关系纠缠不清。荷兰政府不得不出面干预，拒绝批准这个提议。在 1637 年 4 月 27 日，荷兰政府决定终止所有的合同。一年后，荷兰政府又通过一项规定，允许郁金香的最终买主在支付合同价格的 3.5%之后中止合同。按照这一规定，如果郁金香合约的最终持有者已经付清了货款，那么他的损失可能要超过当初投资数量的 96.5%。如果还没有支付货款，那么他只需要支付合同货款的 3.5%，损失则由卖家承担。至此，郁金香泡沫完全破裂，郁金香的期货市场雏形也几乎消失，郁金香重新成为仅具有观赏价值的花卉，商品金融化过程基本结束。

5. 影响的范围

从交易双方来看，郁金香泡沫破灭之后承受亏损的无疑是种植郁金香球茎，并最终在市场上卖出远期合约的商人，因为几乎没有人会按照约定价格进行交割，所以这些卖家只能独自承担郁金香不合理高价所带来的巨额损失。而这场泡沫的产生国荷兰自然付出了巨大的代价，从一些欧洲早期经济研究的文献（French，2009）中可以了解到，阿姆斯特丹地区的破产事件在1635～1637年几乎翻倍，我们也有理由相信，不仅仅是郁金香市场崩溃，与此有关联的其他行业和交易也受到了严重波及。

不过从整个欧洲来看，郁金香狂潮主要影响的还是起源地荷兰，尽管也有很多外来资金介入了这场疯狂交易，但从各国的经济表现来看，这些资金的亏损并没有给所在国带来明显的影响，可以说这次郁金香狂潮的危害主要限于荷兰，特别是其首都阿姆斯特丹。

6. 不同观点

荷兰的这场风波一直被认为是投机泡沫的代名词，“郁金香狂潮”（Tulip Mania）也一直被用作描述投资炒作的场景。然而在Garber（1990）的考证中，尽管荷兰郁金香价格出现了巨额波动和上涨，但考虑到郁金香自身繁殖的特殊性和不健全远期合约市场的存在，这些名义上的波动并不能完全实现，因为市场上大部分高额定价的合同都是用来碰运气的，买卖双方并不当真；同时Garber（1990）举例称，名贵球茎的交易价格下跌的幅度较小，年度平均跌幅在24%～35%，与18世纪郁金香球茎市价的长期变动幅度相似。除此之外，他还考证了目前流传的郁金香热的描述都是出自Mackay（1841）的一本充满夸张性描述的书籍，而Mackay（1841）的历史资料则是来源于荷兰政府出版的《G&W》小册子，这本小册子是由荷兰政府编写的，旨在规劝人民远离投机活动，同样具有很大程度的夸张表述。

但是不可否认的是，1636～1637年在荷兰掀起的郁金香狂潮，确实形成了用来交易的期货市场雏形，也出现了巨大的价格变动，而这些现象的出现无疑反映了郁金香的商品金融化。本来只是具备欣赏价值的花卉甚至没有欣赏价值的球茎在市场一轮一轮的炒作和交易中，成为一种类似于货币的备受市场认可的等价物，在商人们的交易中则体现了其资本品、金融品的属性，从而成为投机者获利的工具。

第四节　郁金香狂潮的内在逻辑提炼

人们对于郁金香狂潮的关注，不仅由于其发生时间早，影响范围大，还因为它起源于郁金香这一特殊的标的物。非生活必需品、使用价值较低、仅具备一定的欣赏价值的商品突然间超越其他标的物演变成被用来投资获利的资本品和金融品，这一现象的内在原因的确值得人们进行深入的思考。

商品金融化趋势从本质上改变了商品价格的形成机制，价格不仅由传统的、基于实体的市场供求关系所影响，而且由资本和货币变量来决定，而这一特点在荷兰郁金香热的过程中表现得尤为明显。如果认为最开始的郁金香价格上涨可以被视为市场供求的合理结果，那么之后的价格飞速上升则更多地是由资本投机和货币超发所导致的。作为这场狂潮的发生国，荷兰的货币过量发行为金融化过程后期的疯狂交易提供了足够的货币支持，而随后期货市场雏形的形成则使得交易范围不再局限于郁金香球茎的实物交割，频繁买空卖空的合同在为投机者创造了巨额利润的同时也吸引了欧洲其他资本的介入，进一步加快了郁金香商品金融化的过程，但也缩短了这一过程的破灭的时间。

依据前文，考察商品金融化程度的常用指标分别为资本密集度、市场杠杆率、资产流动性、价格波动性和过程稳定性，根据这一定义可将房地产等商品归为高金融化层次，将大豆等期货市场商品归为中等金融化层次，而将葱、姜、蒜等普通消费品归为低金融化层次。综合上文分析，郁金香交易的资本密集度高，特别是在后期随着价格的攀升，大量投机资本不断涌入；同时郁金香交易的市场杠杆率极高，在上文的分析中也提到，郁金香的远期合约交易市场监管极不规范，缺乏保证金的相关规定和要求，给大量商人提供了滥用杠杆的机会，使得整个市场杠杆率居高不下，泡沫破裂后交易价格一落千丈也说明了这一点；而在郁金香狂潮时期，可见大批资金进场而较少有资金退场，那么郁金香商品金融化阶段的资产流动性较低；受炒作、投资资本和不完善早期期货市场的影响，其价格在商品金融化后期波动性很大，同时稳定性较差。考虑到时间年代背景和期货交易市场雏形的存在，郁金香特别是郁金香球茎基本上实现了中等水平的金融化过程，只不过这一过程实现的时间太短，在泡沫破灭之后金融化的特征也不复存在，此后也没有再实现稳定的金融化。

郁金香的商品金融化过程发生时间早，没有像现在的商品炒作一样，存在着成熟的资金炒作和勾结机制，更多的是供需、货币等经济和社会因素长时间累积后突然爆发的结果，同时不理性、无监管的交易市场也与现在完善、有秩序的市场有很大差别。尽管在今天来看，再次复制郁金香这样的商品金融化基本很难实现，但是作为开始较早的商品金融化过程，这对于我们进一步研究其他商品的金融化还是有着很大的借鉴意义。

第十章　东方郁金香：君子兰金融化

本章概览

- 君子兰热潮
- “东方郁金香”的金融化逻辑
- 政府资金支持的特殊模式

本章提要

20世纪80年代发生于我国吉林省长春市的君子兰热是一次以花卉为标的的商品金融化案例，很多人将其视为中国版的郁金香狂潮。诚然，两者在很多方面都有相似之处：存在无法相互替代的品种，民众参与度高，价格上涨迅速，单类商品的换手率非常高，商品金融化过程持续时间相对较短。但是君子兰与郁金香相比又有明显的差别：君子兰四季常青，不需要通过期货市场来维持花期结束后的交易，而且当时我国社会主义市场经济体系尚未健全，长春市政府在这场金融化过程中扮演了相当重要的角色，在很大程度上推动了君子兰交易的火热。通过对君子兰交易热潮的分析，既可以发掘以花卉为标的的早期商品金融化过程的共同特征，也可以梳理出我国普通商品金融化过程独特的性质。

第一节　“花中君子”——君子兰

君子兰是石蒜科的一种多年生草本植物，由于花大色艳，叶片挺拔油亮、端庄素雅，习性强健，在室内弱光的条件下生长良好，所以是一种优良的室内花卉。在我国栽培的通常有两个品种：垂笑君子兰和大花君子兰。本章君子兰热中所指的君子兰则为大花君子兰及其诸多的杂交后代。原产于南非的君子兰，在我国东北地区尤其在长春得到了重视与发展是有一定基础的。首先，这种花卉喜欢凉爽气候，而长春的气候夏季不热，冬季室外气温虽低，但室内取暖条件好，从而为君子兰的良好生长提供了先决条件（徐民生，1985）。其次，20 世纪 30 年代，日本曾将此花赠送给溥仪，作为珍贵花卉种植在其居所的花苑中，所以君子兰在东北地区早已有一定的种植史。这两方面的原因促进了君子兰在东北地区特别是长春市的种植。

我们在前面章节介绍过，郁金香狂潮出现前，伴随着贸易和经济的发展，荷兰成为郁金香的主要种植地和集散地。与此类似，20 世纪 80 年代，长春也成了国内君子兰的集散地。但是与郁金香狂潮有所不同的是，长春市政府在君子兰热的推动上起到了关键性的作用。

20 世纪 60 年代，君子兰在民间还很少见，并没有得到社会的关注。1983 年，长春市政府提出开发“窗台经济”，呼吁各家都要养 3 盆至 5 盆君子兰；同时扩展规划，鼓励有能力的企事业单位、团体与个人盖暖窖栽培君子兰，并在当地拓荒了几个大型君子兰买卖商场，还扶持养兰户在全国各地开办树苗公司。这在很大程度上扩大了君子兰的供给量，为之后的大规模炒作与交易提供了基础。到了 1984 年 10 月 11 日，君子兰更是被定为长春市市花，随后长春市地区的君子兰相关产业发展加速，人们开始把君子兰作为地位和财富的象征，君子兰也由此开始显现出巨大的市场潜力，特别是政府对君子兰的采购更是为这一市场注入了不小的资金力量。不断发展的君子兰交易市场给很多人带来了财富，逐渐吸引了投机炒作者的目光，为之后的君子兰热提供了基础。

第二节　长春君子兰热的来龙去脉

尽管在 20 世纪 60 年代，君子兰还不受市场欢迎，但是随着社会和经济的不断发展，居民的物质精神需求也不断提高，而养花种草便成为一项备受欢迎的娱乐休闲活动。1978 年前后，长春市已经开始有了买卖君子兰的市场，君子兰开始以其响亮的名号和较高的观赏价值受到人们的追捧，特别是长春市当地的政府机关部门更是将君子兰作为装饰的标配。到了 20 世纪 80 年代初期，君子兰市场已经开始出现供不应求的现象，价格不断上涨，显现出巨大的市场潜力，在当时，品种较为罕见珍贵的君子兰价格已经能够达到普通职工月收入的几倍或者几十倍的水平。

随着君子兰价格上涨势头愈演愈烈，政府在一定程度上意识到了君子兰价格可能不合理，1982 年长春市正式出台君子兰“限价令”，规定了一盆君子兰的售价不得超过 200 元。这一限价令在一定程度上遏制住了君子兰价格的上涨态势，但同时也吸引了更多人关注这一高价花卉。1982 年举办的“抢救国宝大熊猫君子兰义展”热度极高，说明了整个长春市市民对于君子兰的关注与喜爱，一时间君子兰名声大噪。

上述君子兰义展事件让长春市领导看到了群众对君子兰的热情。随后，长春市提出发展“窗台经济”，号召各家都要养君子兰。1984 年 10 月，长春市通过《关于命名君子兰花为长春市市花的决定》，君子兰正式成为市花。市花的身份促使君子兰热正式在长春上演。

在君子兰疯狂炒作的那些年代，尽管人人都知道一盆花不值那么多钱，但改革初期，人们刚刚嗅出“金钱是没有臭味的”，因为利益驱使，各主体忙于各自盈利。“潘多拉的盒子”被打开了。几个事件可以很好地印证这场君子兰热的疯狂程度：国务委员亲临长春花展；省市领导纷纷指出种养君子兰致富的远大前景；长春机械厂号召职工走君子兰致富道路，全厂 1 700 多名职工各家开养；长春洗衣机厂投资数十万元，在办公楼顶上盖了 600 平方米空中温室；电视台节目片头用了君子兰；挂历连带封面连续 13 页都使用君子兰彩照；香烟、肥皂、服装、家具甚至邮票等商品，都忙不迭地打上君子兰的图案或字眼（见图 10－1 邮票上的君子兰图案）。

图 10－1　1980 年代邮票上的君子兰图案

与此同时，资本也迅速参与进来，短短几十天，长春出现 10 大公司和 40 家花木商店，向外省市拓展的分公司、子公司不计其数，最高潮时有5 000 多人坐飞机去各地开展巡回式的君子兰展。除此之外，歌唱家王洁实、谢莉斯为君子兰一展歌喉；画家范曾为君子兰作画；作家万忆萱为君子兰赋诗；书法家启功为君子兰题字；大师侯宝林为君子兰说相声。不只内地为君子兰陷入疯狂，香港某电视台也免费为长春君子兰提供广告服务。日本方面请长春再次举办君子兰展时一定邀请它们参加。据长春工商部门的统计，每天有高达 40 万人次走进长春各君子兰市场，几近全市人口的五分之一，这还不包括走街串巷无证经营的人。

这一疯狂的现象，其实与我们之前提到的郁金香狂潮有着很多相似之处：全城热烈追捧一种花卉，缺乏对于整个事件背后的冷静思考和认知；

传统行业纷纷加入花卉市场试图分一杯羹；自发形成的大规模宣传吸引了嗅到利润的大批外地资金；相关的衍生商品不断产生，迅速形成仅围绕一种花卉进行交易的交易市场；政府制止措施的无能为力……

疯狂仅仅持续了两年，1985 年 6 月，吉林某省级报刊头版刊发三篇社评，深入分析了人们购买君子兰的动机，并得出结论：奇高的君子兰价格应当平抑下来。1985 年 6 月，《人民日报》更是将“君子兰交易”称为“虚业”，并提出“四化”建设要我们多干实事。长春市的“高压”政策如期而至，君子兰市场交易立即陷入冰点，君子兰价格贬值至百分之一。市场疯狂不再，君子兰受到人们的冷遇和抛售。

第三节　君子兰热的金融化逻辑

1. 标的商品特点

君子兰原产南非，别名剑叶石蒜、大叶石蒜。19 世纪引至英国，定名为垂笑君子兰，当时英国的植物分类学家约翰·林德莱（John Llndley）将属名定为“clivia”，这是对英国当时某郡的一位公爵夫人克立芙（Clive）名字的拉丁化。种名定为“nobilis”，这一拉丁词汇含有高贵、高尚、壮丽、宏伟的意思，并非指“君子”。1854 年，日本一位理科大学的助理教授大久保三郎，根据这种植物的拉丁学名牵强附会地给这种植物起了名字。翻译成日文名，因为日文中的片假名书写主要是用汉字，于是把日文写成三个汉字，即“君子兰”。后来这种植物被引入我国栽培，因它的日文名用的是汉字，所以也就原封不动地随文被引进我国，其写在纸上的日文和中国文字都是同样的三个汉字——君子兰（余树勋，1985）。但两者在各自国家的读音是不一样的。君子兰来到中国以后，因为有“君子”二字，加之其本身的特点使然，被国人赋予了更多的中国传统文化内涵。很快“君子兰”就被中国人认可，并得到了进一步的发展。可以想象，如果君子兰使用其别名“剑叶石蒜”或者“大叶石蒜”，其受欢迎程度很可能远远不如“君子兰”。

在君子兰热前期，君子兰的价格仍较平稳，更多地反映了供求关系，并未大幅上涨。与郁金香的繁殖方式有所不同，君子兰的繁殖技术在当时已经臻于完善，然而在短期内，供给量的增长并不明显，特别是较为珍稀品种的君子兰。1984 年，随着长春市提出发展“窗台经济”，号召家家户户都养 3～5 盆君子兰，同时政府出面支持群众依靠君子兰发家致富，这一行为迅速扩大了市场对君子兰的需求量，也开始逐渐推高君子兰的交易价格。在供求增速不匹配的情况下，对于同一株君子兰的反复买卖和炒作的现象也开始出现，很大程度上促成了后来的君子兰热。

在郁金香狂潮中，不仅郁金香球茎价格飞速上涨，还逐渐出现为交易球茎而衍生的期货市场，而这一期货市场的存在更是促进了郁金香泡沫的不断扩大。但是在君子兰热发展的过程中，尽管存在类似程度的价格上涨，却并没有出现此类期货市场。这一方面是由于当时长春市的群众和商人并没有期货、远期等衍生品合约的概念，另一方面也是由于君子兰属于比较标准的室内欣赏花卉，四季常青，从而可以不间断地进行实物交易而不需要期货合约的保障。相比而言，郁金香的花期只有短短几周，在花期结束后就只能依赖球茎期货合约来锁定之后的交易。

君子兰自身还有以下特点。第一，君子兰以其典雅的姿容，加之取名优雅，被人们认为是花中君子。而且一般花卉都是以观花为主，而君子兰则是花、叶、果并美，人们对君子兰则是观叶胜观花。第二，君子兰生产周期长，不能在短时间里培育大量名品以供应市场。高价的君子兰主要是一些叶片具有短、宽、厚、亮、脉纹凸起、头形圆钝、带花脸特征的品种，而培育这类名品一个周期至少要三四年，最快也要二年多。第三，君子兰的名品培育较为困难。因为君子兰主要靠人工授粉繁殖。但在植物遗传规律的支配下，有时子代还不能把母本或父本的全部优点都集中起来，在上百粒种子中有时只能选出十几粒出类拔萃的珍品。

2. 炒作前后背景

作为一种室内欣赏花卉，君子兰不存在刚性需求，自身的使用价值也基本可以忽略不计。相比于一般的花卉，君子兰更胜一筹的应该是其独特的名称，“君子”和“兰”的结合，很容易就带来一种高洁、典雅的感受，特别是一些被进一步赋予别称的君子兰名品，更是受到人们的追捧。尽管君子兰有自身的优势，但这些原因还是难以解释君子兰如何在短期内实现价格飞涨，推动这一现象出现的无疑是资金的炒作。

与其他商品的炒作有所不同，君子兰的炒作并不完全是民间资本的介入，更多是公共款项的支撑。市场逻辑原本很清晰，君子兰价格涨落符合常理，市场价格在供求不平衡的情况下走高，但不至于疯狂，因为价格上涨到普通百姓有效需求降低时，市场自然就冷下来。但真正导致君子兰报价扭曲的是养兰大户的操作，而支撑变形市场的主力是政府行政力量和公共款项。政府先是大力推广，后是限价，市场完全失控时，政府又不得不紧急叫停，君子兰经济大泡沫归于虚无。

20 世纪 80 年代初期，长春君子兰价格不断上涨，由于当时还未完全实行市场经济体制，政府为了对君子兰价格进行人为管控，明确规定每盆君子兰价格不得超过 200 元，这在一段时间内让君子兰市场陷入低潮。1982 年春天，长春市举办了“抢救国宝大熊猫君子兰义展”，共接纳观众 2 万人，前来赏花的观众排着长队。这一展览让政府看到了长春市民对君子兰的热爱与热情，给君子兰的命运带来了转机。1983 年，长春市提出发展“窗台经济”，号召市民家家户户利用现有条件养殖君子兰。君子兰渐渐进入花卉的灿烂时节。

1984 年下半年，长春市政府的态度愈加鲜明：支持群众靠君子兰发家致富，每户至少要栽 3～5 株。1984 年 10 月，长春市正式通过《关于命名君子兰花为长春市市花的决定》，君子兰成为市花。随后，长春市召开新闻发布会，取消原来所有的限价令。这座城市领导的远大设想是：利用君子兰发展经济，赚取外汇。据当时的长春市市委书记称：“君子兰，已成为长春人与外地群众交往的最好纽带，是长春的三大名产之一；君子兰在外地很受欢迎，目前（1985 年），东北的鞍山、沈阳、大连、哈尔滨都兴起了君子兰的种植热潮，今年春季在北京北海的展销，也产生了极大的影响，我们准备把君子兰作为‘拳头’经济商品向国外开发，今年（1985 年）下半年我们要在北京为外国驻京人士举办一次君子兰花展，明年（1986 年）春节将随丹东杜鹃花一起，到香港展出。”此后君子兰不断在市场上“艳压群芳”，天价纪录屡屡刷新。终于，风光无限的君子兰迎来了明媚的“政治春天”。1984 年 12 月，《长春君子兰周报》创刊发行，头版头条引用当时某国务委员的话：大力发展花卉事业。

长春市政府不仅在宣传和政策制定上有意向发展君子兰经济倾斜，而且在实际的交易中，政府机关部门使用公款进行君子兰的购买和消费，这也是推动君子兰价格走高的重要力量。据查，有一家企业 1984 年动用公款 6 000 余元，买了 130 多盆君子兰，送给了关系单位的有关人员。某些宾馆、园林单位和企事业单位出高价收购君子兰，把价格抬了起来，助长了不正之风，少数人借机中饱私囊（孙志毅，1985）。如上所言，支撑畸形市场的主力并不是普通的群众资金或民间资本，而是在价格不正常升高后仍大规模采购的政府公共款项。这也是君子兰热与现在出现的普洱茶、红木家具等商品的炒作的主要区别，反观 17 世纪出现的郁金香狂潮，也是存在着政府货币过量发行推高商品价格的现象，可能这正是早期和目前的商品金融化的重要区别所在吧。

3. 持续的时间

与郁金香狂潮类似，君子兰热的持续时间也较短，前期价格虽有小幅上涨，但是被政府的限价令控制在每盆200元以下。1984年政府放开政策之后，才正式迎来了价格的飞速上升期，直到1985年6月价格随着权威负面评价的刊登应声而落，君子兰商品金融化的真正过程持续了不足两年。具体来看，君子兰商品金融化经历了以下四个时期。

（1）稳定上升阶段。

20世纪80年代以来，随着经济的发展和贸易的不断复苏，人民的物质和精神需求不断扩大，君子兰作为具有较高欣赏价值和美好象征意义的花卉，逐渐在长春受到人民欢迎，在此期间，价格有所上涨，但是幅度不大，整体呈现出平稳上升的趋势。该阶段中供求因素是君子兰价格的决定因素。君子兰价格由正常的供求关系决定，上涨受益于需求方的扩大。

（2）停滞不前阶段。

1978年改革开放才正式施行，市场经济制度远未完善，因此20世纪80年代初期的长春市政府对物价的管控力度较强。受前期君子兰价格上涨的影响，政府正式颁布限价令，规定每盆君子兰的交易价格不允许超过200元，这一限制直接打压了之前君子兰价格的上涨态势。这一阶段的人为管控因素是其价格的决定因素，价格上限的设置使得君子兰价格停滞不前，金融化过程也踌躇不前。

（3）迅速上涨阶段。

随着君子兰义展的举办，政府逐渐意识到君子兰蕴含的巨大市场潜力，一系列支持政策的出台也表明了政府试图在长春市大力发展花卉事业的决心。君子兰价格也就此开始迅速上涨，随着民间资本和政府资金的介入，依靠君子兰“一夜暴富”的事件屡见不鲜，巨大炒作利润的出现进一步吸引了更多人和资本参与这一场轰轰烈烈的花卉交易中。这一阶段的君子兰金融化更多受到了投机因素的影响，价格上涨并不理性，金融化进程迅速。

（4）价格崩塌阶段。

1985年6月，各级报刊接连发文分析长春君子兰现象，得到的结论也大同小异，即长春君子兰价格的高涨是非理性的，应当进行相应的控制和平抑。与郁金香泡沫破灭类似，君子兰在几天之内遭遇大量抛售，价格出现断崖式下跌，整个君子兰的市场也宣布崩溃。

4. 结束的方式

1985年6月，吉林某省级报刊头版刊发《奇高的君子兰花价能维持多久》《再谈奇高的君子兰花价能维持多久》《不能靠挖国家墙脚来哄抬君子兰花价》三篇社评。这三篇社评深入分析了人们购买君子兰的动机，以及君子兰交易所衍生的腐败现象和治安问题。由此得出结论：奇高的君子兰价格应当平抑下来。1985 年 6 月 10 日，更高级别的《人民日报》在二版显要位置刊发《“君子兰”为什么风靡长春?》，文中将“君子兰交易”称为“虚业”，并提出“四化”建设要我们多干实事。长春市政府也据此迅速出台高压政策平抑君子兰价格，导致其出现断崖式下跌，商品金融化过程基本破灭。

5. 影响范围

与现在很多商品在全国范围内的炒作不同，长春君子兰热的影响范围更多集中于长春市当地，就像郁金香狂潮中受影响最大的欧洲国家正是其发源国荷兰。尽管在君子兰金融化过程中，有很多外地资金跟随政府资金进场，但真正实现交易的场所还是集中于长春当地。

在影响人群方面，同样也主要是长春本地群众受到君子兰金融化的影响，因为只有长春市才会有大量的人将君子兰的地位提升到一般等价物的地位，承认君子兰除欣赏价值外，还有作为金融品、投机品的价值。

6. 后续的发展

经历了 20 世纪 80 年代的商品金融化过程，长春君子兰交易受到重创，无人再提君子兰，交易量几乎下降为零。直到 1990 年，交易才逐渐缓慢苏醒。目前，君子兰已被长春市定为一项重点发展产业，其产量和质量均占全国鳌头。在长春君子兰花展上，长春君子兰品质曾被国外专家誉为世界第一。现在的君子兰市场和 20 世纪 80 年代的君子兰市场不一样，当时主要因市场供应不足引发了一轮天价炒作，而现在的君子兰市场高、中、低档层次清晰，市场整体价格趋于理性。如今一盆低档的君子兰仅卖几十元，中档的君子兰为几百元到数千元，高档的君子兰能卖到上万元。事实上，极个别品种稀缺和品相好的君子兰的真正成交价格也在百万元以内。在 2017 年 4 月举办的“2017 中国·哈尔滨美居杯首届君子兰展”上，参展商的成交额已达上百万元。而根据某位来自长春的君子兰养殖大户称，他自己拥有的上千平方米基地内，每年君子兰的交易额都在 200 万元～300 万元，而购买者多数为君子兰爱好者，他们都是买回家自养，只有少数人通过倒手赚钱。

第四节　君子兰金融化的内在逻辑提炼

人们对于君子兰热的关注，一方面是因为它的出现很大程度上与 17 世纪荷兰的郁金香热类似，两者都是花卉的商品金融化过程，尽管持续时间很短，但过程足够剧烈与迅速；另一方面是因为君子兰热的现象出现在中国，而且是在计划经济还没结束、市场经济刚出现萌芽的阶段，从而与郁金香狂潮、当代的很多其他商品炒作又有着不同，它的出现有着浓厚的政府调控失误的阴影，而非只有炒作资本的唯利是图。

依据前文，考察商品金融化程度的常用指标分别为资本密集度、市场杠杆率、资产流动性、价格波动性和过程稳定性。根据这一定义可见，郁金香狂潮和君子兰热在价格波动性、过程稳定性与资产流动性方面存在较大的相似之处。

在价格波动性方面，尽管君子兰和郁金香炒作的资金来源不尽相同，郁金香更多是依靠民间资金，君子兰炒作则在很大程度上依赖政府资金的支撑，但是两者价格都具有很高的不确定性，波动很大，根据短期的价格难以预测长期价格。市场中的买卖类似于击鼓传花，一旦资金撤场，无人接盘，整个市场体系就无法维持高价导致崩盘。而在过程稳定性方面，不管是郁金香狂潮，还是长春君子兰热，在短期内价格迅速上涨，而当资金迅速离场后，市场崩坍。荷兰郁金香狂潮的高价仅仅持续几个月便宣告破灭，所以整个高价维持时间短，过程很不稳定。不过这些年君子兰市场在长春逐渐复苏，可以看到稀缺名品的价格仍然维持在一个稳定的高位，但是市场上的炒作氛围基本已经消失，也就意味着这次的价格高位应该会保持一个稳定的态势，更加符合商品金融化要求的特点。

在流动性方面，考虑到花卉本身所具有的性质，该资产的流动性相对较差。不过在炒作阶段，受到炒作方式的影响，名贵品种的流动性会明显提升，但是在市场崩盘之后，相应品种的流动性则会显著下降。

而在资本密集度和市场杠杆率方面，君子兰的金融化程度可能稍逊于郁金香的程度，特别是在市场杠杆率方面，郁金香期货市场的存在以及不规范的管理约束使得市场杠杆率极高，而君子兰的交易更多的是实物交割，同时考虑到当时中国的经济、社会发展状况，交易资金的杠杆率明显要弱于郁金香狂潮时期，所以可以认为君子兰只是实现了低级水平的金融化层次，尽管过程的持续性较差，远不能与其他低水平金融化商品如葱、姜、蒜等的金融化过程相比，但在发展速度上还是很明显地超过葱、姜、蒜，甚至快于红木家具、中药材、普洱茶等商品的金融化速度。

将郁金香金融化与君子兰金融化结合来看，这两次的花卉商品金融化在很大程度上有别于当前存在的很多商品金融化过程。因为当前很多商品金融化过程存在资本蓄意投机炒作，像一二级供应商的联合、炒作集团内部买入卖出及哄抬价格等现象。这些现象在这两次花卉金融化过程中都是很少见到的。无论是郁金香还是君子兰，投机资本的介入更多是想要在巨大利润中分得一杯羹，是参与者而非引发者。这可能是因为两次金融化发生时间都较早，荷兰郁金香狂潮发生于17世纪，君子兰热发生于20世纪80年代的改革开放初期，炒作资本或集团还没有形成足够大的资金规模来操纵整个市场。与此不同的是近几年的兰花热，其背后便存在着足够庞大的利益集团的炒作。

而在影响范围和影响人群方面，这两次早期的金融化过程也表现出了极高的一致性，郁金香狂潮主要影响的是荷兰的经济与贸易，并没有明显冲击整个欧洲市场，而君子兰也只是影响了长春市的经济发展，对于整个中国的影响也较微小，更多的只是警示。由此也可以归纳出早期商品金融化过程的特点，即过程发展迅速，价格波动性大，整个市场呈现出明显的非理性，持续时间短，一旦有崩溃的势头便容易出现剧烈的断崖式下跌，有炒作资金的介入但是在过程发展中只起到了推波助澜的作用。金融化过程中的金融化程度对于当前并没有明显的影响，在价格崩盘之后商品会丧失其作为金融品、投机品的特征，金融化过程结束。

第十一章　与时俱进：邮票金融化

本章概览

- 传统邮市金融化的三次高潮
- 当代邮市金融化的进程
- 邮票的特质与商品金融化的时代进程

本章提要

常见商品邮票的金融化演变历程非常明显，尽管邮票的非必需品的性质和较小的市场参与范围导致大众对这一历程没有太深刻的印象。在资本市场不发达的20世纪80～90年代，邮票充当投资标的，体现出金融品的属性。传统邮市的商品金融化的历程在相当程度上体现出我国金融市场的发展历程。当各地割裂的金融市场逐渐统一，投资标的范围扩大的限制有所减少，邮票从实用商品金融化、艺术品金融化的低等金融化状态，发展至游资炒作性质的金融化，乃至现在电子邮币卡等类似于股票或现货市场的中等金融化，金融化的程度由浅入深，深刻反映出我国金融市场的发展和社会资金状况的变化。特定一批邮票具有同质性，有利于商品的标准化和证券化，比艺术品更易进入商品金融化进程。而不同批次邮票之间是不可替代的，这一特性的作用类似于珠串玉石评级机制的作用，使得资金有能力操控分割的市场，使商品价格背离其客观价格规律，而且带有相当程度的金融品特性。

第一节　邮市背后的经济与制度背景

传统邮市的三次高潮是从20世纪80年代中期开始，至90年代中后期结束。而电子邮市的兴起是由2008年之后互联网革命推动的信息技术发展促成的。

20 世纪 80 年代，我国经济从计划经济向市场经济过渡，改革释放的红利逐渐显现，人民生活水平逐步提高，家庭单位的盈余明显增多，社会文化和思想观念明显宽松，但是资本市场仍然处在不发达的起步状态。据《中国资本市场发展报告》，初期的股份制尝试和企业债的发行在法律约束缺位的状态下生长，股票的发行阶段体量小、发行范围小，二级市场仅仅开始有雏形，流动性相对较差。而个人持有国债的转让业务在 1988 年才开始在大城市获得允许，这时距离首次发行国债已经过去七年。在刚刚改革开放，资本市场不发达的状态下，盈余单位闲置资金却在增多，用途受限的一部分资金便找到了邮票作为其载体，这是 20 世纪 80 年代邮市高潮的经济背景。

20 世纪 80 年代的邮票发行和交易制度也是邮市活跃的背景。1978 年 7 月，中国集邮总公司（简称中邮公司）恢复营业，在过去十年中停止的中国的集邮事业和邮市重新起步。1979 年 8 月，我国开始改革和调整集邮经营管理体制，构建全国集邮企业的三级体制格局开始实施。1978 年、1979 年、1980 年，中邮公司连续三次对邮票的价格进行提价。1985 年 4 月，全国集邮联一届三次会议对邮票市场的开放、搞活、调节等问题展开讨论。这些体制和政策上的引导是邮市高涨的客观政治基础。

进入 20 世纪 90 年代，邮市发展的经济基础依然稳定，不成熟的资本市场仍然在向全国性的法律规范健全的资本市场的方向发展，但是“327”国债事件等问题仍然表明当时资本市场的情况不容乐观。20 世纪 90 年代是深入改革、扩大开放，社会主义市场经济得到极大发展的时代，国家在 1990 年 4 月到 1991 年 4 月连续三次降低存款利率，使一批资金走出银行成为社会游资。而 1993 年左右的通胀压力也驱使资金寻找投资标的。

另外，20 世纪 90 年代的邮票市场本身也发生了深刻变化，主要体现在以下几个方面。一是邮政企业进行转轨改制，实行政企分开，推动了发行方单一的邮票市场的活跃。二是 1989 年 2 月 10 日，由邮电局、国家工商行政管理局、公安部、国家税务局、海关总署联合印发《关于允许个体工商户经营邮票和集邮品的联合通知》，决定允许个体工商户经营邮票和集邮品，使得邮票作为投资标的的流动性增强，投资品属性更加明显。三是在连续三次降息的同时，中邮公司于 1990 年 10 月调高邮票价格，吸引了集邮圈外人士对邮票的关注，提供了资金入场和炒作的契机。

进入 21 世纪，资本市场逐步发展，资金有了更多合适的投资渠道，传统邮市也就没有出现过持续大幅上涨的行情。股票、债券、期货市场的总体建设使得这些大类资产的涨跌更加吸引眼球，同时，互联网金融的概念也挤占着相当部分20世纪承担投资标的作用的商品的价格涨跌空间。但是近年来资金出现“脱实就虚”倾向，以互联网金融作为平台的邮票等商品的交易重新迎来生命与活力。

第二节　传统邮市风潮和电子邮市诞生

传统邮票作为商品，在20世纪80～90年代开始逐渐具有一定金融品的属性，经历了三次快速上涨的价格周期，三次价格上行的关键时间分别为1985年、1991年和1997年。

20世纪80年代初，集邮更多地作为一种普遍的爱好存在，热度逐渐升温。1984年开始，新票发行时来购买的集邮爱好者越来越多，自此邮票价格逐渐爬升。1985年1月的《集邮》杂志报道了内地小型张在香港的价格不断上涨，这一报道强化了集邮圈内已有一定影响的集邮保值观念，更吸引了集邮圈外的投资者涉足邮市，投机者在北京和广州开始大量收购小型张。在1985年4月“梅花”邮票和小型张发行时，达到了这一次价格周期的顶峰。在“梅花”邮票发行日即1985年4月5日，群众连夜排队抢购，有相当一部分人是因为看到了其中的商机而来的。由于交通的不发达导致不同地区间邮票价格的差异明显，如面值2元的“梅花”型张，发行当天北京市价为2.3元，而外地价格要比面值翻倍。在1985年5月24日“熊猫”邮票和型张发行后，邮市的热潮开始消退。当天上午面值3元的“熊猫”型张市价约为3.5元，下午传出加大发行量的消息后，市价迅速跌到低于面值，最低跌至2元，这一过程体现了邮票发行方具有发行量的决定权，能够影响邮市的定价。第一次邮市热潮渐渐消退，至此持续了2年时间。这一阶段邮票的溢价还不明显，收益率相对而言较低，邮票的价格的主要组成部分依旧是其使用价值，与21世纪的葱、姜、蒜的上涨性质有一定的相似性。

第二次传统邮票价格上行周期是从1991年3月掀起，被集邮圈内人士称为“九一狂潮”，持续半年多的时间，经历了四个阶段。第一阶段是炒作以“猴票”为代表的早期票和小型张。猴票从1990年8月之前的30元开始起步，1991年6月达到巅峰的250元，各高档小型张价格也大幅上涨。第二阶段是市场炒作低档小型张。1985年以来发行的印量大、长期滞销、跌破面值的小型张都供不应求，短短三个月内普遍上涨了三至五倍。第三阶段是纪念邮资封片被哄抬，从几角达到了十几元甚至几十元，创造了十到二十倍的惊人收益率。第四阶段是炒作版票及小本票、首日封、风光邮资片、贺年片等。

在第二次传统邮票价格上行周期半年多的时间里，入市者人数多且组成复杂，邮价上涨速度快且幅度大，邮品成交量大、换手率高。国内邮票价格的大幅上涨还影响到了海外，国际市场上也出现了中国邮票过热的现象，如泰国、新加坡等。另外，在我国的港澳地区，也出现了邮票过热现象。而引发此次邮市降温的主要原因，依然是发行方增大邮票的发行量。最明显的是 1991 年 9 月 14 日发行的“赈灾”邮票，由原计划的 1 500 万枚猛增到 4 000 万枚。邮票发行首日，一个“赈灾”邮票全张由面值 40 元价格涨至 600 元左右。但真实发行量的信息传出后，其价格急剧下跌并击穿面值。1991 年 10 月底，此次高潮结束，邮票价格和成交量逐渐回归正常。而在 1991 年 11 月 9 日，随着当时全国“四大邮市”之首的北京月坛邮市关闭，彻底加剧了全国邮市的冷清景象，至此轰动一时的“邮市疯潮”终于结束。在第二次邮市行情中，溢价更加明显，价格的组成成分中代表其稀缺性的收藏价值占比明显提高，数十倍的收益率和以年计的价格上行周期更类似于书画等收藏品。

第三次传统邮市价格上行的高潮在 1997 年新年伊始，随着政策救市的力量，在新邮票价格高开高走和人们对邮票收益的期望值越来越高的情况下，邮市热潮逐渐开始。在众多邮民和巨额资金的追捧下，各种邮品的价格和成交量直线上升，价格剧烈变化。与邮票属性相似的钱币、电话卡也猛烈上扬，增值速度和幅度都较高，在半个月间上涨一至五倍的邮票种类很多。到了 1997 年 3 月中旬，邮市的交易热情达到这一次邮票行情的巅峰，无论入市人数还是资金数量、交易量都远远超过 1991 年的“邮市疯潮”。但本次邮市高潮的分水岭也在此时出现，同时也是邮币卡盛极而衰的开始。1997 年 3 月下旬，邮市的交易开始逐渐放缓，随后便迅速降温，大多数邮票品种跌至原最高价格的 20%到 50%，邮市迅速完成从峰顶到谷底的转换。这一轮的邮票上涨行情时间短、速度快、涨跌幅大、交易涵盖范围广，具有大型游资炒作的可能。上述特点和资金量、交易规模的扩大，使之更加类似于资本市场尤其是股票市场的行情波动。

1999 年，在低迷了 2 年之后，邮票发行量削减，一系列有利于邮市复苏的措施出台，但市场仍一路下滑。中国邮政从 2003 年全面发行小型张，但没有刺激 2003 年的邮市走出低迷。此后传统邮票市场没有新的持续而显著的上涨，短时间的波动没有影响邮票市场的总体低迷。

进入 21 世纪之后，互联网技术推动了信息技术的革命，关于各类资产的行情状况的信息传达越来越快，而投资者对于资本市场的决策操作的地点更加随心所欲。在此情况下，依附于互联网的电子邮市应运而生。尽管传统现货邮市再没有出现过普遍性的持续高涨，但是从 2013 年开始建立的邮币卡电子盘交易所，呈现出剧烈的价格波动以及明显的商品金融化特征。

2011 年年初，艺术品份额化交易的天津文化艺术品交易所上市交易两只艺术品股票，一个月内涨幅超过五倍，直至 2011 年下半年国务院要求文化艺术品交易所（简称文交所）对艺术品份额化进行清理整顿，由此泡沫被刺破，各文交所纷纷退出艺术品份额化的交易。试图另辟蹊径的各地文交所将目光放在了邮票身上，2013 年 10 月 21 日，南京文交所钱币邮票交易中心上线，邮币卡电子盘将邮票、钱币、电话卡等原本分散于现货市场的各类收藏品实物挂牌，集中并且分类托管上市，定价发行，投资者开户之后即可进行交易。由于模式基本照搬 A 股机制，所以被民间投资者称为“邮币卡电子盘”。

2013 年之后，各地文交所钱币邮票交易中心纷纷建立，效仿南京文交所的交易模式。《2016 中国邮币卡电子盘行业年度报告》称，截至 2016 年 12 月 31 日，有邮币卡电子盘的文交所已经达到 125 家，数量增长迅速，地理分布以北京、上海、广州（简称北、上、广）和沿海地区为主。

各地邮票交易中心纷纷设立，自然是因为邮币卡电子盘明显的行情和暴涨的交易量。2013 年 10 月 21 日，南京文交所邮币卡综合指数以 130 点开盘之后，在 200 点附近波动近 10 个月。2014 年 7 月，邮币卡电子盘行情正式开始，当月高点为 247.8 点，随后一路上涨。2014 年 9 月当月涨幅达到 14.11%，高点达到 782.64 点，出现了上市以来第一个大幅波动——高点与低点相差 316.56 点，振幅惊人，这一震荡蔓延至整个四季度。2015 年 1～2 月连续突破 1 000 点和 2 000 点，并创下上市以来高点 2 137.44 点。从 2014 年 7 月至 2015 年 2 月，半年间指数涨幅九倍，成交量也不断提升。2014 年 7 月，南京文交所综合指数单月成交金额首次突破 10 亿元，为 12.24 亿元；单月成交量突破 2 000 万枚，达到 2 422.58 万枚。2014 年 10 月成交金额突破百亿元，成交量突破一亿枚。在指数暴涨和创下历史新高的 2015 年 1 月和 2 月，单月成交金额均突破 200 亿元，成交量维持在一亿枚以上。2015 年 5 月 28 日，受股市影响，邮币卡电子盘整体行情下跌，自此开始了连续一个多月的大幅杀跌，各地文交所指数均腰斩，而在 2015 年 5 月 28 日之前各交易所涨幅越大的产品，跌势越迅猛。尽管邮币卡电子盘的成交量和市值与股市相差甚远，但是仅就指数来看，邮币卡电子盘的涨跌幅度更为巨大。

邮票电子市场发展至今，仍然存在相当多的问题：其形成时间较短，法律监管不完善，市场监督主体不明确；公众对电子盘的认识存在误区，投机心理浓厚；在市场成交量日益增大的情况下，实物交割规模占比却极小，电子市场价格和现货市场价格存在严重背离等。

邮票电子市场中这些问题的普遍存在表明，构建一个规范、合理、有效，同时具有商品交易功能和价格发现功能的电子邮票市场仍然任重而道远。

第三节　邮市风潮中的金融化逻辑

1. 标的商品特点

邮票能够体现一个国家或地区的历史、科技、经济、文化、风土人情、自然风貌等特色，这让邮票除了邮政价值之外还有收藏价值。邮票可分为普通邮票、纪念邮票和特种邮票三种：普通邮票适用于各类邮件贴用，发售时间长，票幅较小，图案比较单一，刷色比较单调，往往多次印刷；纪念邮票是为纪念国内外重大节日、历史事件、社会活动以及著名人物而设计发行的邮票；特种邮票是为宣传和展现某一特定事物而发行的邮票，又称宣传邮票。邮票市场中进行交易的邮票是部分纪念邮票和特种邮票，普通邮票仅作为邮资使用，不值得进入市场流通。

除去邮票的投资价值，邮票的收藏价值远胜于其使用价值。单按使用价值计算，邮票的价格应该略低于其发行价，因为作为邮资的流动性低于现金的流动性，这也就使得 1985 年“熊猫”邮票可以跌破面值。但是，邮票不同于艺术品的独一无二，其作为印刷品，具有可批量生产性。这一点一方面为邮票的证券化提供了部分同质性的有利条件，另一方面又影响了新印邮票的稀缺性和价格稳定性。

20 世纪 80～90 年代，邮票的潜在购买群体相对较为庞大。原因有三点：一是邮票的接触面较为广泛，邮寄信件等使得人们对邮票有熟悉感，而原本有收藏邮票爱好的人数也不少；二是邮票的收藏成本低，作为一种易于保存的收藏品，往往一本集邮册就能满足其存储条件；三是单张价格低，有支付能力的人数较多。这几点在当时特定的历史环境下使得邮票在某些时期作为资金投资的载体，具有了相当程度的金融品属性。

而进入 21 世纪后，邮票由于其收藏价值的存在，以及同一批印发邮票的同质性，成为资金投机的新载体。邮票属性中和文化艺术品一致的收藏价值使得邮票市场在艺术品份额化交易冷却之后，可以承接艺术品市场中所涌来的资金。

邮票具备金融化的基础，在 20 世纪资本市场不完善和近年来资产荒的情况下承载了金融品的职能，有其独特的时代背景：传统邮票市场交易有极大部分以新票为主，而新票的发行被管理层直接决定，实质上不具有稀缺性。前两次传统市场邮票行情上行的结束，都是因发行方的发行量显著扩大导致市场供远大于求，从而价格急跌。在近年来的电子邮市中，邮票的价格波动与邮票现货市场的价格波动缺乏同步性，资本炒作的原因远大于基本面的变化的影响。但是与股票不同，电子邮市中的邮票交易从一开始便表现出明显的投机性质，既缺乏现货交割，又没有很好地完成价值发现的作用。邮票本身缺乏足够的价值基础，如果“资产荒”状态缓解、发行货币量稳定，那么可能就不再有继续深化金融化的基础。

2. 邮票炒作的前后背景

直接推动资金进入邮票传统市场的原因主要在管理层，这一点在前两次邮票市场上涨行情中表现得更加明显。由政策推动的邮票市场的形成和发行邮票方使用控制发行量方式对邮市的刺激，是前两次上涨行情的直接驱动力量，而这一驱动的撤销（也就是发行方增大发行量），也使得该轮行情直接结束。

资金进入邮票传统市场的客观背景则是社会闲置资金的增多。改革开放伊始，资本市场刚刚起步，在具有舆论压力和被客观条件限制的不发达的状态下，盈余单位闲置资金快速增多，用途受限的一部分资金便找到了邮票作为其载体。1985 年 1 月《集邮》杂志对内地小型张在香港的价格不断上涨的报道，吸引了集邮圈外的投资者，影响了他们对邮票作为金融品的收益率的期望。这一次信息披露或者说炒作，使得部分外源资金进入，也促使邮票市场变得火热。客观条件下资金面的充裕程度不断提升，随着时间的推移，寻求短期内高额利润的游资的数量在不断提升。在获取利润的同时，也抬高了邮票的价格，催使更多的资金入场。三次邮市行情的背后明显有着游资的身影，使得短时间内迅速抬升大量邮票价格成为可能，也使得下跌迅速、跌幅惨重。

电子邮票市场的新近兴起，则是以货币供应量的积累和经济的新常态为背景。货币供应量的积累导致社会闲置资金逐渐增多，促使资金持有方寻找合适的投资或投机标的。近年来实体经济不景气的新常态，则带来了投资项目回报不理想的“资产荒”。资金和资产两方面的背景更加推动了邮票的商品金融化。

在政策上，我国政府近年来加大了扶持和引导民间资本进入文化领域，意图鼓励社会力量进入文化领域，推动产业结构转型升级，满足各个层面的消费者的消费需求。

而电子邮票市场的兴起在技术上还有很重要的客观条件——互联网金融的兴起和信息技术的进步。邮币卡电子盘出现的 2013 年，正是互联网金融概念火热的一年，被称为“互联网金融元年”。网络交易平台技术降低了进入邮票交易的门槛，使更多投资者突破了时间和精力的限制，所以邮币卡电子盘的受众得到进一步扩大。

3. 持续的时间

在传统邮票市场的三次主要价格起落中，第一次邮市的价格高涨持续了两年的时间，而第二次邮市的上行周期只有半年多，第三次邮票价格的狂热上涨和邮市的火热时间只能以月计。每次行情中上涨的持续时间明显缩短，邮票价格的上升速度却逐渐增加。在第一次邮票价格上行周期中，市场价格相对于票面价值只有不到五分之一的溢价，而相对于计入收藏价值的总价值则更少。对于第二次邮票的行情，在一年间市场给了其十倍的溢价水平。而在第三次邮票价格的狂热上涨中，很多种类的邮票在半个月内就上涨了五倍。

电子邮票市场的邮票价格涨落行情更加复杂，如 2015 年年初的普遍显著上涨行情持续时间不足一年，而各地交易所中个别交易所的价格出现了大幅涨落，周期则是以月计。从 2013 年至 2017 年，各地邮票价格振幅明显，资金的涌入与退出接连不断。

据《2016 中国邮币卡电子盘行业年度报告》，2016 年全年成交总额达到 39 859.410 5 亿元，成交总量为 362.357 2 亿个，各地文交所 2016 年的藏品种类共计 4 474 个。这些数字反映出邮币卡电子盘的发展规模之迅疾，方兴未艾的邮币卡电子盘可能在形式上不会完全退出，但是邮票是否能够完成金融化的深化，还需要拭目以待。

4. 结束的方式

前两次行情结束的原因是中邮公司的增发，导致市场上供求关系的失衡、投资者收益预期的破灭。第三次行情结束没有直接的事件推动，但是由于 1997 年的上涨并没有足够基本面支持，在外来资金停止进入后呈现断崖式下跌，这一过程更类似于郁金香等泡沫的催生和破灭过程。

传统邮票市场的行情总体结束的原因是，随着资本市场走向成熟，以及互联网时代可投资标的的增多，邮票在 20 世纪 80～90 年代作为金融品的基础不复存在，但是其发行受到管理层直接干预、其背后不代表剩余所有权的弊病仍然存在且愈加严重，所以邮票作为一种具有资金承载力的金融品出现持续且显著上涨的时代在可预见的将来没有足够理由出现。

电子邮票市场的行情的结束方式，大多与传统邮票第三次行情的结束方式相似，也与股票市场的泡沫破裂的一般情况相仿。上涨行情中投资者具有盲目的乐观信念，助长价格泡沫，而到顶峰时场外资金进入量减少，大资金抽离，投资者信心迅速反转，使得邮票在价格顶峰急跌至谷底。但是就某个交易所而言，其炒作行情有可能因交易所问题的爆发而结束，像 2015 年 10 月爆发的“沈阳中港交易所诈骗事件”，交易所的骗局败露停止了该交易所内的此次邮票炒作行情。

2017 年 3 月～5 月南京文交所邮票指数与上证综指走势如图 11－1 所示。

而市场总体的状况在相当程度上受到其他大类资本市场的影响，以股市为甚。比如 2015 年 5 月 28 日开始的下跌周期，则是受到股市同日下跌的明显影响。而图 11－1 中则明显体现出 2017 年 4 月股市和邮市波动下跌的联动性质。类似于股市，电子邮市与股市保持着一定的同步性，电子邮市的价格同样受制于资金面的状态和投资者心理，所以股市暴跌的资金面和情绪上的推动因素如流动性的收紧、外汇市场波动、投资者心理预期改变等同样适用于邮市。

5. 影响的范围

邮票金融化在地区上影响的范围主要集中在北、上、广和沿海地区的大城市。尽管集邮和邮票交易是全国现象的爱好和行为，但是限于 20 世纪 80～90 年代的交通条件和信息传递能力，邮票商品金融化的过程主要发生在大城市，尤其是以北京、上海为主。“梅花”邮票刚开始发行时在北京和其他地区的巨大差价表明，邮票市场在 20 世纪 80～90 年代尚且没有形成统一的全国市场。在互联网普及后的电子邮票市场仍然散落分布在大城市，以主要工业城市和沿海城市居多。原因可能是北京、上海、辽宁、天津、济南等城市居民生活水平提高较早，而沿海地区的居民思想较为开放，拥有富余资金和投资意愿的居民能够成为邮票市场的主力军。

而邮票的商品金融化在人群方面的影响，相比于葱、姜、蒜此类生活必需品，房屋这一类有一定刚性需求的不动产，针对高净值人群的艺术品等奢侈品，区别较大。对家庭或个人而言，邮票作为单价较低的收藏品，

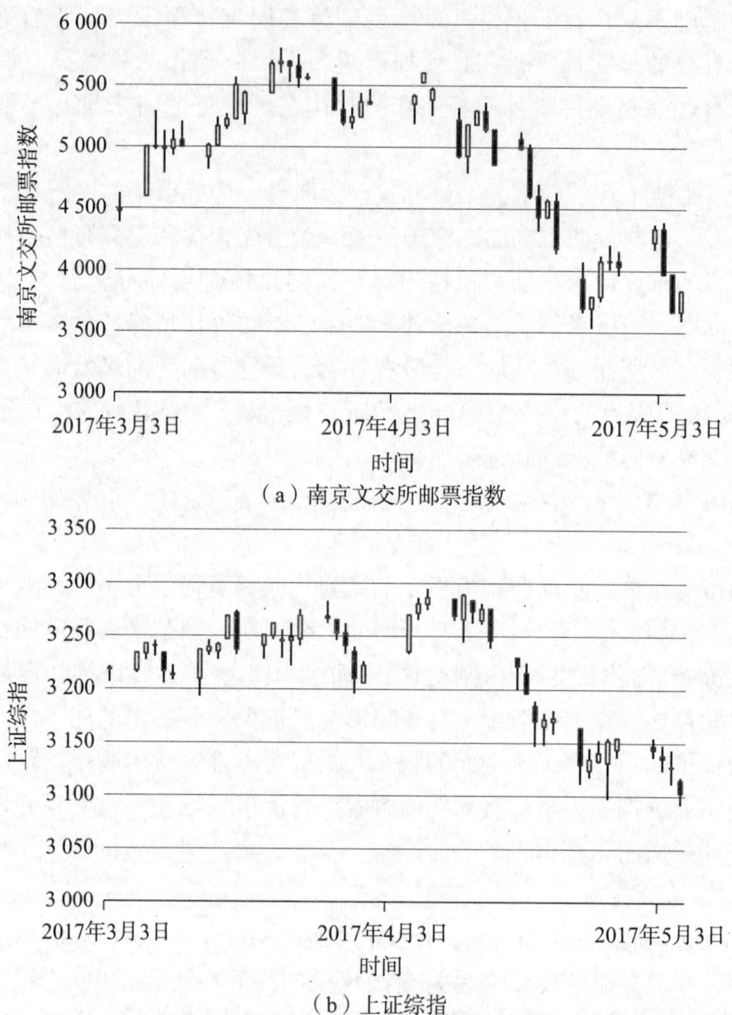

图 11－1　2017 年 3 月～5 月南京文交所邮票指数与上证综指走势

资料来源：上证综指数据来自万得（Wind）数据库，南京文交所邮票指数数据来自金投网南京文交所。由于两市交易日不完全相同，横坐标以日历日计。

不是人民群众生活所必需的，但是只要有少部分的富余资金就可以进行购买、收藏、投资或者投机，所以邮票金融化的进程只影响了邮票收藏者、邮票投资者和部分投机者。对机构而言，邮票的金融化提供了一种快速获得利润的途径，有一些主营邮票投资的基金在邮票的商品金融化过程中成立。其中，少部分机构利用邮市不透明、监管缺位、单类邮票盘内资金量小的特点，坐庄拉动某类邮票的价格，等到散户投资者入场后再大量抛售，以获得巨额收益，严重损害了投资者的利益。

第四节　邮票金融化的内在逻辑提炼

20 世纪 80～90 年代，邮票的价格主要体现在其收藏价值上，使用价值相对较低。但是资本市场的不发达、投资标的的欠缺，以及信息的不对称等导致盲目乐观的看涨期望，刚刚开放的允许个体工商户经营的市场（现在依然存在邮市，只是资金量较小、不健全）资金、居民资金和投机资金的涌入所导致的邮票价格上涨又在发行方增加发行量或游资抽离的同时呈现急跌的态势。在第一次、第二次传统邮市行情中，邮票的价格涨跌主要受到供求关系的制约，但呈现出收藏价值比例逐渐增大的趋势。在第三次传统邮市行情中，邮票的价格受到游资的推动，商品价格与供求关系价格规律产生一定的背离，更多交易者进行交易是基于对一段时间后转卖邮票收益的期望。随着资本密集度的逐渐升高和交易主体目的的逐渐改变，传统邮市中邮票的商品金融化就已经呈现出加深的态势。资本市场的逐渐完善使得邮市的热度逐渐冷却，现在随着资本市场的完善和信息传递的加快，传统邮票现货市场的状况基本已经淡出投资者视野。

在互联网金融兴起、资金面宽松和社会闲置资金“脱实入虚”的时代背景下，近年来邮币卡电子盘迅速发展，凭借着类似于 A 股市场的交易模式和门槛低、易操作的交易平台，成交量和成交额迅猛发展，价格指数也有多次明显行情。公众认为电子邮市是投机市场的错误认知，吸引了意图快速取得超额利润的大量散户和机构投资者、投机者，使得邮币卡电子盘中资本密集度和市场杠杆率不断升高、价格波动扩大。尽管邮币卡电子盘中资产名义上具有相当的流动性，但是对于每一个具体种类的邮票，交易规模较小，流动性其实是受到相当程度限制的。投资者可能发现自己在该类邮票价格上涨阶段因涨停板而无法买入，在下跌状态下又被锁死在跌停板中。

邮票的价格与其合理价格的背离随着时间推移越发明显，而且逐渐显示出与股票等金融品的相似性和相关性。参考张成思等（2014）对商品金融化分层特点的分析，我们认为现在电子化交易的邮票在资本密集度、市场杠杆率、资产流动性、价格波动性和过程稳定性五个方面，具备较高资本密集度、一定市场杠杆率、一定资产流动性、高价格波动性和相对稳定的商品金融化过程，处于中高等金融化商品的阶段。但是由于邮票的收藏属性，邮票并不明显具备中高等金融化商品对消费者价格指数（CPI）的预示作用和双向互动。

深入考虑邮票的金融化过程的逻辑，可以发现其金融化背后有趣的特性。一方面，邮票是艺术品，收藏价值较为重要，但是同一批邮票数量较大，质量相同，不像书画作品独一无二；另一方面，邮票种类繁多，不同种类彼此之间各不相同，每一种邮票的市场都可以认为是封闭的，所以单种邮票的资金池小，市场总体量较大。

书画作品具有高昂的艺术价值，其独一无二的特性导致甄别成本和定价难度较大，而名贵抢手的书画作品多被购买收藏而退出市场，且单价极高，限制了资金量和杠杆率，进而限制了艺术品金融化的深入。但是邮票具有一定程度的同质性，同一批保存程度相同的真邮票价格自然相同，所以邮票作为一种特殊的具有收藏价值的印刷品就具有一定程度的证券化优势，也就推动了其金融化深化的步伐。

但是邮票同质的范围仅仅限于同一批邮票之中，不同种类的邮票难以相互替代，市场分割情况明显。类似于珠串玉石金融化过程中的分类与评级机制对不同品类的划分，邮票由于发行的种类和时间不同，天然形成了不同的品类，给资金的控制和推升提供了空间。这也是葱、姜、蒜比当代其他种植范围广泛且需求量大的农产品，如玉米、水稻，更容易处于商品金融化过程的原因。如果商品的存量和产量都极大，或商品的可替代性太强，那么一方资金难以控制大部分的商品，其他资金会进入该市场进行操作，影响该控盘资金的收益水平。所以邮票的天然分类使得资金无须整体拉起邮票市场，而只需要撬动少数品类的邮票商品，就能完成对其他投资者的吸引，能够及时获得投资收益。

这几点使得电子邮票市场迅速发展起来，邮票金融化程度加深。但是考虑到邮票本身的收藏价值不及书画艺术品，而其使用价值又没有葱、姜、蒜等生活必需品重要，所以邮票作为金融化的商品，没有坚实的价值基础，未来金融化深度继续加深的可能性较小。

第十二章　高雅的艺术：书画作品金融化

本章概览

- 近现代书画与古代书画市场
- 21 世纪的两番行情
- 商品金融化特征发掘

本章提要

中国近现代书画和古代书画市场以拍卖市场为主体，自 21 世纪初发展成型以来经历了 2003～2005 年和 2009～2011 年两次炒作行情，价格水平和成交量均在行情后上升至新的阶段。书画艺术品的稀缺性等共同特点与民间财富积累、媒体传播效应等共同背景，决定了其有以书画艺术品精品为典型代表的商品金融化特征：完善的交易机制，价格变化的持续性、稳定性，以及明显的资本介入。而近现代书画与古代书画在准入门槛上的不同特点，与市场需求端逐渐成熟的认知过程、宏观背景不可预知的波动，分别决定了近现代书画与古代书画市场略有差异的发展路径和两次炒作行情的特征差异。但相对较小的市场规模和拍卖形式的市场机制使得书画艺术品商品金融化仍处于中级程度，距离高度金融化的房地产市场尚有一定差距。

第一节　中国书画拍卖市场背景

1. 中国艺术品拍卖市场与中国书画拍卖市场简介

中国艺术品市场由拍卖市场主导①，每年主要进行“春拍”“秋拍”两大拍卖季，拍卖季中各拍卖公司往往举办多个拍卖专场。拍卖中设置的

① 当代书画领域的一级市场如画廊在中国发展仍较落后，不在本章讨论范围内。

拍卖价格若无人应价，则视为“流拍”，因此拍卖市场中存在着“成交率”或者“流拍率”指标，可作为市场冷热的一个侧面反映。

在拍卖行业中，佳士得、苏富比两大历史悠久的国际拍卖公司在2008年稳居第一梯队。中国嘉德与北京保利两大公司随后，形成“四大金刚”格局。匡时、瀚海等拍卖公司快速追赶。至2016年，秋拍已形成多强并列的局面，北京保利、中国嘉德、北京匡时、佳士得香港、香港苏富比成交额水平在20亿元规模（按成交额排序），之后的拍卖公司规模几乎均在5亿元以下（雅昌艺术市场监测中心，2016）。多家实力强劲的艺术品拍卖公司能够同时存在，从侧面说明支撑这一市场的是巨大且仍在不断增长的艺术品收藏与投资需求。

国内拍卖行业的地域分布特征明显，以北京和香港两个行业巨头所在城市为北方和南方的核心，其中，北京、天津（简称京津）地区市场份额逐渐占据优势。香港地区拍卖往往作为内地风向标。长三角地区也具有一定的竞争力。总体而言，整个艺术品拍卖行业整体竞争十分激烈。

中国艺术品拍卖市场可分为中国书画、油画及当代艺术和瓷器杂项三大主要门类。中国书画按创作时间分为古代书画、近现代书画和当代书画三类，划分界限较为明确。其中，当代书画市场所占份额相对较小且较不稳定，不在探讨范围内。

2. 拍卖市场早期发展历程

1993～2000年是中国艺术品拍卖市场发展的初级阶段。在这一阶段的内地以及香港的主要拍卖会中，海外藏家居多，主要拍品为近现代书画。在这一时期，一方面受到亚洲金融危机的影响，市场整体较低迷；另一方面，拍卖公司的数量少、规范化程度和运作市场化程度比较低，社会关注度亦不足。2000～2003年拍卖行业经历了平稳向上的发展，拍卖行业的经营比2000年前有了较大改善，每年总成交额均有所突破，总体达到10亿元～15亿元（雅昌艺术市场监测中心，2008）。

3. 中国书画拍卖市场

自2003年以来，中国书画占中国艺术品拍卖市场份额呈现持续上升趋势。中国艺术品拍卖市场从早年的“三足鼎立”（即前述三大类），发展至2011年中国书画门类拍卖总成交额已占据整个拍卖市场的60%。这一快速增长得益于中国书画市场2003～2005年和2009～2011年的两次发展高潮。后又在2012年之后的长期调整中回落了50%～55%。以2016年秋拍为例，近现代书画占中国书画的份额比重为54%，而古代书画为33%。

第二节　书画炒作过程

2002 年，书画市场即呈现快速升温趋势，该年全国 22 家拍卖公司联合举办“首届中国艺术品联合拍卖活动”，艺术品总成交额超过 45 亿元。2003 年上半年的重症急性呼吸综合征（简称“非典”）疫情重创了包括艺术品拍卖市场在内的各经济部门，国内多家拍卖公司春拍延期甚至取消，整个春拍艺术市场整体成交额同比下滑 61%，暂时中断了 2000 年以来的良好趋势，但这时中国书画市场已呈现出上行势头。从图 12－1 中可以看到，2003 年秋拍书画市场成交额开始大幅提高，2004 年行情热度进一步上升，书画拍卖市场全年成交额为 48 亿元，相比于 2003 年的 15 亿元增幅 220%。拍卖公司与拍卖专场成交额、单个作品成交价频繁创下历史纪录，如香港苏富比年成交额达到 5.6 亿港元，创 24 年纪录，北京荣宝秋拍成交率超过 98%。这一时期的市场偏好整体上“厚今薄古”，近现代书画作品天价频出，受到热捧，古代书画得到关注相对较少，但在近现代书画带动下价格水平亦持续上涨。

2005 年书画市场超高成交价的拍品数量更加突出。春拍延续了 2004 年的热度，秋拍中的中国书画拍卖达到了第一次行情的高峰，成交总额为 68.86 亿元。然而 2005 年年底市场已显疲态，2006 年市场整体全年持续滑坡，进入低潮，自此中国书画市场的第一次行情消退。

与起伏较大的近现代书画相比，古代书画作品在 2006 年即呈现出“抗跌”的稳健特性，2007 年则整体回暖。2007 年上半年，古代书画作品成交额占中国书画总成交额的 26%，而 2006 年的这一数字为 16%；上半年中国书画成交价格前 10 名中有 5 席被古代书画占据。2007 年下半年古代书画出现突破性涨幅：仇英的一件《赤壁图》创出了当时中国书画的历史最高价 7 952 万元，成为书画市场第二次行情的开端。这次行情以古代书画为主导力量，而近现代书画自 2005 年年底以来一直处于藏家惜售情绪严重、市场萎靡的状态。

2008 年春拍市场总成交额同比上涨 46%，其中，中国书画占比由 27%上升至 32%，前 20 名高价书画拍品中古代书画占据 18 席。受金融危机影响，秋拍整体出现大幅回落，古代书画继续支持着高价位市场。

2009 年春拍市场整体继续略有下滑，但在三大板块中唯独中国书画成交额环比上升 40%，近现代书画在成交额上也有明显起色。至 2009 年

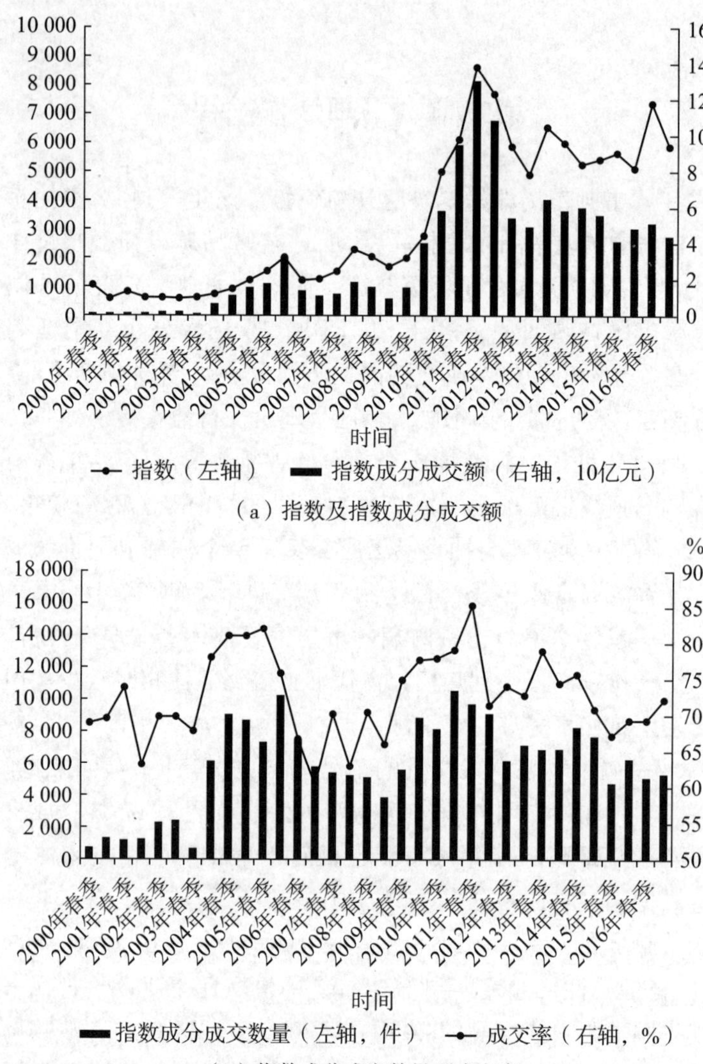

（a）指数及指数成分成交额

（b）指数成分成交数量和成交率

图 12-1　雅昌国画 400 成分指数相关统计数据

资料来源：雅昌艺术市场监测中心。

注：雅昌国画 400 成分指数是反映 2000 年至今国画拍卖市场价格走势的综合性指数，通过监测 389 位具有学术价值、历史价值、艺术价值的样本国画家的作品拍卖价格的整体走势，来反映国画整体市场的大致成交状况及发展趋势，采用了加权平均指数编制方法。

秋拍，中国书画市场份额扩大至 49%，总成交额同比增长 218%，并史无前例出现了四件成交价过亿的古代书画作品。近现代书画名家也迭创高价，向亿元逼近，同样成为书画市场行情的中坚力量。中国书画市场成为艺术市场领头羊，其中，古代书画成为价格标杆。

2010 年秋拍中国书画市场占艺术品市场的份额达到 59%，进入此次行情的顶峰期。在成交额、成交高价不断上升的背后，是高价精品的主导、价格分化、差异性上涨。这一次行情还吸引了海外收藏的书画作品回流。买家表现出更为成熟的收藏取向，不惜重金追捧源流有序的高质量藏品，而普通拍品则少有溢价。

2011 年春拍中国书画市场成交量有所下降，但整体价格水平继续上升，故成交额大幅上升至 257 亿元，且海外作品回流趋势加强。2011 年秋拍中国书画拍卖成交额为 254 亿元，同比上升，但环比略有缩水并打破了“秋拍强于春拍”的惯例①，同时成交率大幅下滑至 38%，创历史新低，显露出行情转折的迹象。2012 年书画市场整体成交额缩减 46%，正式开始了第二次行情后的回调阶段。2013 年书画市场止跌企稳，全年成交总额为 354 亿元，占艺术品市场份额 54.92%，但由于精品资源的消耗过度，高端市场份额下降严重，过亿元拍品由 2012 年的 7 件落至 1 件。2014～2016 年，书画市场进入持续调整期，在此期间，市场份额在整个艺术品市场中缩减了 50%～55%，向“减量增质”转型。

第三节　书画艺术品的金融化逻辑

1. 商品特点

作为艺术品，近现代书画和古代书画的性质具有共同之处。

首先，作为一种非当代艺术品，近现代书画和古代书画具有稀缺性。在既有数量不会增加的情况下，分门别类来看许多种类的艺术品，其存世数量十分有限。若具体至某一特定作者、主题、风格的作品，则几乎具有唯一性。严格来说，每一件艺术品各不相同。“各不相同”的特点进一步决定了书画艺术品的异质性。一方面，虽然专业领域内有类别、作者、主题、风格等多种划分，但即使是同一细分类别内部的艺术品，显然也会存在不少的区别。另一方面，没有统一的具体评价准则。专家鉴定是艺术品价值评判的主要方式，拍卖案例和鉴定的普遍观点是新入市艺术品的价格确定的主要依据。也应注意到，中国书画类艺术品的异质性相比于瓷杂类又是适中的，可比性稍强。综合来看，稀缺性是艺术品价值的重要来源，而在异质性下案例参考的定价方法决定了艺术品市场的价格水平存在一定惯性。

① 从 2000 年至 2016 年，除此次外，仅 2006 年和 2008 年的秋拍明显弱于春拍。

从使用价值来看，作为艺术品的书画具有审美性。书画艺术品是一种服务性商品，其使用价值在于其历史文化底蕴和美学构思带给收藏者的审美享受。这种审美享受的程度高低难以进行比较，但市场总会根据社会大众和行业内部的兴趣和认可度进行定价，进而体现出差异。书画艺术品的使用又具有非消耗性，即书画作品不通过自身物质的消耗发挥使用价值，在一般情况下也不会发生折旧，反而随着时间推移具有更大的挖掘空间。非消耗性进一步转化为资本品所具有的可重复交易性，是艺术品走向金融化的优势条件之一。

从定价特征来看，艺术品具有较高的价值浓缩性。尽管不同层次艺术品的市场价值差异巨大，但总体上单个作品价格水平往往远超普通商品。目前精品的单位价值往往超过大型资产，能够替代如此规模效用的艺术兴趣显然不可能存在于多数人中。因此在给定物价水平下，该商品价格水平本身即能说明持有者存在投资动机和商品本身的金融属性。此外，中国书画相比于其他艺术品，具有易于保管携带的特点，是有利于交易和流通的因素。

中国近现代书画的创作时间大致界定为清代末期至 20 世纪末，相应地，古代书画则界定为近代书画之前。在市场流通中，近现代书画与古代书画呈现出十分不同的特征。

首先，近现代书画的创作风格更接近现代人的审美；作者生活年代较近，在现代社会知名度高，大众更加熟悉。这两点决定了近现代书画具有较好的群众基础，社会认可度较高——近现代书画自 2003 年以来在中国书画三种门类中最早被市场热捧，就是对这一特征的印证。

其次，近现代书画存世时间短，经历的遗失、损坏少，故流通量相对较大，且更加丰富、完整的相关资料和学术研究有利于鉴定真伪。以上两点共同决定了近现代书画具有流通性上的优势。

最后，不可否认如齐白石、徐悲鸿等中国杰出的近现代画家具有极高的艺术造诣。因此，许多近现代书画精品在艺术价值上毫不逊于古代书画精品。此外，由于这些近现代大师的艺术地位和知名度兼具，近现代书画市场热点十分集中，如齐白石、傅抱石、陆俨少、张大千、徐悲鸿、黄宾虹几位大师的作品在任何市场状况下拍品价格均位前列（雅昌艺术市场监测中心，2008），具有超常的流动性。

古代书画相比于近现代书画，界定的时间范围虽大，但较长的存世时间使其经历了更严重的损坏与流失，故相对稀缺。稀缺性在拍卖市场机制下产生了一个负面作用，即市场行情受拍卖公司的藏品征集情况影响大，短期行情具有一定的不稳定性。此外，较长的存世时间一方面使得不少精品古代书画经过多次转手流通，其中不乏知名藏家——这一过程的故事性成为源流有序的古代书画作品本身艺术价值之外的附加价值；另外，古代书画往往留下较多的“古仿”作品，增加了鉴定难度。

古代书画在内在艺术价值普遍较高的同时，其丰富的历史底蕴还是一大优势。更重要的是，古代书画对参与者专业性要求比较高，无论其鉴赏、消费、投资都有较高的门槛。古代书画还被称为“沉淀式收藏品种”，有更大可能进入“终极藏家”之手或者成为博物馆、美术馆藏品，基本退出流通。因此总体来看，古代书画市场在长期波动性更小。

此外，古代书画还具有一定的文物性。我国法规对此有一些针对性规定，如一些古代艺术品必须以定向拍卖的形式出售给国内买家。这在一定程度上影响了古代书画的流动性，并在一定程度上导致了第一次行情中的“厚今薄古”现象。

2. 炒作的前后背景

书画的两次行情的背景在金融市场基础设施和结束方式层面具有一定差异。

第一次行情（2003～2005 年）起步的 2003 年上半年接连经历了“非典”疫情的爆发和疫情得到控制。“非典”疫情毫无疑问给国人的生活和心理造成了巨大的冲击，因此疫情的结束大大提振了社会大众和市场的信心。实际上，自摆脱东南亚金融危机阴影之后，中国的宏观经济形势一直强劲，故这一插曲只是暂时压制了市场情绪。具体到艺术品拍卖市场，经过 20 世纪 90 年代和 2000～2002 年的积累，市场交易机制逐渐完善，已经具备在需求下快速扩张的条件。1997 年《中华人民共和国拍卖法》（简称《拍卖法》）正式实施。1999 年，中国拍卖行业协会艺术品专业委员会成立。艺术品拍卖机构在 1996 年进行试点的只有 6 家，到 2005 年年末则达到了 190 余家，遍及全国大部分省、市、自治区。2002 年，艺术品拍卖市场已呈现快速扩张的趋势。暂时的压抑反而成为助推趋势的动力。

第二次行情（2009～2011 年）的背景则具有更典型的宏观经济特征，适逢金融危机低谷后的经济反弹回暖，同时金融市场行情不佳。实际上书画市场在 2008 年上半年已在古代书画带领下展现上行趋势，但在 2008 年下半年因遭受金融危机冲击而被压抑。随着 2009 年经济刺激、货币宽松政策的出台，市场流动性得到了充分补充，信心加强，但金融市场持续低迷，故巨大的资金部分流入相对较小①的艺术市场，使上行行情迅速启动。值得

① 据《中国艺术品拍卖市场调查报告（2010 秋季）》，2010 年艺术品市场总成交额为 573 亿元。

注意的是，这一“趋势-压抑-趋势释放”的演变过程与2003～2005年是相似的。

此外，第二次行情开始前，我国金融市场健全程度较2003年有较大提升，金融创新出现在艺术品投资领域中，如艺术品信托、艺术品基金和份额化艺术品投资等。民生银行于2007年推出的艺术品投资计划1号产品是第一起艺术品金融创新案例，投资起限为50万元，投资期限为2年，预期年收益率最高达到18%。这一产品于2009年7月到期后的年化收益率为12.75%，远超同期金融产品。2010年被称为“中国艺术品基金元年”。截至2011年年底，国内近30家艺术品基金公司已发行成立了70余支艺术品基金，除去2支已到期解散，基金初始规模总计57.7亿元。因此在第二次行情中，金融资本流入所推动的金融创新是独特特征。

与2006年市场内在泡沫破裂式的回落不同的是，第二次行情的结束亦具有明显的背景性。一方面，2011年下半年流动性逐渐逆转为紧缩，继而2012年我国经济增速开始进入下行区间，宏观上影响到所有的市场参与者；另一方面，政府内部反腐中史无前例的加压剧烈冲击了礼品市场，调整了艺术品市场需求结构。

但这两次行情有着相似的驱动因素和背景，主要在于社会财富积累、媒体与市场双向作用、拍卖公司主体。

首先，两次行情相同的驱动因素体现在受同一个趋势影响上，即改革开放以来我国社会财富的民间积累效果初现，初具规模的高净值人群形成并持续扩大。兼具投资与休闲属性的收藏逐渐成为这一群体内越发普遍的生活方式与爱好。

值得注意的是，两次行情在这一点上有细微差异。其中，第一次行情以长期积累未释放的国内藏家购买力为基础。改革开放前，国民生活中显然不存在“收藏”这一要素，而在1993年到2000年拍卖市场发展的初级阶段，我国主要拍卖市场上的买家基本以海外藏家为主，国内在2000年前对此缺乏社会关注。2000年至2003年的拍卖市场的平稳增长显示出国内藏家购买力具有坚实基础和社会关注度在逐渐集中于此。第一次行情中市场表现出的盲目性和无差别追捧，也说明此时的需求多为初次参与且释放空间较大。2004年不完全统计显示，艺术市场参与者以每年10%～20%的速度递增。

第二次行情则以企业和机构的进入为典型背景。实际上在2004年、2005年，企业背景的买家已引起市场关注，“浙商”群体在这一时期相对突出，如浙江中凯等企业。经过第一次行情的铺垫，在2007年、2008年第二次行情启动前夕，大型企业进入艺术市场已成为社会热议的新常态，说明企业投入占市场整体的份额已达到了相当比重。

其次，媒体的传播效应与市场双向作用。在新闻报道的舆论烘托之外，“鉴宝”类节目的出现是艺术品市场与媒体双向作用的典型代表。2002年，电视收藏类节目已在多家电视台出现。2003年10月，央视推出的独立节目《鉴宝》获得了超常的收视率，至2004年数十档类似节目出现在荧屏中。此时适逢第一次行情的启动。一方面，拍卖市场的火热吸引了社会关注，媒体借机将热点娱乐化并以节目的形式推出，受到广泛欢迎并取得较高的收视率；另一方面，收藏、鉴宝类节目以大众化的藏品普及收藏知识，传播收藏理念，进一步增强了收藏的社会关注度和社会基础，扩大了艺术品市场的潜在参与者。当收藏成为社会大众熟知且认同的一项高雅情趣时，也就更容易被高净值人群所青睐，企业的收藏行为也更能扩大知名度。在第一次行情结束、第二次行情开始前，部分由于市场的回落，部分由于节目的过于泛滥，鉴宝节目的热度大幅消退。自第二次行情开始至今，一些经受住时间考验的鉴宝节目相比初创时定位更加明确，或注重科普，或注重趣味，或注重文化，这也从一个侧面说明，自第二次行情以来，社会的收藏基础已经上升到了新的层次。

最后，两次行情的驱动因素体现在市场微观结构即拍卖公司主体上。拍卖公司主要的收入来源之一是按一定比例收取拍卖费用，因此，出于盈利动机，拍卖公司总是希望展品的拍价更高、总成交额更大。拍卖公司凭借掌握的大量买卖双方信息、历史拍卖数据和领域内的专业性，根据市场动向调整某一品类的上拍数量、拍卖场次。一旦其观察到市场对某一品类热捧，其盈利动机便会促使其加大该品类的拍品征集力度、拍卖专场力度和相关宣传力度，进一步提升热度和价格，从而使市场热点极易被放大。这使得书画拍卖的市场机制本身具有顺周期性。

3. 持续时间

从雅昌的相关指数来看，近现代书画在2003～2005年经历了第一次行情，2005年下半年部分回落。2007年下半年、2008年上半年第二次行情趋势初现，但被2008年下半年的金融危机冲击中断。2009～2011年市场持续放量上扬，于2011年上半年达到顶峰，又于2011年下半年掉头下行。古代书画在第一次行情中相对弱势，但在第二次行情中更早起步。在2012年后的调整期中，总体上古代书画行情更加稳定，单品保持稳步升值。近现代书画行情波动相对较大。但与艺术品拍卖市场整体在两次行情中明显的波动相比，中国书画的价格水平实际上处于持续的上升过程中。

4. 结束方式

书画作品的行情的结束没有事件作为标尺，但其主要原因可以归纳为：宏观经济等影响要素导致市场中流动性不足以支撑市场高价运行。每一轮行情的结束均以成交量、成交率双双大幅下滑为标志。但行情期间对价格水平的重新确认往往会保留下来，因此总体上来看，每一次行情结束后，市场价格水平和成交额较行情开始前均上升到了一个新的区间。

5. 影响范围

包括书画市场在内的艺术品市场虽已被并列于证券市场、房地产市场等热门的投资市场中，但以成交额来衡量，其实际体量仍有非常大的差距：最顶峰的 2011 年总成交额在 850 亿元左右，2016 年仅为 500 亿元左右。从社会人群来看，书画艺术品需求非刚性，最能体现书画市场金融化特征，同时最具有影响力的书画精品已远非普通投资者和收藏者所能及，故其市场波动影响主要作用于“极高净值”人群及对应的企业、机构投资者。因此，相比于书画市场受其他市场资金流动以及社会舆论的影响，书画市场对外的直接影响较小。

然而，拍卖市场是一个存在大量的潜在投资者的市场。这些潜在投资者虽有实际市场参与但并未产生成交额，因此包括书画市场在内的整个艺术品拍卖市场实际参与资金是成交额的数倍以上规模。包括书画在内的艺术品投资作为一种备选投资方式，对市场参与者投资决策的间接影响更广泛且更深刻。

第四节　书画作品金融化的内在逻辑提炼

1. 艺术品拍卖中的中国书画具有明显的金融化特征，其中的精品尤为突出

第一，具有完善的交易机制。中国艺术品拍卖市场经历了 20 世纪末的建设阶段和 21 世纪前 3 年的稳定增长阶段。2003 年“非典”疫情的解除是第一次行情来临的契机，但经济增长的势头并未发生突然性改善。因此，根本的驱动力是拍卖市场完善的交易机制提供了良好的市场环境，满足了不断增长的社会财富收藏兼投资的需求。同时，这一完善的交易机制保证了中国书画的流动性，尤其是对于精品书画。

第二，具有较高的持续性和稳定性。从 2000 年以来的雅昌国画 400 成分指数和成交额来看：2003～2005 年和 2009～2011 年两次行情的持续

时间均超过两年；在结束后成交额（和成交单价）虽有所回落，但与行情前相比已上升到了一个更高区间。持续性是指由于精品藏品在市场火爆时集中出现寻求高价成交，向上拉动市场整体价格预期，伴随资本逐利进入上托市场，从而维持市场的长期热度。此外，相对稀疏（主要拍卖会一年进行两次）的交易频率内在地决定了单次行情的长期性，需求需要经过较长时间才能释放。稳定性的原因在于行情回落时会引发藏品持有者的惜售情绪，而这一群体不同于急于套现的股市散户，精品持有者往往财富实力雄厚，具有长期持有的能力和意愿。另外，精品作品具有不断减少的趋势，供给始终不足。以上两方面使整体供需始终匹配而不致失衡。此外，相对稀疏的交易频率有利于参与者理性判断市场，精品的内在价值认可度得到了理性确认，同样可避免滑坡，使市场呈现阶梯式上行的走势。

第三，资本介入十分明显。产业资本和金融资本均进入中国书画市场。产业资本借助企业家和机构的身份进入市场。一方面，企业家成为市场上大批新买家中的主力军。早期如 2004～2005 年，浙江民营企业大举进军书画等拍卖市场的新闻事件便引起社会不小的关注，近年一些专业人士甚至提出“定价权已在资本手中、真正收藏者已被边缘化”的说法。另一方面，天价拍卖往往隐藏着企业或企业家的身影。如早在 2004 年，南京天地集团以 6 930 万元拍得陆俨少的《杜甫诗意图》；在 2016 年秋拍中，苏宁集团以 3.03 亿元拍得任仁发的《五王醉归图卷》；企业家刘益谦也因收藏而颇具社会知名度；等等。表 12－1 归纳了 2015～2016 年部分知名企业高端书画作品的成交案例。

表 12－1　2015～2016 年部分知名企业高端书画作品成交案例

作品	成交价（千元）	拍卖公司	成交日期	买家
潘天寿　《鹰石山花图》　镜心	279 450	中国嘉德	2015 年 5 月 17 日	新疆广汇
李可染　《井冈山》(1976)　镜心	126 500	中国嘉德	2015 年 5 月 17 日	新疆广汇
曾巩　《局事帖》　镜心　水墨纸本	207 000	中国嘉德	2016 年 5 月 15 日	华谊兄弟
宋克临　《〈急就章〉并诸家题跋》	92 000	中国嘉德	2016 年 5 月 15 日	晋商张小军
傅抱石　《风光好》(1945)　立轴	66 125	中国嘉德	2016 年 11 月 12 日	苏宁集团
张大千　《巨然晴峰图》　立轴设色纸本	103 500	中国嘉德	2016 年 11 月 12 日	宝龙集团
齐白石　《咫尺天涯—山水册》	195 500	北京保利	2016 年 12 月 2 日	宝龙集团

续表

作品	成交价（千元）	拍卖公司	成交日期	买家
任仁发　《五王醉归图卷》　设色纸本　手卷	303 600	北京保利	2016 年 12 月 4 日	苏宁集团
吴镇　《山窗听雨图》(1338)　手卷	172 500	北京匡时	2016 年 12 月 6 日	三胞集团

资料来源：雅昌艺术市场监测中心。

民营企业所保有的书画艺术品数量虽无正式统计，但有较大把握认为其十分可观，如早在 2004 年，万达集团便曾以收藏的 70 余幅吴冠中书画举办全球巡展。这一例也能典型地体现出民营企业以产业资本进入书画市场意图提升其知名度的动机。值得注意的是，万达集团设有专门的艺术部门玥宝斋，自 1997 年以来便由著名收藏家郭庆祥负责管理，专于中国近现代书画。

金融资本的进入具有更强的顺周期特征。艺术品基金成立的第一次高潮即发生在整个艺术品市场达到历史顶点的 2010～2011 年，此时在艺术界专业人士中已出现"艺术品金融化"的话题。截至 2011 年年底，国内近 30 家艺术品基金公司已发行成立了超过 70 支艺术品基金，除去 2 支已到期解散的，基金初始规模总计 57.7 亿元。金融资本的进入，证明社会对以中国书画为代表的艺术品的投资属性的心理基础已产生，将书画艺术品与房地产、金融工具等资本品逐渐部分等同。

2. 以金融化视角观察书画拍卖市场发展历程

2003～2005 年的第一次行情是中国书画商品金融化的快速成长期。此次行情来源于未曾释放的社会收藏投资需求。其借助已经发展完善的交易机制，在市场热度逐渐提升的过程中进行了书画艺术品在新的需求形势下的重新定价。市场的初次扩张具有盲目性，如同任何新商品一样，会产生过热后泡沫破灭而市场萎缩的现象。这一时期的泡沫主要出现在一直得到市场高度认可的近现代书画中。而古代书画则是在需求释放、重新定价过程中价格稳步上升。在 2006 年的泡沫破裂中，前者出现较大回落，后者上升遇阻。但在新的市场需求形势下，定价已经上升到新的水平，书画艺术品的投资价值成为社会共识，产业资本进入市场已经积累了一定经验，中国书画的初步金融化完成。

古代书画的高门槛及文物性是其早期遇冷的推手，但在市场参与群体规模持续扩大且对该领域熟悉程度持续提升的背景下，与近现代书画相比，其更加稀有、历史底蕴更加深厚的价值属性凸显出来，助推其于

2007～2008年上半年首先摆脱停滞，带动市场逐渐回暖。在2009年财政刺激、流动性泛滥的背景下，包括大量企业在内的参与者带领产业资本进一步进入书画市场寻求投资机会，金融资本也因该市场的高收益特征尝试开发金融产品。与同一时段持续低迷的股票市场相比，书画市场精品的持续快速升值吸引着过剩流动性，并在流动性不断注入的过程中逐渐再次产生泡沫，需求泡沫又反作用于供给，吸引海外文物、世家旧藏精品进入市场，更频繁地制造“天价”。这一时期的成交额、增长速度远大于第一次行情，令人瞠目的“天价”反复出现的现象正是普遍性的资本流入托升市场价格、挤出真实收藏家的表现，也标志着书画的金融化达到中等水平，书画市场成为经济内过剩流动性的资产配置途径。

2011年下半年，流动性转为紧缩，随后经济增速开始进入下行区间，由过剩流动性支撑的书画市场因资金抽离而掉头下行，成交额在巨大的基数上腰斩式下滑。但在第二次行情启动到突然结束的过程中，古代书画的定价水平大幅提高，并形成价格标杆效应，将近现代书画价格水平也拉升至高位。行情消退后卖家惜售、买家观望使得供需不致失衡，因此在此后的长期调整过程中，书画市场整体价格水平始终维持在第二次行情所制造的新高度上。然而从2014年下半年至2015年，楼市、股市因政策而热度大增、吸引资本流入，同期书画市场出现明显缩水。当中呈现出的与经济内资本流动较强的关联性，印证了该市场的高度的资本驱动中等金融化程度。与较高金融化程度的房地产相比，书画的需求非刚性，价格的变动更加纯粹地体现资本的流动，但该商品强异质性和拍卖的交易形式制约了其金融化程度的进一步加深。

3. 以金融化视角考量艺术品份额化交易市场

艺术品类商品具备异质性、满足精神需求等特点，其消费者效用难以得知且不稳定，价格机制难以充分发掘市场信息，其原因在于某一艺术品定价信息的横向缺失，而不在于艺术品市场中信息传递效率、时滞等纵向问题。因此，艺术品份额化交易（类似股票）或者远期合约市场交易难以进一步地完成价格发现，无法填补信息的不完全，也无法消除信息不对称的问题。但是份额化交易市场中连续交易竞价等特点会增加市场情绪所能发挥的作用，使得该市场越发地倾向于多空投机的市场，所以泡沫难以避免。对艺术品份额化交易市场这一角度的考量，恐怕也是监管层早已明令取缔艺术品份额化的重要原因之一。

第十三章 疯狂的石头：玉石金融化

本章概览

- 玉石金融化的历史背景
- 玉料和玉制品价格走势
- 稳定升值过程中的金融化

本章提要

与生活常用品不同，玉石制品多属于艺术品和小众高档的消费品，尤其是大型的工艺摆件或玉石文物，更是属于收藏品的范畴。而玉石商品的金融化也经历了从艺术品金融化的低金融化状态到游资炒作、媒体推波助澜的中等金融化的过程，反映了我国消费水平和资金水平的变化。但是玉石的价值没有具体的衡量标准，玉石的作品价格和工艺水平也有很大关系，因此此类商品不具备标准化的基础，很难进入较高等级的商品金融化进程。同时玉石资源本身是有限的，在不断地开采过后，玉石原料会越来越少，因此价格的上升也是供求关系不平衡的体现。值得注意的是，有些玉石工艺品具有体积大、价格高昂、工艺复杂的特点，购买者往往是有雄厚的资金实力的投资者，多出于收藏目的，因此这一市场并不会十分活跃，从而也限制了玉石商品的金融化进程。

第一节 玉石文化和历史背景

玉石质地温润，色泽饱满，常和高洁、温和的品质联系在一起被人称颂，在中国的文化历史上有着举足轻重的地位。在众多玉石中，新疆和田玉脱颖而出，尤为世人青睐。西汉的文学家东方朔在文章《海内十洲记》中将和田玉誉为“白玉之精”。数千年来，和田玉经常被用来制作成玉玺或其他宫廷礼器、祭器，十分珍贵稀有。尤其是乾隆年间，和田玉为宫廷御用，在民间只允许制作小件的和田玉物件，不允许制作大器，更将和田玉推向了举世无双的地位。时至今日，中国人对玉器的喜爱根植于文化之中，没有随着历史的演变而消亡。

在中华人民共和国成立后的一段时期内，收藏玉器的行为被视为小资产阶级情调，会受到批判，玉石爱好者只能压抑对玉器的喜爱心理。再加上计划经济体制，玉石的价格都由政府制定，所以玉石的价格很低，严重偏离其真实价值。改革开放之后，经济得到史无前例的快速发展，人民生活水平也得到了提高，逐渐出现了高财富积累水平的阶层。同时因为不再实行计划经济体制，和田玉市场逐渐放开，价格一路走高，这是价值回归的体现。在 2003 年 10 月底，新疆和田玉更是由于其独特的颜色和质地被正式命名为“中国国石”，为其知名程度和地位又加了一枚砝码。

鸡血石已经有 2 000 多年的历史，虽然鸡血石不如和田玉通透温润，但其胜在色泽艳丽、软硬适中，多用来雕刻成印章、摆件等工艺品。尤其是近几年来，随着玉石收藏的热度上升、需求增大，鸡血石的价格更是随之上升，在拍卖市场上鸡血石的藏品频繁出现，爱好者非常活跃。鸡血石中最为有名的、价值最高的应属产地在浙江与安徽（简称浙皖）交界的深山中的昌化鸡血石，因其质地软硬适中、色泽艳丽，可供文人亲自篆刻，因此随着篆刻文化的传播，鸡血石在清朝就驰名天下，传播到各地，也留下了许多鸡血石印章、摆件等收藏品。后来在内蒙古巴林右旗地区发现巴林鸡血石资源，硬度同样适合篆刻，所以巴林鸡血石也被市场认可。旬阳鸡血石是近年在陕西省旬阳县被发现的，在 2011 年 5 月和 2011 年 10 月先后经浙江昌化鸡血石雕的代表人物钱高潮、央视鉴宝名家蔡国声和高级工艺美术师林加俊正名，此后价格一路上升。

第二节　玉石金融化过程

在中华人民共和国刚成立后的计划经济时代，和田玉被认定为国有资产，价格由国家统一制定，国家规定和田玉的市场售价为每千克 40 元，严重偏离其实际价值。改革开放后，随着国民经济的快速发展以及市场的放开，和田玉开始大规模升值。王晓哲在其文章《和田玉升值记》中对 2010 年以前的升值过程进行了概述：在升值的初级阶段，和田玉的市场价格每年的上涨比例在 5%～10%，但是从 2005 年开始，价格变化不再平稳，出现了短时间内快速翻倍的增长势头。

新疆宝玉石协会提供的资料显示，和田玉一级籽料在 1980 年的价格为每千克 100 元，1995 年上涨到每千克 6 000 元，2000 年上涨到每千克 1 万元以上，2005 年则达到每千克 10 万元以上。2006 年 11 月，新疆当地出台了限制机械开采籽料的有关政策，籽料市场的供应量锐减，供需失衡进一步加速了籽料价格的上涨。2007 年，和田玉一级籽料的价格飞涨至每千克 100 万元，2008 年又跃至每千克 150 万元。

2008 年的金融危机不但没有使和田玉价格下跌，反而引起 2009 年和 2010 年价格报复性增长。《和田玉升值记》中提到一块圈内著名的“满洒金皮”和田玉籽料，2008 年的价格是十多万元，2010 年其价格则达到百余万元。受宏观经济持续走低的影响，2012 年下半年和田玉市场进入低迷期。

表 13－1、表 13－2、表 13－3 分别展现了收藏 3A、优质 3A 和普通 3A 级别的和田玉籽料的历史价格。可以看出，收藏 3A 级别的籽料在 2014 年以前价格都几乎没有变化，不再大幅升值，而 2015 年以后价格有了小幅下滑；优质 3A 级别的籽料在 2012 年至 2013 年小幅上升后基本保持不变，2014 年至 2016 年 9 月，其价格下降明显，甚至部分已跌至 2013 年价格的一半；而普通 3A 籽料的价格从 2013 年就明显走低，2016 年的价格已下降到同等重量籽料 2011 年价格的十分之一。价格变化趋势不同步的原因应与籽料的质量有很大关系，品质越好的籽料越稀缺，其价格受宏观经济的影响越小。

表 13－1　和田玉籽料历史价格（收藏 3A）

发布时间	原重量 20克以下	原重量 20克~200克	原重量 200克~500克	原重量 500克~1 000克	原重量 1 000克~2 000克
2012年1月	—	2万元~3万元	1.5万元~2万元	—	—
2012年4月	—	2万元~3万元	1.5万元~2万元	—	—
2012年9月	—	2万元~3万元	1.5万元~2万元	9 000元~1.5万元	7 000元~9 000元
2013年1月	—	2万元~3万元	1.5万元~2万元	9 000元~1.5万元	7 000元~9 000元
2013年4月	—	2万元~3万元	1.5万元~2万元	9 000元~1.5万元	7 000元~9 000元
2013年6月	—	2万元~3万元	1.5万元~2万元	9 000元~1.5万元	7 000元~9 000元
2013年9月	1万元~2万元	2万元~3万元	1.5万元~2万元	9 000元~1.5万元	7 000元~9 000元
2013年12月	1万元~2万元	2万元~3万元	1.5万元~2万元	9 000元~1.5万元	7 000元~9 000元
2014年3月	1万元~2万元	2万元~3万元	1.5万元~2万元	9 000元~1.5万元	7 000元~9 000元
2014年7月	1万元~2万元	2万元~3万元	1.5万元~2万元	9 000元~1.5万元	7 000元~9 000元

续表

发布时间	原重量 20克以下	原重量 20克～200克	原重量 200克～500克	原重量 500克～1 000克	原重量 1 000克～2 000克
2014年9月	1万元～2万元	2万元～3万元	1.5万元～2万元	9 000元～1.5万元	7 000元～9 000元
2014年12月	1万元～2万元	2万元～3万元	1.5万元～2万元	9 000元～1.5万元	7 000元～9 000元
2015年4月	1万元～1.8万元	2万元～2.7万元	1.5万元～1.8万元	9 000元～1.35万元	7 000元～8 000元
2015年9月	1万元～1.8万元	2万元～2.7万元	1.5万元～1.8万元	9 000元～1.35万元	7 000元～8 000元
2015年12月	1万元～1.8万元	2万元～2.7万元	1.5万元～1.8万元	9 000元～1.35万元	7 000元～8 000元
2016年4月	1万元～1.8万元	2万元～2.7万元	1.5万元～1.8万元	9 000元～1.35万元	7 000元～8 000元
2016年7月	9 000元～1.62万元	1.8万元～2.43万元	1.35万元～1.62万元	8 100元～1.22万元	6 300元～7 200元
2016年9月	9 000元～1.62万元	1.8万元～2.43万元	1.35万元～1.62万元	8 100元～1.22万元	6 300元～7 200元

资料来源：中国和田玉网。

表 13-2 和田玉籽料历史价格（优质 3A）

发布时间	原重量 20克以下	原重量 20克～200克	原重量 200克～500克	原重量 500克～1 000克	原重量 1 000克～2 000克
2012年1月	—	6 000元～8 000元	4 000元～6 000元	—	—
2012年4月	—	6 000元～8 000元	4 000元～6 000元	—	—
2012年9月	—	6 000元～1万元	5 000元～7 000元	4 000元～5 000元	3 000元～4 000元
2013年1月	—	6 000元～1万元	5 000元～7 000元	4 000元～5 000元	3 000元～4 000元
2013年4月	—	6 000元～1万元	5 000元～7 000元	4 000元～5 000元	3 000元～4 000元
2013年6月	—	6 000元～1万元	5 000元～7 000元	4 000元～5 000元	3 000元～4 000元
2013年9月	3 000元～6 000元	6 000元～1万元	5 000元～7 000元	4 000元～5 000元	3 000元～4 000元
2013年12月	3 000元～6 000元	6 000元～1万元	5 000元～7 000元	4 000元～5 000元	3 000元～4 000元
2014年3月	2 700元～5 400元	5 400元～9 000元	4 500元～6 000元	3 500元～4 500元	2 800元～3 500元
2014年7月	2 700元～5 400元	5 400元～9 000元	4 500元～6 000元	3 500元～4 500元	2 800元～3 500元
2014年9月	2 450元～4 350元	4 850元～7 200元	4 050元～4 800元	3 150元～3 600元	2 500元～2 800元
2014年12月	2 450元～4 350元	4 850元～7 200元	4 050元～4 800元	3 150元～3 600元	2 500元～2 800元
2015年4月	2 200元～3 700元	4 400元～6 100元	3 650元～4 100元	2 850元～3 100元	2 250元～2 400元
2015年9月	2 200元～3 700元	4 400元～6 100元	3 650元～4 100元	2 850元～3 100元	2 250元～2 400元
2015年12月	1 760元～2 960元	3 520元～4 880元	2 920元～3 280元	2 280元～2 480元	1 800元～1 920元
2016年4月	1 760元～2 960元	3 520元～4 880元	2 920元～3 280元	2 280元～2 480元	1 800元～1 920元
2016年7月	1 580元～2 660元	2 930元～4 390元	2 630元～2 950元	2 050元～2 230元	1 530元～1 630元
2016年9月	1 580元～2 660元	2 930元～4 390元	2 630元～2 950元	2 050元～2 230元	1 530元～1 630元

资料来源：中国和田玉网。

表 13－3　和田玉籽料历史价格（普通 3A）　（单位：元）

发布时间	原重量 20 克以下	原重量 20 克～200 克	原重量 200 克～500 克	原重量 500 克～1 000 克	原重量 1 000 克～2 000 克
2011 年 11 月	—	2 500～4 000	2 000～3 000	—	—
2012 年 1 月	—	2 500～4 000	2 000～3 000	—	—
2012 年 4 月	—	2 200～3 500	1 800～2 200	—	—
2012 年 9 月	—	1 000～1 500	800～1 000	700～900	600～800
2013 年 1 月	—	1 000～1 500	800～1 000	700～900	600～800
2013 年 4 月	—	800～1 000	600～900	500～700	400～500
2013 年 6 月	—	600～900	500～700	400～600	350～450
2013 年 9 月	300～500	500～700	400～500	300～400	260～350
2013 年 12 月	300～500	500～700	400～500	300～400	260～350
2014 年 3 月	250～400	400～600	320～400	250～320	200～280
2014 年 7 月	250～400	400～600	320～400	250～320	200～280
2014 年 9 月	250～400	400～600	320～400	250～320	200～280
2014 年 12 月	250～400	400～600	320～400	250～320	200～280
2015 年 4 月	230～320	360～480	290～320	230～260	180～230
2015 年 9 月	230～320	360～480	290～320	230～260	180～230
2015 年 12 月	160～230	260～340	210～230	160～190	130～165
2016 年 4 月	160～230	260～340	210～230	160～190	130～165
2016 年 7 月	140～200	220～290	180～200	140～160	110～140
2016 年 9 月	133～190	209～276	171～190	133～152	105～133

资料来源：中国和田玉网。

尽管玉石市场整体低迷，各等级的原料价格均有所下跌，但是蕴含着丰富工艺价值的玉石摆件在拍卖市场上的表现并不逊色。表 13－4 列示了 2011 年到 2015 年比较有名的几件和田玉工艺品的拍卖成交价格，均在百万级别以上，其价格因物件大小、工艺繁复程度以及是不是历史文物等因素差别较大，其中，2015 年，香港苏富比春拍中一枚清朝的宝玺更是以超 1 亿元的高价成交。陈晓红（2016）指出，和田玉价格的形成大体上分三个步骤。玉石从矿中取出后，初步对品相、大小、成色进行判断，然后由负责人确定价格；如果是多位合伙人组成的挖掘队伍，则是口头协议初步价格。这一价格被称为坑口基础价。这些玉石原料进入市场后，由玉石专家鉴定后给出起拍价，再通过简单的拍卖最终确定玉石价格。这里的市场可以看作是一级市场，最终的价格被称为坑口交易价。定了坑口交易价后的玉石，很多还要再次进行拍卖，参与者往往是团队的一个代表。拍得玉石后，团队内部还会进行拍卖，或者在二级拍场再次拍卖以获得利润。和田玉的一级市场获利相对较少，经过二级市场流转到外地，或是由雕刻大师进行创作后价格才逐渐攀升。

表 13-4　和田玉拍卖品成交价格

品名	成交价	拍卖时间
白玉御题诗“太上皇帝”圆玺	1.61 亿元	2011 年
青花四季花卉纹石榴尊	155.71 万元	2012 年 12 月
清代和田玉观音	322 万元	2013 年 6 月
范同生和田玉籽料带皮巧	149 万元	2014 年 6 月
和田玉籽料龟鹤延年把件	201 万元	2014 年 7 月
和田玉籽料禅宗把件	143 万元	2014 年 7 月
清代和田玉梅兰竹	3 396 万元	2014 年 12 月
和田玉籽料三顾茅庐套牌	1 680 万元	2014 年 12 月
和田玉籽料福寿把	180 万元	2015 年 2 月
雍正帝御宝白玉九螭钮方玺	1.05 亿元	2015 年
和田玉籽料瓜瓞绵	280 万元	2015 年 5 月
和田玉原始籽料	1 840 万元	2015 年 7 月

资料来源：由拍卖网站搜集得到的信息整理而成。

与和田玉有所不同，大部分鸡血石的价格只是保持平缓增长，只有昌化、巴林这样的精品，价格才会迅速增长，不同品质的鸡血石，其价格变化的幅度也完全不一样，增值空间也有所不同。昌化、巴林的鸡血石品质出色，但产量较低，现在旬阳已成为鸡血石的最大产地。随着曝光度的增加，旬阳鸡血石的身价从 2011 年 5 月起一路攀升，品质较好的鸡血石价格更是涨到以前的 10 倍。

付瑞霞（2012）在《陕西旬阳上演“疯狂的石头”》一文中提到，2000 年开始，陆续有浙江商人来旬阳收购“红石头”，每斤价格通常不到百元，对于石头的用途他们并不多言，旬阳也鲜有人知。2004 年，一位姓麻的浙江昌化人花 2 万多元买走了一块“红石头”，之后雕刻成中国地图，在国外拍卖出 2 100 万元，鸡血石这才走进旬阳群众的视野。2011 年 10 月，位于旬阳县小河镇张良村的汞锑矿“44 号”矿洞出产了品相很好的鸡血石，其血色和质地可以与浙江昌化的鸡血石名品“大红袍”相媲美。消息传出，浙江、福建等地的鸡血石商人蜂拥而至，有幸得到这批优质鸡血石的矿工坐地起价，售价不时刷新，一斤成色较好的鸡血石从上千元涨至上万元，从此鸡血石价格一路水涨船高。

表 13－5 罗列了 2003 年至 2014 年较为著名的鸡血石摆件的拍卖价格，其价格和雕刻家的工艺有很大关联。有专家认为，鸡血石价格暴涨的原因主要是炒作。鸡血石的品质无法明确判断，其价格有很大一部分来源于工艺价值，许多投资者对其并不了解。另外，在传统投资渠道狭窄和通货膨胀的情况下，相当部分投资者的投资行为较为盲目。①

表 13－5　部分鸡血石雕刻品拍卖历史成交价格

拍品名称	成交价	拍卖日期
清代鸡血石方章	0.8 万元	2003 年 5 月
清代鸡血石方章	1.2 万元	2005 年 12 月
牛克思刻 昌化鸡血石雕楼阁山子	1 344 万元	2007 年 12 月
巴林鸡血石血王摆件	1 207.5 万元	2011 年 7 月 17 日
牛克思制 昌化鸡血石雕楼阁山子	5 344 万元	2012 年
昌化田黄鸡血石摆件	1 035 万元	2012 年 3 月 25 日
潘克照作 松鹤同寿昌化羊脂地大红袍鸡血石摆件	632.5 万元	2012 年 12 月 28 日
石卿刻昌化羊脂冻地鸡血石薄意随形章	897 万元	2013 年 6 月 28 日
昌化鸡血石大红袍摆件	748 万元	2014 年 12 月 28 日

资料来源：由拍卖网站搜集得到的信息整理而成。

第三节　和田玉、鸡血石的金融化逻辑

1. 标的商品特点

和田玉是玉石中的高档玉石，而且是我国国石的候选玉石之一。现今和田玉的名称在国家标准中不具备产地意义，即无论产于我国新疆、青海、辽宁等地区，还是产于俄罗斯、加拿大、韩国等国，其主要成分为透闪石即可称为和田玉，按产状分为籽料、戈壁料、山流水和山料，光泽带有很强的油脂性，给人以滋润的感觉。和田玉在我国至少有 7 000 年的悠久历史，是我国玉文化的部分主体内容，常被用作玉玺、宫廷玉器的原料，是中华民族文化宝库中的珍贵遗产和艺术瑰宝，具有极其深厚的文化

① 事实上，玉石成为商品并出现金融化的过程，也代表了其他类似商品的金融化情况，翡翠就是其他类似商品的代表之一。

底蕴。

鸡血石是辰砂条带的地开石，因鲜红色似鸡血的辰砂（朱砂）而得名。鸡血石同寿山石、青田石、巴林石并列，享有中国“四大国石”的美称，主要用作印章或工艺雕刻品材料。血量少于10%者为一般，10%～30%者为中档，30%～50%者为高档，50%～70%者为珍品，70%以上者珍贵难得，全红或六面血为极品。昌化鸡血石石质具有“细、红、润、腻、温、凝”之六德，桂林鸡血石颜色丰富，以红色为主，兼备了和田玉的白、翡翠的绿。

国内经常会有一些鉴宝的电视节目，许多玉石的价值也是通过这类节目得以大范围传播和普及。而节目邀请的专家对相关玉石的鉴定和估价等同于为这类玉石进行评级，一方面肯定了其价值，另一方面也间接对其价值进行了宣传。

2. 炒作的前后背景

和田玉在中国至少有7 000年的历史，是中国玉石文化的主体。近年来和田玉一直在稳步升值，良好的升值预期让很多人惜售，某种程度上也抬高了和田玉的价格。玉商们认为和田玉价格暴涨的主要原因是资源枯竭。“美玉出和田”，温润剔透的高品质和田玉多出自新疆维吾尔自治区玉龙喀什河。自古以来，玉龙喀什河流域就出产和田玉籽料，特别是产自中下游的和田玉籽料堪称精品。作为不可再生资源，随着需求的剧增，珍贵的和田籽玉面临资源枯竭的危险。王晓哲（2011）在《和田玉升值记》一文中提到，和田玉专家范先生在接受媒体采访时曾说，采集者最初是在河边拣拾或到河水中捞取籽料，慢慢发展到从河谷阶地的沙砾中人工挖掘籽料，前些年开始用上了大型挖掘机，在“掘地三尺”般的掠夺性挖掘后，玉龙喀什河流域中下游目前已经到了无籽料可挖的境地。玉料产量不断下降，而买家的数量在不断增加，这种供不应求的局面自然造就了和田玉价格的上涨。

据资料显示，自改革开放以来，和田玉山料的产量维持在每年250吨左右，近几年也上升到400吨左右。传闻老矿现在已经挖罄，新矿出产的玉的质量和成色远不如老矿；成色最好、最为珍贵的和田玉籽料每年仅能出产十几吨，其中尚好的白玉籽料仅有1～2吨，品质最为上乘的羊脂白玉仅有1～200千克。机械化挖掘已把和田河翻过数遍，现在几乎无玉可挖。紧接着在2006年11月，新疆当地出台限制机械开采籽料的有关政策，籽料的供应量进一步缩小。有相反的观点称，目前只对30%的昆仑山山脉进行过普查，就已经探明有6万吨的和田玉储量，而当前情况下每年和田玉的年开采量只有 600 吨，仅仅是 30%山脉所蕴含的和田玉储量已经够开采 100 多年了。但相关业内专业人士表示，尽管和田玉山料的储量惊人，许多矿藏却分布在海拔 5 000 米的雪线以上，开采难度极大。

昌化鸡血石已经有 2 000 多年的历史。近几年来，随着人们对收藏的兴趣提高，鸡血石的需求量相应变大，其价格更是水涨船高。富含工艺价值的鸡血石摆件在拍卖市场上的表现更为出色。《价格扶摇直上的鸡血石》一文提到，2012 年北京翰海秋季拍卖会上，一件“牛克思制 昌化鸡血石雕楼阁山子”以 5 344 万元成交，是目前鸡血石拍卖价格最高的作品。据拍卖市场的不完全统计，鸡血石拍卖价格千万元以上作品有 4 件，500 万元～1 000 万元作品有 3 件，100 万元～500 万元作品有 45 件。而从 2014 年至今，千万元以上的鸡血石拍品数量有 13 件。

通过《陕西旬阳上演“疯狂的石头”》一文的描述可以知道，旬阳鸡血石是近几年才被发现的，由于其软硬适中，也适合作为篆刻的材料，因此在曝光度增大后其身价从 2011 年 5 月起一路攀升，品质较好的鸡血石价格更是涨到以前的 10 倍。曾经被当作汞锑矿废料成车倒入河中的“红石头”成为各路客商和收藏家趋之若鹜的珍宝，价格持续走高。

3. 持续的时间

从 2005 年开始，和田玉开始大规模升值，达到每千克 10 万元以上。此后和田玉连续 6 年每年升值 50%以上，其中，2009 年年底到 2010 年，受金融危机的影响，年平均升值更是达到了 100%～200%的水平。2013 年左右因宏观经济下行，和田玉市场进入低迷期，但在拍卖市场的表现依然强劲，2015 年香港苏富比春拍一枚白玉宝玺还拍出了 1.05 亿港元的高价。有关专家预测，2017 年开始，和田玉市场有回暖的趋势，但消费者的投资逐渐理性，像 2005 年至 2010 年的翻番式增长应该不会再出现，原料价格增长速度趋于稳定。

旬阳鸡血石在 2011 年 5 月被发现，之后价格猛涨到 8 倍以上，且还有上涨的势头。鸡血石的整体行情很好，但也存在虚高的现象。但对于艺术品投资，雕刻的艺术家水平不同，价位和水平标准就会不一样，所以对市场价格没有明确的判断标准。

4. 结束的方式

玉石属于小众高档的消费品，其消费群体较为固定且规模不大，购买的目的多是用于收藏。但玉石本来就是稀缺的不可再生资源，不断开采下去只会面临资源枯竭的困局。玉石产量不断下降，而买家的数量在不断增加，这种供不应求的局面自然造就了名贵玉石价格的上涨。另外，玉石文化存在的历史悠久，其美好的寓意让人心生向往，也推动了玉石的稳步升值。同时，良好的升值预期让很多人惜售，某种程度上也抬高了其价格。因此从稀缺性的角度来看，玉石的升值过程一直在持续，但上涨幅度较为平缓，不再像市场狂热时期呈现翻倍式的增长。

玉石收藏品的价值一方面和原料的品质有关，另一方面还和作品的工艺水平有关，所以雕刻工艺精湛的作品或历史较为悠久的作品受到原料价格波动的影响不大，其价格多依靠拍卖来决定，也没有明确的判断标准。

5. 影响的范围

由于玉石并非生活必需品，且不像黄金等有明确的定价标准，消费者多是出于喜爱或是收藏为目的而购买，并且是在有多余资金的情况下才会购买，所以玉石的价格上涨影响范围较小，基本上集中在玉石爱好者和玉石收藏圈中，对普通消费者影响不大。

第四节　玉石金融化的内在逻辑提炼

玉石价格上涨的原因主要有以下几个方面：第一，改革开放以来，经济快速发展，玉石的价格不再仅仅由卖方人为制定，而是通过市场供求关系得到均衡价格，玉石价格的升高实际上是价值回归的过程；第二，玉石资源有限，随着开采的深入，高品质的玉石原料越来越稀有，而随着人们生活水平的提高，玉石工艺品购买者的数量却越来越多，供求不平衡导致其价格不断攀升；第三，玉石在中国拥有悠久的文化底蕴，常被用作具有收藏价值的工艺品雕刻的原料，同时玉石中蕴含多种对人体有益的微量元素，也为大众对玉石的喜爱增添了一枚砝码，其珍贵而稀有的特点容易引来炒作，造成价格的哄抬；第四，良好的升值预期让很多人惜售，某种程度上也抬高了玉石原料或工艺品的价格，而《鉴宝》等节目的播出让玉石藏品更多地走入人们的视野，曝光度的增加也推动了价格的上涨。

玉石炒作的流程可以总结为如下步骤：第一，了解玉石性质、储量等，确定炒作概念和标的，在低价时期囤积商品；第二，利用网络、电视、报纸等媒体进行宣传，或者编写、发行与收藏相关的书籍，进行概念宣传炒作，扩大知名度；第三，购买过程中采取多次小批量进货的模式，并通过媒体对进货的行为跟进宣传，制造玉石炙手可热的假象，从而推动价格上涨；第四，在其投资者跟进市场的时候，把第一步中囤积的商品出手，获得利润。在投入的费用上，一般成本在几亿元到几十亿元不等，具体情况可以归纳为以下几步：第一步费用主要是调查费、专家咨询费，为几十万元到几百万元，还有囤积货物的资金，需要几亿元到几十亿元；第二步媒体宣传的费用，为几百万元到几千万元；第三步费用一般为几亿元，需要安排多人以不同方式、多次购买，制造一种涨价的假象；第四步主要是赚钱。价格炒作的关键在于宣传要到位，且宣传要配合小额成交炒作，制造出涨价的现象，以诱惑更多人进行囤积，吸引游资"豪赌"未来的收益。当然，本章的分析对象和田玉和鸡血石炒作成分较少，更多的是自身的价值回归过程。

根据张成思等（2014）提出的商品金融化分层标准，商品金融化主要从资本密集度、市场杠杆率、资产流动性、价格波动性和过程稳定性这五个指标来界定分层情况。玉石大多珍贵稀有，价值连城，品质一般的玉石首饰或挂件已经达到数百上千元，品质较好的玉石制品更是达到数万元甚至数十万元。工艺名家雕刻的玉石摆件重量大，工艺含金量又高，其价格多在几百万元或几千万元；而同时具有历史价值的玉石工艺品，其拍卖的成交价格更是能达到上亿元。所以玉石市场资金投入量巨大，资本密集度较高，和房地产市场的特点类似。

一般来说，购买玉石原料或工艺品的都是资金实力较为雄厚的人士或商家，购买原因也多是出于喜爱或作为投资标的期望未来增值。玉石本身并不是生活必需品，和海南黄花梨等材质的红木家具一样，玉石更多的是具备观赏价值和收藏价值，几乎没有杠杆购买的现象，因此玉石市场的市场杠杆率比较低。正如前面所说，很多人购买玉石主要是出于兴趣爱好而收藏或为了投资持有等待升值，没有合适的契机和满意的价格不会卖出，而是更倾向于持有，所以这一市场的资产流动性相对较差。同时玉石的价格是在稳步攀升的，随着开采的年限越长，玉石的产量越少，高品质的玉石更将高价难求，因此从供求关系的角度来看，其价格的总体趋势会一直升高，升值稳定。综合来看，玉石属于中低层次的金融化商品。

第十四章　不一样的紫砂：紫砂壶金融化

本章概览

- 紫砂壶收藏热潮的发展
- 新时代的紫砂壶金融化
- 商品属性与投资、投机属性

本章提要

20 世纪 80 年代以来，紫砂壶收藏热从东南亚地区传至中国香港，进而输入中国内地。兼具实用价值、艺术价值与投资价值的紫砂壶深受收藏者青睐。随着资本的进入，紫砂壶的投资品属性逐渐增强，商品金融化的脚步也越走越快。

对紫砂原料进行的管控、名人名品的稀缺性以及销售者的炒作推高了紫砂壶的价格，资本的注入则造成 2010 年至 2013 年紫砂壶价格急剧上涨，一壶千金已成为常态。在藏家与投资者的追涨心理之下，市场迅速膨胀，也为当前市场中的诸多无序状况埋下了伏笔。

发展到当前的阶段，紫砂壶的商品属性在很大程度上被投资和投机属性所主导，交易行为也主要由投资和投机动机所决定。紫砂壶的商品价格已经由主要受供求影响转变成主要受投资和预期影响，市场资金环境对交易行为影响比较大。综合来看，紫砂壶正处于中等水平的商品金融化发展阶段。

第一节　紫砂壶的渊源和涅槃

紫砂壶相传由明代供春所创制，考古学家认为紫砂壶起源于明代中叶嘉靖年间（朱云峰等，2015），至今已有数百年的历史。传统的紫砂壶作品没有外在的装饰，只是通过造型和书画款识体现艺术之美，内敛而低调。而紫砂壶的造型敦庞周正、色泽质朴淡雅，泡茶时不夺茶之真香，颇和历代文人雅士的志趣。

20世纪80年代，随着亚洲“四小龙”的经济腾飞，特别是股市上涨，造就了一批财富新贵，他们开始注意到紫砂壶的收藏投资价值。那时候中国台湾经济发展快速，有“台湾钱淹脚目”的说法，大量的游资开始涌入紫砂壶市场，推动紫砂壶市场迅速膨胀，为当时过热的经济添加了一个新的注脚。据说当时一只紫砂壶只要运过台湾海峡，就有数十倍的利润。

20世纪80年代的中国大陆，虽然已经确立了要实行改革开放的政策，但实际经济仍处于计划经济制度下。由于宜兴本地能够通过正规渠道销售的紫砂壶数量较少，走私便成为人们谋求暴利的选择之一。当时大陆紫砂从业者只有几百人，产量甚至不够台湾一个市县的消费量，所以产品供不应求。于是，宜兴逐渐出现大量的乡镇企业开始生产紫砂壶，从而使得一些粗制滥造的紫砂壶充斥着台湾市场。

第一次紫砂收藏热潮奠定了顾景舟、蒋蓉等一批制壶艺人的名号，但是假冒伪劣泛滥等问题也为其衰落埋下了种子。20世纪90年代初，台湾经济形势发生变化，股市和房地产泡沫破灭，严重打击了之前野蛮生长的紫砂市场的发展，使得这次台湾的紫砂收藏热潮就此沉寂。

20世纪90年代中后期，台湾的紫砂收藏市场开始调整，而大陆的紫砂壶交易则逐渐活跃起来。由于工厂式大批量的生产方式与艺术品创作的规律不相符，因此出现了越来越多的艺术家工作室或家庭作坊。蓬勃发展的工作室和越来越多的制壶人的加入为紫砂壶市场提供了源源不断的藏品。供给增加的同时，成交的平台也发展起来。1994年，中国嘉德率先在国内拍卖紫砂壶艺术品，此后，翰海、朵云轩、北京保利、西泠等拍卖公司也陆续进入这一领域，这表明紫砂壶的价值逐渐受到了国内藏家的广泛认可。

进入21世纪，中国在加入世界贸易组织（WTO）后开始参与国际竞争，顺应了经济全球化的发展浪潮，经济保持长期的高速增长，成为全球关注的世界经济增长新引擎。在这一时期，居民的可支配收入大幅上升，对紫砂壶的消费需求和投资需求开始高涨起来。另外，由于台湾市场在前期的拐点后一蹶不振，而大陆的收藏队伍逐渐壮大，因此出现了20世纪80～90年代流入台湾的紫砂壶返销内地的现象，圈内称之为“回流壶”，回流壶的供给客观上也增加了大陆紫砂壶市场的深度和容量。

数量的增加为市场的发展提供了重要的基础，在这一时期，参与紫砂拍卖的艺术品拍卖公司数量激增，至 2013 年达到 13 家，从侧面可以管窥紫砂壶市场的发展与繁盛。在这段时间内，除主要拍品清代紫砂器外，民国时期和当代藏品也开始崭露头角。2007 年，无论是清朝还是近现代作品，只要质量较高，价格都超过每个 10 万元。2010 年之后，拍卖市场更是高价频出，当前紫砂壶拍卖纪录中的前 10 名单均为 2011 年至 2015 年创下的。2015 年 11 月，巨力集团执行总裁杨子豪掷 9 200 万元拍下紫砂壶大师顾景舟的“松鼠葡萄十头套组茶具”，创下了中国紫砂壶拍卖价格的纪录并保持至今。顾景舟大师的作品也成为紫砂壶的头号藏品，动辄数千万元的价格，相比于 20 世纪 90 年代时期的作品已经上涨了几十倍有余。

而最近几年，国际经济形势不确定性仍然存在，中国经济面临增长速度换档期、结构调整阵痛期和前期刺激政策消化期叠加的态势（张成思和张步昙，2016），增长较前一时期出现了一定程度的下降，因此对紫砂壶的需求也产生了显著的影响。另外，2008 年之后疯狂的市场也招致了令人瞠目结舌的市场乱象，如假冒伪劣泛滥、代工问题频发等，严重影响了市场的正常运行（鸿志，2010）。

紫砂壶行业在改革开放初期从业人员尚不足千人，发展到如今已经有了数万人的规模。但是事实上，据宜兴陶瓷行业协会会长史俊棠介绍，当前行业内仅有大师十余人、高级工艺师百余人、工艺师 200 多人、助理工艺师 800 人左右、技术员千余人，拥有技术职称的从业人员不过 2 000 多人，行业内部鱼龙混杂的状况可见一斑。因此，紫砂壶市场从 2014 年开始进入深度调整期，市场中理性的声音越来越多，这也为行业的健康长远发展提供了一个宝贵的修复契机。

同时，在中国全力跨越中等收入陷阱的大背景下，消费升级成为又一个风口，文化产业也被国家列入发展规划。与此同时，艺术品市场与互联网平台、金融业等结合的相关新概念、新平台、新模式层出不穷。2015 年 6 月，A 股上市公司中超电缆发布公告称，旗下控股子公司中超利永以 1.04 亿元收购 28 把顾景舟紫砂壶，大批量收购紫砂壶在业内尚属首次，引来了深圳证券交易所（简称深交所）的质询函。其后，中超利永又宣布 2015 年起将累计投资不超过 50 亿元用于“利永紫砂全产业链建设项目”，将“新文化产业”作为公司的另一项发展重点，重构中国传统紫砂产业链，实现以紫砂为代表的全新的“文化＋互联网＋金融”的闭环生态圈。而在此前，中超利永曾增资扩股，包括众安财险法人欧亚平等投资界名人，吕尧臣、谭泉海、顾绍培等数十位在紫砂壶收藏、拍卖界颇有名号的制壶大师皆成为其参股股东以及签约人。虽然资本在紫砂壶市场的运作方式还有待观察，但毫无疑问，以中超利永为代表的资本力量仍将继续以更加深入的方式参与紫砂壶市场中。

值得注意的是，紫砂壶金融化过程的发展还得益于一个紧密相关的文化产业，即中国的饮茶文化（关于茶品金融化的内容，本书第十七章有详尽阐述），从这一角度来说，紫砂壶的商品金融化过程也暗示了本书后面章节所阐释的茶品金融化的发展。因为饮茶文化包含的诸多环节中，茶品泡制的容器选择是非常重要的一环，而随着饮茶文化的日益普及，越来越多的人关注到紫砂壶在泡茶环节的使用。与此相呼应，紫砂壶泡茶的好处与讲究则是被编纂成文，广为流传。例如，网络微众圈有短文描述："砂文化，源远流长。遥想东坡当年，一壶好茶，三五好友，坐而论道，对墨挥毫，文人的雅致生活被发挥得淋漓尽致。而今，生活在物质社会的现代人，更需要这种境界的回归。而这种回归，也许就是从一杯茶、一把壶开始。"显然，这种对紫砂壶溢于言表的赞誉之词，暗示出紫砂壶的市场价值。同时，还有更多资料从紫砂壶泡茶的性能优势进行赞誉：泡茶不失原味，色香味皆蕴，能使茶叶越发醇郁芳沁；长期使用的紫砂茶壶，即使不放茶，只倒入开水，仍茶香诱人，这是一般茶具所做不到的。紫砂壶泡茶能保持茶叶中芳香油遇热挥发而形成馨香，提高茶汤的晚期酸度，起到收敛和杀菌作用。故能稍微延缓茶水的霉败变馊（已然上升到药用价值了）。另外，紫砂壶泡茶保温时间长，提携抚握不易炙手，冷热急变性好，紫砂壶的泥色与茶叶颜色可以融为一体，而且使用时间越长，器身越光亮等不一而足。

在此基础上，还有很多资料对紫砂壶的艺术韵味加以渲染。例如，紫砂壶造型形式丰富多变，耐人寻味，或奔放大度，令人心旷神怡，加之镌刻于壶体表面寓意深远的题诗赋画，更增添了浓郁的书卷气，而紫砂壶的审美特征就是文化因素。紫砂壶还可以将书法、篆刻、绘画集于一体，表现在紫砂壶上则是集中了中国文化精粹（如图 14-1 中的长物志图说在各种资料中随处可见），紫砂壶的造型艺术将许多中国文化的精髓统一在一起，构成了极其高雅的文化艺术气质。

再进一步，就是更加直接地对紫砂壶价值的宣传了。例如，各种文章资料这样介绍紫砂壶的价值："好的作品，首先是艺术品，具有很高的收藏和投资价值……兼具这两项的紫砂壶才具有收藏价值。就近两年的市场表现来看，具有高级工艺美术师以上专业职称作者的作品价格走势最好，普遍以每年 20%～40%的幅度攀升……好的紫砂作品，是绝对值得收藏的，在您赏心悦目的使用过程中，从价值上来说它也是越来越‘贵’的”。至此，读者已然被紫砂壶的“投资价值”所吸引，为紫砂壶金融化过程的开始铺垫了足够的基础。

紫砂是一种双重气孔结构的材质，气孔微细，密度高，据陶公司对各陶土的性能测定，发现紫砂泥的气孔率高达10%以上，因而紫砂壶透气性非常好，泡茶不失原味、香不散，得茶之真味，还常有“暑月夜宿不馊”之说。此外，紫砂含铁量高，具有养生保健的功能。

《长物志》说它“既不夺香，又无熟汤气”，壶壁吸附茶气，在日久使用的空壶中注入沸水也有茶香。

有益健康
紫砂含铁量高，且有很多微量元素，喝茶有益健康。

充分释放茶叶
紫砂气孔密集，能与空气产生对流，充分释放茶叶成分。

静心养神
把玩紫砂壶是在培养一种心态，渐入茶禅一味的境界。

图 14－1　长物志图说

第二节　紫砂壶金融化的市场各方分析

从艺术品市场的构成来看，主要由买方、卖方、中介机构和服务机构组成。而买方和卖方分别为藏家和投资人，他们的买入卖出受到藏品结构调整、市场预期变化等多种因素的共同影响。中介机构一般只负责撮合交易并收取交易佣金，在紫砂壶市场中，以拍卖行为主的机构参与者主要扮演此类角色。狭义的服务机构则是指为市场中其他各方提供其他服务的机构，如价值评估、真伪鉴定、安全存管等。广义的服务机构则包含中介和狭义的服务机构。因此可以说，紫砂壶市场主要是由投资人、藏家及服务机构构成，而资本的介入也主要来自这三个方面。

对于投资人来说，20 年数百倍的价格上涨幅度充分证明了紫砂壶的升值潜力，高收益率吸引了更多且更雄厚的资本参与进来，从而助长了拍品价格的上扬。对于藏家而言，近些年紫砂壶受到热捧，其价格扶摇直上，因此藏家希望能够尽早下手以竞得藏品，否则日后价格将高不可攀。他们的积极参与推高了紫砂壶的市场价格。同时，越来越多的机构也开始接受紫砂壶等收藏品作为抵押品，其资本属性越来越强，流动性在一定程度上得到了提高，也会提高藏家与投资人的购买动力。

然而，对于服务机构（如拍卖行）而言，拍卖行的收入按拍品的成交价为基础收取拍卖费用，前述顾景舟的“松鼠葡萄十头套组茶具”成交时支付的手续费就高达240万元，这就鼓励了拍卖行参与炒作包装以推高成交价。另外，拍卖行也越来越多参与融资质押活动，抵押品的市场价更是关系到放款的风险水平，因而也就更不愿看到藏品价格的下行了。近年来，服务机构在艺术品金融化的关键环节越发完善，形成了艺术品确权、艺术品鉴定、艺术品评估、艺术品托管、艺术品交易等完备的服务链条，有力地支撑了艺术品的金融化过程。与此同时，艺术品金融的发展模式也在探索中前进，当前已经出现了艺术品典当、艺术品信托、艺术品基金、艺术品保险、艺术品证券化、艺术品质押融资等新兴的业态。

上述过程是交织循环、互相渗透的——更高的价格吸引了更多的投资者、藏家、机构进入紫砂壶市场，产生了更多的业态和更长的生态链，而这些反过来又助长了价格上升。这一过程非常符合经济学中的乘数加速数模型，即投资构成需求的一部分，最终使得投资和需求互相震荡、螺旋上升，直到某一临界值后市场开始逐渐恢复理性。随着价格一路走高，紫砂壶的消费需求逐渐淡化，而投资需求慢慢主导了交易过程，这使得该商品具备了越来越多的金融品属性，这一过程即商品金融化。

第三节　紫砂壶的金融化逻辑

1. 标的商品特点

紫砂壶质地朴拙，与茶、禅一味，壶具有着不俗的雅韵。实用性和艺术性一起使紫砂壶成为经久不衰的热门藏品。一只紫砂壶的价格主要是看泥、型、工、款、功五个方面（王婷，2012）。

泥料是陶制品的基础，紫砂壶的泥料自然更加讲究，一般取用宜兴丁蜀镇特有的紫砂泥矿土，又称“五色土”。而即便是都取自宜兴，不同的紫砂泥矿土成本也差别巨大。便宜的紫砂泥1千克才几十元，而锤炼好的优质紫砂泥1千克要几千元，而顶级资源“赵庄老朱泥”据传已几乎绝迹。资源的稀缺为资本炒作提供了一个非常好的噱头。

紫砂壶的造型与工艺、款识、功能一起，构成了每个壶具的独特艺术性，而这主要依赖于制作艺人的名气、审美趣味、构思和技艺。艺术性反映个人偏好的美学感受，同时也受社会文化心理的影响，使得资本很容易对藏品进行包装推广。尤其是制壶名家与书画名家联手完成的作品，具有较高的艺术价值，历来备受市场青睐，也是近年来价格上涨最快、价格水平最高的紫砂壶藏品。

制作者的名气在紫砂壶的定价中影响最大。当前我国紫砂壶制作艺人按国家职称分类有工艺美术员、助理工艺师、工艺美术师、高级工艺美术师和研究员级高级工艺美术师五类，不同职称的制作人作品对应的价格相差巨大。被授予大师的荣誉称号的当代艺人顾景舟的作品动辄数千万元，而普通艺人的作品只在千元左右。尤其是新生代艺人还未走向台前，炒作名家的作品就成了资本增值的快速通道，强化了紫砂壶的金融化特点。

紫砂壶是一种集合了实用性与艺术性的商品，因而具备与普通商品相同的消费需求。这种对紫砂壶的消费需求分为两个层次：一个层次是对器具实用性的消费，大多数的紫砂壶都可以满足这种诉求；另一个层次是对美学的感受，这来源于紫砂壶的艺术属性，名家名品能够更好地满足这方面的需求。而与普通商品不同的是，收藏品天然地具有投资需求，这是由其稀缺性决定的。进入 21 世纪以来，在较为宽松的货币环境、投资标的紧缺以及社会的从众心理的共同影响下，游资的炒作对紫砂壶收藏市场的影响极为明显。

2. 炒作的前后背景

紫砂壶的炒作古已有之。据明末崇祯年间文人周高起记载：“至名手所作，一壶重不数两，价每一二十金。”一只名家所制紫砂壶竟值黄金十两至二十两，按当前的金价计算已经高达 130 万元，仅与 2010 年明代艺人时大彬最高 1 344 万元的拍品相差一个数量级。虽然古人常夸大其词，但仍可体现紫砂壶在藏家心目中的地位。如前所述，紫砂壶的价值主要是由原料、款型、做工、作者名头等方面决定的，而这也是紫砂壶被持续炒作的热点所在。

2005 年宜兴市政府出台禁采令（鸿志，2014），对紫砂泥开采实行保护措施。市场上纷纷流传紫砂开采矿洞已封、紫砂泥资源枯竭、老泥极为罕见等消息，一时间人心惶惶，卖家也开始打着正宗紫砂老泥的旗号抬高身价。但实际上政府出台限令时留出了两年的缓冲期，很多工厂、作坊和制陶艺人都储存了大量的紫砂泥，而且后来宜兴市已经恢复了紫砂泥的有序开采，却仍未消除市场上的流言。

名人名品的稀缺也助长了屡创新高的拍卖价格。改革开放初期扬名的几位制壶大师的作品到现在依然是最受市场青睐的藏品，而这批艺人年岁渐长，有些已经离世，作品的数量几乎无法增长，自然引得投机炒作层出不穷。同时，市场上也出现了个别艺人与经销商的联合炒作（鸿志，

2014)，即号称某位艺人技艺高超、作品稀少且不对外出售，引得投机者提高报价竞拍，最终成交后艺人与经销商合作分成。另外，有些艺人出名之后，个人不再终日做壶，而是找一些技艺较高但没有什么名气的普通工匠代工，只需要在最后落上个人的款识，就可以堂而皇之地高价售出。代工现象频出，打乱了市场的定价规律，使得到鉴定的正品价格越来越高。

很多人片面地认为手工壶比模具壶价值更高，因为手工壶产量低，人的创造性的要素比例更高。这导致现在市场上刻意强调纯手工紫砂壶，价格要比模具壶高出很多倍。很多制壶艺人为了强调自己是纯手工制作的，刻意在接缝处留下明显的痕迹，或者壶身故意制作得不很规整，反而影响了壶具本身的美学观感。

另外，最近几年艺术品金融发展方兴未艾，艺术品开始作为抵押品进行融资活动，这在客观上导致了虚高的投标出价。世界著名的拍卖公司苏富比就为客户提供艺术品质押贷款服务，其提供的贷款利率通常比银行优惠贷款利率高2%至3%，质押贷款额度则为50万美元至1亿美元。目前国内也有一些银行与拍卖公司或艺术品经营机构合作，提供艺术品拍卖成交付款的贷款业务。

由于艺术品专业门槛较高、国内市场信用缺失，银行无从判别艺术品的价值，所以除了要求将艺术品质押并按照估值发放一定折扣的贷款外，一般还要求拍卖公司为贷款提供担保。拍卖行与金融机构的介入增加了艺术品市场的道德风险，因为这些机构更有动力去撮合比估值更高的交易，以降低自身贷款或担保的违约风险。

3. 持续的时间

紫砂壶市场与其他品种的艺术品拍卖市场的发展非常类似。从20年前的几万元，到10年前的几百万元，再至如今上千万元的成交价，紫砂壶藏品价格在拍卖市场演绎了“垂直上升”的过程。中国市场紫砂壶价格上升而逐渐具有资本品属性这一过程经历了以下几个阶段。

(1) 平稳上升阶段（1990～2009年）。

由于中国经济一直保持较高的发展速度，居民的生活水平提高很快。随着居民的收入水平和消费水平的提高，居民消费结构也逐步发生改变，对于紫砂壶等高端消费品的需求明显提升。需求的逐步上涨和精品紫砂壶供给的相对短缺，使得紫砂壶的收藏价格在这段时间内一直保持着上升的趋势，但表现较为理性，市场因素是紫砂壶价格上涨的主导因素。

(2) 快速上涨阶段（2010～2013年）。

在这段时间内，顾景舟、程寿珍、蒋蓉等名家作品迭创新高（姚志源，2012；马学东，2016；中拍协艺委会，2016)，拍卖价格一飞冲天，由高级工艺美术师制作的紫砂壶价格则普遍以每年 30%至 50%的幅度攀升（曹奇敏，2012）。当代制壶泰斗顾景舟的普通石瓢壶在 2009 年的价格为 300 万元，到 2010 年时竟然已经拍出了 2 875 万元的天价。这一阶段主要是由于在资金流动性过剩及房地产、股市等资金撤出的影响下，部分“热钱”涌入艺术品市场所致。这一阶段不只紫砂壶市场呈现了前所未有的繁荣景象，其他品类的艺术品市场也均繁荣。受成交记录的鼓舞，一些深藏待沽的精品也纷纷入市，客观上也拉高了成交价格。这一阶段紫砂壶市场明显地受到资本轮动的影响，正常的供求关系让步于投资投机，资金主导的商品金融化进程愈演愈烈。

从图 14 - 2 中描绘的全国艺术品拍卖市场拍卖会数量在 2011 年至 2015 年的变化情况来看，2013 年是全国艺术品交易活跃的高点。

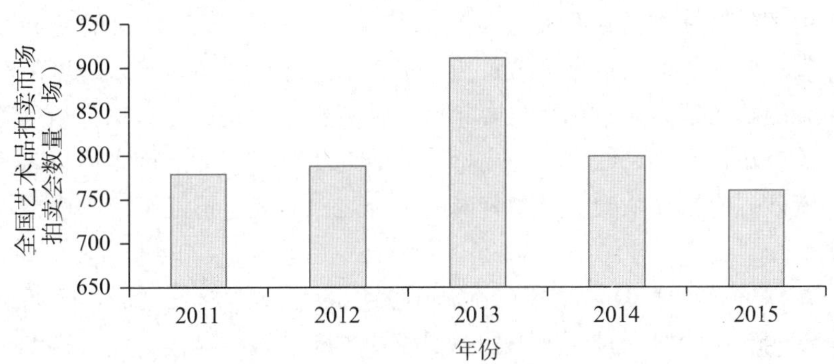

图 14 - 2 全国艺术品拍卖市场拍卖会数量

资料来源：万得数据库。

（3）高位平稳阶段（2014～2017 年）。

这一阶段紫砂壶的市场价格已处于高位，投机的风险开始显现。同时，受宏观经济形势及中央强力反腐的影响，紫砂壶的部分消费需求受到抑制，价格与成交量都在一定程度上出现波动。另外，市场狂热期的非理性炒作使得市场乱象频出，也降低了投资者的信心。因此紫砂壶市场热度有所下降，投资者开始逐渐趋于理性。市场也出现了分化，对比较稀缺的精品紫砂壶的需求仍然存在，价格继续创出新高；对于具有大师称号的普通壶来说，有价无市的情况更多，价格虽然得到一定程度的支撑，但是成交量非常少；而普通工艺美术师的作品已经难以再现快速上涨阶段的涨幅了。在这一阶段，大部分的壶价格都在 1 000 元～1 万元，这部分壶由于既可以满足个人的实用性需求，又具有一定程度的升值潜力，因此销售量最大。

紫砂壶市场与其他艺术品市场一样，与资本关系密切。除了在个别时段受到资本轮动的影响之外，商品金融化的过程一直都未中断。近些年因为受“资产荒”的影响，金融服务开始逐渐细化以追求肥尾收益，分工细化使得艺术品市场出现了众多新兴业态，产业链不断被拉长，资本越来越深入地参与紫砂壶等艺术品市场中。

4. 结束的方式

台湾股市从 1990 年 2 月 12 日的 12 682 点一路狂跌至 1990 年 10 月 1 日的2 485 点，此前供不应求的紫砂壶市场瞬间发生急剧翻转，动辄数万元至数十万元新台币的高价紫砂壶无人接手，台湾紫砂壶收藏市场突然停滞，脱离实际应有价值的紫砂壶价格终于因此开始下跌，进入长达 15 年的盘整低迷期。实际上，台湾的紫砂壶虽然交易活跃，但是需求量并不大。由于名贵紫砂的制作量比较小，市场上流传的多为普通的紫砂壶产品，仅有使用价值而没有收藏价值。资本消退之后，市场出现急剧下跌也就不难理解。紫砂壶市场崩盘半年后，台湾各地的紫砂壶商家欠债跑路有之，关门转行有之，数十万的高价紫砂壶突然乏人问津，许多出自名家之手的紫砂壶价格也跌到不及高峰时的十分之一，终于形成了紫砂壶市场的谷底。

2013 年之后，中国经济在持续了多年的超高速增长之后，开始进入一个新的发展阶段，长期以来的发展模式越来越难以继续，增长速度也出现了一定程度的下滑。同时，金融危机之后中国的刺激政策产生了较大的次生问题，相对的银根紧缩也回收了市场上的一部分流动性，市场上的存量轮动资本开始减少。另外，前期市场中出现了代工问题、化工壶、假冒回流壶等问题，说明市场需要时间进行自我修复。一度火爆的紫砂壶市场从 2014 年开始遇冷。

对于大陆的紫砂壶市场来说，2014 年之后的遇冷不同于台湾于 20 世纪 90 年代价格骤然的崩盘。从资产价格走势来看，价格高位盘整说明其在当前的价格水平下能够得到有效支撑，因此其价格上涨的趋势并未结束，而是将会继续保持高位。从基本面来看，“资产荒”的局面短期内还无法破局，充裕的流动性使得资本仍然会在股市、房地产、玉石珠宝、紫砂壶、冬虫夏草等领域轮动，资金不会离场，反而准备着随时进场。

5. 影响的范围

紫砂壶金融化在地区上的影响范围主要集中在京津冀、长三角、珠三角地区和福建等沿海地区的大城市。京津冀地区经济实力一直处于全国前列，文玩市场在这一地区非常发达，著名的大栅栏更是享誉海内外。其中，北京是北京保利、北京匡时等交易平台的所在地，其为紫砂壶市场提供了大量的资本，是紫砂壶金融化影响最大的地区之一。而宜兴本身就坐落于长三角，近水楼台，更容易获取好的作品，而且该地区民营经济非常活跃，充裕的资金与投资意愿为该地区发达的紫砂壶收藏市场也提供了保证。珠三角与福建沿海地区则受港台地区影响较大，紫砂壶收藏热潮也最先传导至这一地区，同时福建与岭南地区的茶文化也驱动了当地人民对于紫砂壶消费量的提升。

紫砂壶金融化在人群中的影响范围主要为行业从业人员与资本持有者。行业从业人员从 20 世纪 80 年代的不足千人发展到如今的 20 余万人，紫砂壶金融化吸引了越来越多的人参与这个行业中。艺术品市场的资本持有者分为三类：第一类为投资人，他们投入资本的目的很明确，就是获取拍品，作为投资升值的投资品；第二类为消费者，即藏家，此类资本竞买的目的是用于收藏、欣赏或展览等精神消费，兼顾保值、增值的目的；第三类为机构，机构一般作为中介，为投资人或消费者提供金融及其他专业服务。这三类资本持有者有时边界比较模糊，或者兼而有之，实际上也涵盖了艺术品市场中所有的参与者。由此可见，紫砂壶商品金融化的过程将影响整个行业的资金配置情况。

从行业来讲，紫砂壶商品的金融化也产生了外溢效应。如前所述，近年来资本深度介入紫砂壶市场，催生了多种新的业态和平台，市场的供应链被大大拉长，这客观上促进了其他文玩市场的发展壮大。而互联网与金融、紫砂壶的结合也给市场带来了更多的想象空间，艺术品电商迅速崛起，对紫砂市场也产生了深远影响。据统计，2016 年低端紫砂壶网络年成交额达 30 亿元。仅 2016 年 11 月 11 日当天，宜兴紫砂壶网络成交量就接近 2 亿元，网络销售给实体店铺带来了巨大冲击。

第四节　紫砂壶金融化的内在逻辑提炼

虽然紫砂壶与其他消费品相比天然具备投资需求，但 2010 年之前紫砂壶的市场模式一直以消费需求为主导。在这一阶段中，紫砂壶购买群体范围较小，价格主要由供求关系决定，没有大规模、统一的市场，且市场参与者较少。同时，市场规模较小，导致其容易受到资本操纵。而随着资本的参与和价格的持续走高，商品的实体属性开始逐渐发生变化，交易变得活跃起来，越来越多的服务机构也开始进入紫砂壶的销售拍卖过程中，少量资金已经难以形成对此类商品市场的控制。

而发展到当前的阶段，紫砂壶商品的实体属性仍然存在，但是消费功能已不明显，该商品的属性在很大程度上被投资和投机属性所主导，交易行为也主要由投资和投机动机所决定。在当前阶段，紫砂壶商品价格已经由主要受供求影响转变为主要受投资和预期影响，市场资金环境对交易行为影响比较大，价格走势也表现出与股市和债市等金融市场较为一致的波动规律。市场宽松时价格大幅上扬，资金紧张时价格加速下跌。这些特征均表明当前的紫砂壶市场处于金融化程度较高的阶段。

考察商品金融化程度常用指标分别为资本密集度、市场杠杆率、资本流动性、价格波动性和过程稳定性（张成思等，2014），根据这一定义，可将房地产等归为高等金融化层次，将大豆、棉花、白糖和高级茶叶等归为中等金融化层次，将葱、姜、蒜等消费品归为低等金融化层次。虽然无法取得紫砂壶的历史数据，但是通过上述分析可知，紫砂壶市场的资本密集度与市场杠杆率较高，资本流动性低，而价格波动较大，投资品的属性又使得这个过程比较稳定。因此，可以认为紫砂壶实现了中等水平的金融化过程。

第十五章　木中之王：红木金融化

本章概览

- 红木市场的投机炒作
- 红木市场价格泡沫形成的一般规律
- 传统名贵红木的商品金融化

本章提要

紫檀木等红木金融化过程主要是资本品向金融产品过渡的过程，投资和投机需求占主导，市场资金的活跃程度是决定商品价格的主要因素。相较其他普通商品而言，具有资本品属性的商品金融化特征更为明显。小叶紫檀和海南黄花梨自古受到皇家推崇，不仅作为家具使用，更被赋予了深厚的文化意义。但诸多历史和现实因素使得这两者存世量日渐减少，收藏价值也逐渐为社会认可，供求缺口加之“热钱”、游资的炒作使得价格在短时间内迅速大幅上升。尽管后期经历了泡沫破灭、价格下跌，但这两者的价格形成机制已不同于普通商品的定价机制。在对小叶紫檀和海南黄花梨家具制品的两轮价格波动的分析的基础上，结合已有文献中对商品金融化的定义和层次划分标准，本章认为小叶紫檀仅符合商品金融化的第一层含义，尚未达到稳定状态，但具备实现商品金融化的潜力。海南黄花梨则基本实现了商品金融化，其价格决定因素在受到原有供求关系影响外更多地取决于市场资金状况，且价格形成机制和交易机制都较为稳定，但其资本密集度、市场杠杆率较低，资产流动性不高，影响范围较小，故将其划分为中低层级的商品金融化。

第一节　红木金融化的文化经济背景

首先，从文化氛围的形成来看，近年来国内鉴宝收藏类电视节目数量增多，吸引了社会公众对于艺术收藏品的关注，使公众对海南黄花梨、小叶紫檀等家具制品的认识更加深入。其次，拍卖公司在经历了早期同质化的发展后，开始根据各拍卖行自身的实际情况探索差异化的特色拍卖模式，例如中国嘉德曾在 2010 年推出“简约隽永——明式黄花梨家居精品”专场，为收藏家们提供了更好的平台以了解黄花梨家具。最后，收藏家开始逐渐形成对某一门类或某几门类的针对性收藏体系，部分收藏家便专注于高端名贵红木家具。不论是海南黄花梨还是小叶紫檀，其成材以百年甚至千年计，而喜爱且有能力收藏的群体规模在日渐扩大，供求不对称程度的上升为价格上涨及炒作营造了必要的氛围。

从经济整体运行状况来看，大宗商品作为规避股市及信贷市场波动风险、对冲通货膨胀和货币贬值的重要手段，自 2002 年开始价格持续上涨，刘翔峰（2008）从大宗商品价格趋势的变动及金融产品的实物化特征角度进行了研究，认为大宗商品的金融属性日渐凸显。而我国大宗商品价格波动受全球市场影响明显，朱险锋（2007）指出 2006 年我国主要大宗商品的进出口价格多数上涨，进而带动国内价格水平的上升。加之投机炒作因素的介入，以茶品为代表的商品价格迅速攀升。商品市场与金融资本市场的价格变动趋势基本一致，从金融市场的基本运行状况来看，货币市场成交活跃，债券市场发行量猛增，股市量价同涨，黄金市场成交量稳步增加，期货市场交易活跃。金融产品价格在这一时段的飞速上涨也为小叶紫檀和海南黄花梨的身价抬升营造了有利的市场环境。

从行业当前发展水平来看，由于整个行业缺乏严格的价格监管和质量标准，加之红木家具制品专业性强，价格变动区间大，工艺材质的不同可能会导致价格相差数倍，所以红木行业不存在具体的价格参考标准，主要由商家自主定价。尽管我国于 2008 年出台了《中国深色名贵硬木家具标准》，但红木市场的产销混乱状况并未得到明显改观。此外大部分消费者的红木知识较为匮乏，对价格水平也缺乏准确估计，这种信息不对称为商家进一步炒作概念、抬升价格提供了可能性。

第二节　红木金融化的来龙去脉

近年来消费者和收藏家对红木家具的热情日渐高涨，海南黄花梨、小叶紫檀等是受追捧的主要目标。这一轮收藏热潮形成的主要原因可以归纳为以下几点：第一，此前红木家具的价格大多被低估，其中黄花梨，尤其是海南黄花梨家具制品被低估的程度最高；第二，古董收藏的发展使得越来越多的藏家开始青睐富有文化底蕴的古典家具；第三，随着藏家拥有的精品字画和瓷器等艺术品数量的增加，越发需要与之相配的古典家具进行陈设，而红木自身的特性及其文化价值使之成为首选。但以上仅是推动红木家具在合理范围内正常升值的因素，真正促使红木家具价格在短时间内达到数十倍水平的是投机资金的涌入。

小叶紫檀和海南黄花梨主要经历了两轮价格波动周期，第一次是2006年到2008年上半年，小叶紫檀价格大起大落，海南黄花梨价格上涨较为稳定，下跌幅度较小。第二次价格升势始于2010年，小叶紫檀和海南黄花梨的价格增幅明显，市场预期较为稳定。

红木市场价格泡沫形成一般规律见图15-1。最初是拥有一定量资金的小批职业炒家进入某一资源独占性领域囤积高质量商品，之后长时间包装概念，热炒商品的稀缺性和收藏价值，抬高消费者的心理价格预期，从而推动整个行业的超常发展。在市场热度提高以后，投资者向红木产地缴纳一定的保证金后成为所在区域的经销商，随后各级经销商联手垄断市场，进而抬升红木家具制品的价格。

一级经销商利用自身的垄断权囤积70%左右的红木，仅拿出30%的产品通过“价格联盟”的形式进行跨区域抬价，在价格拉升至原始购买价的5～6倍时出手给二级经销商，二级经销商则再次抬价直至达到自身满意的价位时才会让给三级经销商。三级经销商再次提高价格，最终市场上的红木家具价格可能会涨至最初购买价格的数十倍。此外还有一些更为极端的炒作方式，一些红木家具商推出了直接用黄金回购红木家具的办法，经销商将1 000克、500克、200克、100克等不等的金条摆放在现场来换稀缺木料，无形中将红木等价于黄金的理念传递给消费者。

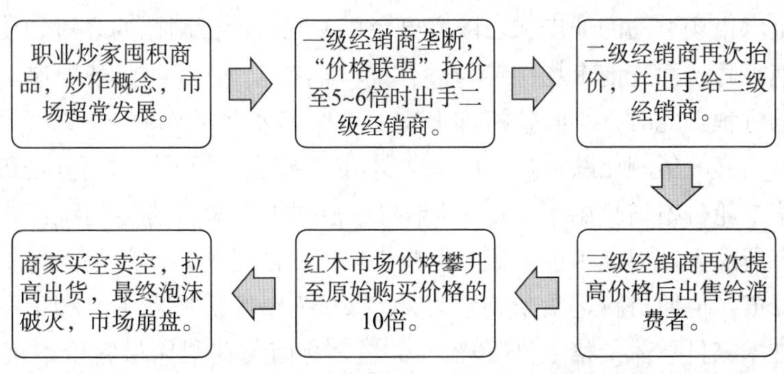

图15-1　红木市场价格泡沫形成一般规律

资料来源：作者根据资料整理而得。

最终，随着家具价格的飞速上涨，商家开始买空原材，拉高出货。市场中的参与者也日趋复杂，成本与价格的巨大价差吸引大量“热钱”、游资进入这一市场，而这些资金也为部分参与者通过杠杆筹集更大规模资金投入炒作提供了可能，原材料价格一再被拉高，价格泡沫也逐渐积聚，当购买数量难以支撑市场预期时，部分商家开始惊慌抛售，短时间内原材料价格迅速降低，许多炒家资金链断裂，进一步加速价格下跌，最终导致红木市场动荡。

对近年来小叶紫檀和海南黄花梨的价格波动过程而言，小叶紫檀的价格波动受外界因素影响明显，原因在于小叶紫檀主要依赖进口，进出口受限等政策的出台是价格上涨的起因，随后炒家和商家的联手则是短时间迅速且大幅拉高价格的主要动力，同一品质的小叶紫檀在 2006 年的价格大约为每吨 15 万元，2007 年年底升至每吨 75 万元。

海南黄花梨的炒作可以追溯至 2003 年，少数北京、上海（简称京沪）地区的买家到海南大规模囤积海南黄花梨原材料；2005 年年初市场上开始充斥“投资论”、“收藏论”及“原材稀缺论”等。尽管这些说法都有其客观合理性，但投机者夸大了收藏价值和增值幅度，使得海南黄花梨的价格大幅攀升。海南黄花梨在 2004 年的价格大约为每吨 6 万元，2005 年变为每吨 12 万元，2006 年再涨至每吨 80 万元，2007 年飙升至约每吨 300 万元，市场中出现“天价”黄花梨的说法。

2008 年年初，央视一档关于红木炒作的访谈节目指出海南黄花梨及小叶紫檀之前价格的迅速上涨主要是由部分炒家和商家的恶意炒作及囤积所致，二者尽管稀缺但民间仍有存量，远未达到商家宣称的紧缺程度。这档节目成为小叶紫檀及海南黄花梨价格下跌的导火索，加之 2007 年美国次贷危机引发的全球金融危机的影响在 2008 年全部显现，宏观经济环境、世界金融市场波动的冲击加之国家出台相关红木价格调控的政策，使得价格迅速下降，而先前市场中参与炒作的“热钱”、游资的撤场加速了价格下跌的进程。此时，小叶紫檀和海南黄花梨基本都回归到 2006 年的价格水平，与高峰值相比跌幅达 40%，红木市场被动进行了一次行业洗牌。

第二轮价格增长始于 2010 年年初，根据中国家具协会的统计，炒作行为有所减少，但红木价格依然保持小幅稳定的增长，尽管成品售价尚未达到峰值，但原材料进货价格已经超过 2007 年的价格水平。2010～2011 年，红木家具总体价格上涨 50%～60%，海南黄花梨原材料价格从 2010 年的每吨 1 200 万元涨至每吨 1 600 万元。针对本轮的价格升势，业内人士认为游资炒作的成分较低，经历过上一轮的价格波动后，游资更为谨慎，而原材料供应量下降及人工成本的上升是此轮价格上涨的主要推动力，市场预期这一轮小叶紫檀及海南黄花梨价格增长将较为稳定且持续。

第三节　红木的金融化逻辑

1. 标的商品特点

黄花梨，历史上曾被称为“花榈”“榈木”“花梨”“海南檀”“降香檀”“降香黄檀”等，因成材缓慢、木质坚硬、纹理独特，始终位列五大名木之一。《本草纲目》中记载：拌和诸香，感引鹤降，与人体长期接触辟天行时气，辟斜恶气，可换气除病痛，延年益寿。但如今对黄花梨价值的推崇更多地体现在家具制造方面。黄花梨木色金黄而温润，心材颜色多呈现红褐色或深褐色，且木性稳定，不论寒暑都不变形、不开裂、不弯曲且具备一定的韧性，被公认为制作家具的良材。陈藏器在《本草拾遗》中提及：花榈出安南及海南，用作床几，似紫檀而色赤，性坚好。《中国树木志》中也有记载，野生的海南黄花梨主要产于海南除万宁、陵水、五指山市以外的各市县，其中白沙、东方、昌江、乐东、三亚和海口为主要产区，通常生于海拔高度 350 米以下的坡地。

黄花梨家具自明代开始流行，经文人、士大夫参与设计和能工巧匠的技艺雕琢，以洗练明快的造型特点和深厚的文化底蕴备受推崇，其无可替代的外观和品质，也投合了当时政治、经济、文化环境所形成的特定心理，成为文人生活志趣的重要载体，而皇室尤为偏爱。明末清初，海南黄花梨已经成为专供皇家御用的贡品木材，这导致原材料被大量砍伐。而黄花梨成材非常慢，至少需要 500 年以上才能作为家具的原木，这使得海南黄花梨木种濒于灭绝，黄花梨家具也几乎停止生产。此后数百年间，由于历史原因，国内 70％的黄花梨家具流失海外，海南仅存的少量黄花梨多被民间使用，完整的大料难再获得。收藏家海岩说，“中国人对黄花梨材质的审美和价值观包括四个方面：美丽、耐久、稀有和纯粹”，这四个词精准地概括了黄花梨家具的特点。

小叶紫檀，学名檀香紫檀，是紫檀中的精品，密度大，棕眼小，木性稳定不易变形开裂。多产于热带及亚热带的原始森林中，生长极其缓慢，五年成一年轮，一棵成材的紫檀要生长几百年甚至上千年。紫檀木色呈深紫，历来是皇家贵族的专用木材，被称为“帝王之木”。中国古代对紫檀的认识始于东汉末期，《古今注》中有记载：紫檀木，出扶南，色紫，亦谓之紫檀。从明代开始，紫檀为皇家所重视，及至清代，中国所产紫檀家具几乎全被宫廷垄断。而法国路易十八所使用的家具也是选用上等紫檀木制成。

常言“十檀九空”，目前市面上的紫檀木直径仅为 20 公分左右，且由于紫檀出材率极低，资源奇缺，收藏界有“寸檀寸金”的说法，而小叶紫檀又是紫檀中的翘楚，自身价值不言而喻。

2. 炒作的前后背景

目前明清家具的拍卖市场较为活跃，但在当下拍卖市场中，投资者多、收藏家少，收藏家大部分只进不出，而投资者随进随出。许多买家的交易行为都是为了升值，是一种资本行为，而在家具的多次进场、离场过程中，价格必然被推高。红木家具市场中对小叶紫檀的炒作大致发生在 2007 年，其在 2008 年年初的价格基本回到 2006 年年初的水平，2010 年出现新一轮价格增长。海南黄花梨家具制品自 2004 年开始的价格升势依然没有结束，尽管炒作力度大不如前，2008 年红木市场的整体波动也使得价格有所下降，但由于海南黄花梨制品的极度稀缺性，其价格自 2010 年开始再次攀升。

小叶紫檀和海南黄花梨等红木家具价格的大幅上涨，除了制作古典、技艺讲究之外，更大程度上依赖于其原材料的珍贵和收藏家对它们的广泛认可。

首先，小叶紫檀和海南黄花梨作为传统高端红木，市场认可度高，社会需求相对稳定，在传统家具收藏领域，一直有“紫檀木中之王，黄花梨木中之后”的说法。且紫檀和海南黄花梨自明清以来皆是皇家御用之木，自始至终价格不菲。

其次，二者的稀缺性是支撑炒作的主要动力。小叶紫檀属于濒危物种，当前国内的小叶紫檀基本都是通过走私途径入境的，自 2015 年开始，中国海关加大了打击非法红木贸易力度，并于 2016 年 6 月表示将协助印度打击走私小叶紫檀。中国作为世界上最大的小叶紫檀进口国，对走私活动的打击使得国内原木材料越来越稀缺，不断推高小叶紫檀的价格。海南黄花梨相较于小叶紫檀的稀缺性有过之而无不及，清代以来海南黄花梨日渐稀少，特殊的历史原因使得海南黄花梨家具制品存世无几，之后由于出口创汇等历史问题又导致仅存的海南黄花梨制品 70%流失海外，近些年才缓慢回流了一小部分，一般认为落地的大件黄花梨家具（不包括案头文玩）存世量仅数千件。除海南外，越南等地也出产黄花梨，尽管其品质与海南黄花梨略有差别，但已经成为目前新黄花梨家具制品的主要原料。但越南黄花梨原料同样稀缺，加之越南政府为了保护环境，限制原料砍伐、提高出口关税，使得新黄花梨家具制品的价格也一涨再涨。

再次，小叶紫檀市场中的小件市场近年来发展态势良好，尤其是径级小、带有金星和牛毛纹的产品，其市场交易量稳步上升，而需求旺盛必然带来价格的上涨。海南黄花梨家具制品则同时满足了理想收藏品的三大要素，即有公认价值、资源不可再生、真伪易辨，因此受到越来越多收藏家和普通消费者的青睐，供求之间越来越大的缺口也推动均衡价格上升。表 15－1、表 15－2 中列出了近年来部分紫檀和黄花梨制品的拍卖价格，其价格走势和水平可见一斑。

表 15－1　近年部分紫檀拍卖价格

2007 年	北京保利秋拍，一对清乾隆紫檀方角大四件柜成交价 2 800 万元。
2009 年	乾隆“水波云龙”紫檀宝座以 8 578 万港元成交。
2010 年	北京保利秋拍一件清乾隆御制紫檀雕云龙纹宝座，以 7 186 万元成交。
2012 年	中国嘉德翦淞阁文房宝玩专场，明周制鱼龙海兽紫檀笔筒以 25 520 万元成交。
2012 年	清早期紫檀三屏风攒接围子罗汉床以 2 070 万元成交。

资料来源：作者根据新闻整理。

表 15－2　近年部分黄花梨制品拍卖价格

2014 年	明黄花梨交椅以 6 944 万元成交。
2014 年	明末清初黄花梨独板大翘头案以 3 220 万元成交。
2014 年	明末清初黄花梨大四件柜以 2 990 万元成交。
2015 年	明末黄花梨独板围子马蹄足罗汉床以 3 220 万元成交。
2015 年	黄花梨灵芝如意月洞门架子床以 3 584 万元成交。

资料来源：作者根据新闻整理。

最后，“热钱”、游资在特殊时点进场为炒作提供了资金支持。这一原因对小叶紫檀而言表现得更为明显：印度政府出台了限制小叶紫檀出口政策，中国和印度两国宣布将联合打击小叶紫檀走私贸易，这时炒作资金迅速入场，短时间内大幅推高了小叶紫檀的价格，但限制出口这一政策持续不足一年，之后小叶紫檀价格迅速回归至原有水平。而海南黄花梨的价格上涨虽然有“热钱”炒作的推动，但其升值是必然趋势，投机成分较低。

3. 持续的时间

2007 年是小叶紫檀和海南黄花梨炒作集中的一年，“热钱”不再集中于家具制作，转而流向原材料的囤积和炒作。2007 年 8 月，海南黄花梨从每吨 50 万元上涨至每吨 250 万元到 270 万元，小叶紫檀从每吨 30 万元涨至每吨 70 万元到 80 万元。2008 年红木市场泡沫破灭后，两者的价格都有所下降，但小叶紫檀的降幅大于海南黄花梨的降幅。

小叶紫檀价格的飞速上涨集中在 2007 年，主要原因是印度政府在 2007 年加大了对我国紫檀出口的限制，而国内的炒作大多是厂家和代理商合作进行的，厂家有意减少发货量，在市场上营造出供货不足的情形，代理商先将这部分少量货品以合理的价格卖出，之后再故意高价回购，造成价格暴涨的假象，从而吸引投资者跟进。但这轮炒作并未持续太久，2007 年年底，印度政府重新放宽了对小叶紫檀的出口，此外，中国文物学会文物修复专业委员会的材质研究专家发布了一份报告，否定了炒家关于紫檀在印度濒于灭绝的说法，导致从 2007 年年底开始红木价格遭到腰斩，到 2008 年年初，每吨小叶紫檀价格由 75 万元暴跌至 20 万元左右，越南黄花梨则由高峰期的每吨 120 万元降至 60 万元。海南黄花梨由于受到红木市场整体影响和 2008 年宏观经济环境的作用，价格也出现了下滑趋势，但降幅不大，并在之后恢复了小幅稳定增长的趋势。

4. 结束的方式

红木家具本属于小众高档的消费品，其消费群体较为固定且规模不大，而家具本身作为耐用品，除去收藏功能外，重复购置的需求不高。红木家具价格的骤然上涨一定程度上减弱了这部分消费者的购买意愿。在红木过热时，大批家具制造厂临时成立，使得整个行业出现了过滥现象，随着消费者群体的缩小，家具制造厂商一方面需要高价购置原材料，另一方面又失去了本身的消费群体，供大于求的状况也使得价格进一步下跌，最终资金链断裂，炒作基本告一段落，价格也回归原点。

从近五年的历史看，海南黄花梨的价格增长依然迅猛，而印度小叶紫檀的表现则一直不温不火，价格上涨幅度相比并不突出。2009～2015 年，海南黄花梨吨价从 450 万元飙升至 1 500 万元，涨幅达到 200％以上，小叶紫檀在 2009 年的吨价在 50 万元左右，2014 年上涨至 100 万元左右，2015 年市场表现疲软，成交量不高，2016 年价格略微上涨，同比上涨 20％。

5. 影响的范围

总体而言，小叶紫檀和海南黄花梨这两轮的价格涨跌对于整体宏观经济而言影响不明显，主要从消费群体规模及影响的深度和持续性两方面来分析。

从对消费群体规模的影响角度来看，尽管近几年社会对小叶紫檀和海南黄花梨制品的热度有明显提高，但小叶紫檀和海南黄花梨等名贵红木存世量有限，其消费和收藏群体仍然只占较小比重。不同于玉米、大豆等生活必需品，小叶紫檀和海南黄花梨作为高档耐用品，当价格水平超出可接受范围时，大多消费者和部分收藏者都会自动退出市场，因而小叶紫檀和海南黄花梨的价格涨跌主要对投机者、部分资金实力雄厚的收藏者和参与炒作的生产厂商有较为显著的影响。

从影响的深度和持续性来考虑，第一轮炒作过程仅持续了一年左右，且炒作集中在原材料领域，因而炒家投入的资金量不高，杠杆率较低。自2010年开始的第二轮价格增长主要由原材短缺和人工成本上升导致，“热钱”、游资参与较少，资金密集度同样不高，因而这两者价格变动的影响持续时间和影响深度均有限。

第四节 红木金融化的内在逻辑提炼

小叶紫檀和海南黄花梨作为传统名贵红木的代表，资本品属性已经超过了消费品属性，其价格的快速上涨虽然主要归因于自身不可复制的稀缺性，但“热钱”、游资的炒作也是价格攀升的重要助推力量，整个过程在一定程度上体现了商品金融化的特点。对应文献中提出的五大金融化主要特征，本章认为：小叶紫檀的价格波动过程更偏向于投机活动，但日后仍然有实现商品金融化的巨大潜力；海南黄花梨则已经表现出了商品金融化的明显特征，但由于市场杠杆率低、资产流动性不高、受众规模较小等原因，将其划分为中低层次的商品金融化过程。

从资本密集度和市场杠杆率的角度，本轮价格波动过程尽管有炒作资本的介入，商家对原材料也进行买空卖空，但小叶紫檀和海南黄花梨本就资源稀少，可供炒作的范围较小，大多集中在原材领域，单价的飞速上涨并未带来总体资金参与量规模的显著扩大，因而资本密集度和市场杠杆率都较低。

从资产流动性来看，小叶紫檀和海南黄花梨作为资本品的属性更为明显，且收藏功能大于消费功能，尽管部分资本家的炒作提高了小叶紫檀和海南黄花梨家具的进出场频率，但大部分收藏家都是一旦入手后基本不再流通，且小叶紫檀和海南黄花梨的收藏和消费群体的规模都有限，因而整体资产流动性较低。

在价格波动性方面，小叶紫檀的价格在2007年飞涨后跌落至初始水平，2010年开始价格重新上涨，波动幅度较大，受政策变动和游资炒作影响明显。相对而言，海南黄花梨的价格波动较小，自 2004 年以来价格快速上升，尽管 2008 年有小幅下跌，但之后短时间内恢复了增长趋势，更符合商品金融化的特征。

从过程稳定性的角度考虑，小叶紫檀的稳定性不高，在较短时间内受外在因素影响，其价格迅速上涨或下跌，并未长时间在某一价格水平上延续之前的变动趋势；海南黄花梨的金融化演进过程更为稳定，尽管增幅历年均有变动，但基本持续了价格上涨的趋势，且其价格形成机制和交易流通机制也逐渐稳定，不会单纯由于价格的短期波动而中断这一过程。

综上所述，本章认为小叶紫檀和海南黄花梨都是商品金融化的典型事实，但小叶紫檀从目前的阶段来看仅符合文献中提及的商品金融化的第一层含义，尚未达到稳定的状态，短期投机成分较为明显，但结合其自身特点和市场环境，本章仍然认为小叶紫檀具备实现商品金融化的巨大潜力。海南黄花梨已经基本实现了商品金融化，其价格的决定因素在受供求关系影响的同时更多地取决于入市的资金参与量，且其价格形成机制和交易机制等都更为稳定，符合商品金融化的两个含义。但在上述分析中也提到海南黄花梨的资本密集度和市场杠杆率都较低，资产流动性不高，且影响范围有限，因而将其归类于中低层次的商品金融化。

第十六章　能治病的文玩：佛珠饰品金融化

本章概览

- “非典”外生冲击下的佛珠饰品市场
- 划分品级的佛珠饰品
- 佛珠饰品金融化与其本身特质限制

本章提要

中国的佛珠饰品于2003年形成了全国性的市场，在2008年到2012年之间逐渐呈现出金融化现象，商品金融化的程度达到中低层次。至2015年和2016年，佛珠饰品市场逐步回归理性状态。事实上，佛珠饰品在2003年受到“非典”爆发这一外生冲击，然后开始进入普通消费品市场，在消费转型升级、文化消费增多、“股灾”后股票市场资金流出的影响下，这一市场逐渐发展兴盛。佛珠饰品材料中广为人知的星月菩提品类具有历史短暂、产量较高、成本较低的特点。在星月菩提佛珠饰品金融化的过程中，其价格上涨的推动原因包括媒体宣传、人为定级、供给量控制及与其他贵重材料捆绑销售等。但是由于本身产量高、不受季节限制，以及成熟期短，在星月菩提商品开始受到热捧的3～5年后，原料市场涌入大量资本，致使产量大幅增加。由于并不具备稀缺和长期保值能力，星月菩提的金融化程度并不高，而且在一段时间后便回归到普通消费品的状态。

第一节　历史、经济和文化背景

以星月菩提佛珠饰品为代表的佛珠文玩商品于2003年逐渐形成全国性的市场，其金融化程度在2008年至2012年逐渐达到最高峰。此后，这一市场逐渐回归理性，到2016年，佛珠饰品的市场价格逐步回落，商品金融化过程也至此结束。回头来看，佛珠饰品首次进入普通消费者的视野，与2003年中国“非典”的爆发联系颇为紧密；而佛珠文玩市场的进一步发展与兴盛，则与2008年的“股灾”、北京奥运会以及佛教的发展相关。

1.“非典”的外生冲击

2002年11月，“非典”在广东顺德出现。2002年12月底，与“非典”相关的疫情信息开始在互联网流传。2003年，“广州发生致命流感”的信息开始通过手机短信等渠道在人群中传播。2003年2月9日上午，广东省政府新闻办首次发出新闻通稿，正式公布了“非典”的存在。《南方都市报》称，从2003年2月9日开始，有关熏白醋、喝板蓝根能预防“怪病”的传言兴起，市面上已现抢购端倪。2003年2月10日，抢购达到高潮，板蓝根价格飙升至30～40元，白醋价格从每瓶10元上升至80元甚至100元。与此类似，此后一种名为绿檀的佛珠文玩饰品逐渐出现在市场上。绿檀是源于中美洲西印度群岛的愈创木，具有独特的芳香气味，其浸出物具有医用效果，可被用于治疗咳嗽。在这种情况下，“佩戴绿檀佛珠饰品能够提神醒脑、保持健康而且能避免感染‘非典’”的说法被商家制造出来，绿檀由此成为从僧人、居士的市场走向普通消费者市场中的第一种佛珠饰品。有意思的是，如果我们回顾前文中介绍的紫砂壶金融化过程，不难发现绿檀佛珠饰品的“防病疗效”宣传与紫砂壶泡茶可以“生香、杀菌、怡情甚至提高文化艺术品位”的渲染简直如出一辙。

2. 流动性与股市波动的影响

佛珠文玩市场的真正兴盛可以从2008年开始算起。在这一年，中国股指创下历史最大跌幅，上证综指从2007年10月16日的最高6 124点下跌到2008年10月28日的最低1 664点，股票市场的下跌可谓极为惨烈。这些情况又与当时的诸多经济发展背景交织在一起。

一方面，中国在2007年受到人民币汇率持续升值造成的流动性过剩，以及原材料价格上升造成的输入型通货膨胀的影响，国家提出采用稳健的财政政策和从紧的货币政策。具体来说，2007～2008年，中国人民银行15次上调存款准备金率，6次上调金融机构人民币存贷款基准利率，并同时通过窗口指导的方式实行了对商业银行贷款额度的限制。这些措施不仅影响了实体经济，也对股指施加了空前的向下压力。另一方面，股权分置改革造成的股票首发、二次增发股份的解禁，在2008年的数量达到了1 622.28亿股，总金额达到约2万亿元。持有者对这两种股票的减持出售影响了中国股市的稳定（谢百三，2009）。再者，始于2007年3月，2008年下半年蔓延到全球的美国次贷危机更是严重影响了投资者对股票市场的信心。

以上这些原因都在不同程度上与中国股市在 2007～2008 年的大幅波动相关。2008 年之后，由于股市波动率太高，因此大量资金从股市出逃，纷纷寻求投资回报更为稳定的投资对象。除了黄金、玉石、字画和其他传统收藏品外，以木材、象牙、贵金属等为材料的文玩佛珠饰品也因兼顾材料的稀有性与收藏品的艺术性，成为诸多资金竞相追逐的投资标的。

3. 宗教文化背景

佛珠饰品作为一种具有宗教内涵的商品，它在市场上的流行与传统文化地位的提升和佛教在中国的复兴也有着紧密的联系。

2008 年在中国举办的奥林匹克运动会，其会徽和奖牌设计中，以和田玉为主要材质，以中国玉石文化为底蕴，将和田玉和中国的玉石文化从官方的角度引入了人们的视野中，而和田玉正是佛珠饰品的材料之一。此后人们对于文玩饰品的热情逐渐高涨。2008 年的北京拍卖季成交量达到 42 亿元，《经济参考报》报道称，这与 2007 年同期相比几乎翻倍。

20 世纪 90 年代，佩戴佛珠会被认为是迷信的象征，而在 21 世纪之后，这种观念逐渐发生了改变。随着经济的发展和转型期社会生活压力的提升及文化消费升级进程的加速，在经济发达的台湾、香港等地，佛教文化颇为兴旺，佛珠饰品成为文化消费热点之一。此后，以星云大师为代表的台湾僧人来大陆进行佛教交流，也间接使得佛教文化更多地渗入大众的社会生活当中，从而提升了人们对佛珠饰品的接受度与需求量（郭树涵，2014）。

第二节　佛珠饰品金融化的来龙去脉

佛珠饰品的消费群体在 2003 年前后从僧人、居士等小众消费者扩大到普通消费者，从 2012 年到 2015 年经历了价格高速上涨，随后价格逐步回落到理性水平。

在 2003 年之前，佛珠市场上的主要消费者是僧人、居士及民间的佛教信徒。他们对佛珠饰品的态度与后来市场中的普通消费者完全不同。前者将佛珠用作“念珠”，这是在修行佛法的过程中一种用于念诵记数的工具；而后者把佛珠作为一种饰品，将把玩佛珠当作一种享受和放松的过程。这使得佛珠饰品可以承载更高的附加值，以获得高利润率，在这一点上它适合作为商品投资标的。

2003 年在全国爆发的“非典”催生了一系列的“民间偏方”，如民间认为用白醋熏蒸房间里的空气、饮用板蓝根冲剂能够“预防”“非典”。相似地，出现在市场上的绿檀材质的手串也属“民间偏方”中的一种。由于绿檀具有独特的芳香气味，其木材萃取物可以用于治疗咳嗽，“佩戴绿檀佛珠可以预防‘非典’”这种言论应运而生。这种言论认为佩戴绿檀佛珠既能够通过闻气味的方法摄入医用物质，又能够虔诚地祈求健康。媒体的报道和公众的传播使绿檀佛珠的受众急速扩大。这是佛珠饰品第一次从佛门信徒等狭窄消费群体走入广泛的普通消费者市场。

“非典”结束后，购买绿檀饰品的风潮很快结束，但是由于佛珠本身是装饰品，具有观赏价值，又能够让佩戴者寄托自我认同心理，佩戴佛珠这种行为在普通消费者群体中就延续了下来，尽管各类佛珠饰品的成交量和成交额一直平稳而缺乏波动。

2008 年北京奥运会将和田玉作为奖牌材质，这又把传统文化和玉石文化重新引入公众视野，适逢同一时期我国消费升级浪潮，消费者开始重新关注收藏品市场和文玩商品市场。另外，由美国次贷危机和国内紧缩货币政策的双重影响造成的股票市场剧跌使得大量资金逃离股市，其中的一部分资金在寻求更为稳定的收益中，看好具有文化附加值的商品市场的增值前景与炒作潜能，从而涌入收藏品市场和文玩商品市场等投资市场，这也是佛珠饰品交易兴盛的起点。从投机商人的角度看，佛珠饰品是有利可图的投机标的。这一类别的产品既包括低利润率、高销量的子类，也包含高利润率、高价格、具有炒作升值空间的产品。

本章主要讨论的星月菩提是佛珠的繁多原材料中的一种。传统的制造材料主要是木材，包括紫檀、黄花梨等，而菩提（佛教称谓，即树木种子）价格比木材更便宜，更容易被消费者所接受，而星月菩提又与传统的菩提子不同。

星月菩提这种材料被应用到佛珠饰品上的时间不长，不具有深厚的历史底蕴，且产量远高于稀有木材和石材，但在将近四年的时间里维持了远远偏离本身价值的高价。这主要是通过分阶段铺垫、有计划的炒作、人为市场细分和产量控制等措施来实现的。

虽然 2008 年佛珠饰品价格迎来了整体上升期，但是在 2008 年到 2011 年之间，媒体对星月菩提佛珠饰品的报道主要是外观介绍、寓意分析、日常保养和把玩的方法等。在这一阶段，各级商家首先释放出一些基本信息，使消费者具有一定的印象，不至于完全陌生。同时市场上出现了朱砂、藏银、和田玉与星月菩提捆绑销售的模式，与其他文玩的捆绑销售方法逐渐接轨。在一串普通材质的手串上添加少量稀有材质，以提升整体的价格及利润率。这种销售方法后来被沿用下来，添加的材质也从朱砂、藏银等材料升级到了南红、象牙、蜜蜡等高价材料。

2012～2014年，互联网上出现了大量有关星月菩提品级、功效、开光、结缘等相关信息，真假辨别、产地挑选、把玩方法等知识也广泛传播。商家通过大肆宣传星月菩提的功效以实现吸引顾客的目的，通过人为划分品级、提出开光和结缘的概念以制造价格歧视的阶梯，实现利润最大化。而赏玩成果的大量分享更使得“升值”这一星月菩提本不应具有的特质反而深入人心：一串经过赏玩，“挂瓷、包浆、玉化”之后的星月菩提饰品的市场价格甚至是刚生产出来的新品的7倍以上。而在这段时期，原果供货商和经销商都出现了控制销量的行为：星月菩提的价格暴涨出现在2012年，而原果供货商直到2014年才开始大规模地提升种植面积；经销商在2013年和2014年都出现了囤货和控制销售量的行为，只有当价格上涨到所期望的高价之后才会大量销售囤积货物。

2015年之后，市场上出现对于星月菩提的细化品级分类，商家企图借助阶梯价格来舍弃低端市场、保住高端市场，但是这种策略并没有奏效。原因是原果供货商为了扩大供应量而种植的黄藤树的树龄达到了结出果实的标准（树苗种植后三到五年），这一大丰收让原材料的价格跌入谷底。这不仅打击了原果供货商和经销商，也影响了消费者的信心。在价格跌破历史高价的一半之后，星月菩提的金融化过程进入尾声。

第三节　佛珠饰品的金融化逻辑

1. 标的商品特点

“菩提”在梵语中意指断绝世间烦恼而成就涅槃的智慧。现在市场上的“菩提”是所有适合作为佛珠的植物果实和种子的统称。虽然菩提的概念起源于佛教，但是吴菲等（2015）认为，从商业角度来看，任何植物的坚硬小球形器官都可以作为菩提子。

星月菩提，其原果是黄藤树的种子，产地一般位于亚洲热带地区。星月菩提的直径一般为9～12毫米，适合作为挂珠或佩珠饰品，寓意断除生活中的烦恼。天然的星月菩提在经过打磨之后，主体呈现为白色，种子的胚芽芽眼形如满月，为“星月”中的“月”，芽眼周围的黑色斑点则为“星”。判断原始星月菩提的品级，主要指标有菩提子的密度、是否存在天然疤痕、“星”分布的均匀程度和密度，以及“月”的位置是否位于正中等。星月菩提与核桃类似，消费者佩戴一段时间之后会出现变色、挂瓷、包浆甚至玉化的情况，这类珠质价格能有明显的提升。

在各城市的收藏品交易市场内，很长一段时间内交易的产品多为传统意义上的收藏品，如字画、玉器、古玩等。佛珠饰品并不包括在交易对象之内。而在先行者绿檀和推动者和田玉出现在市场上之后，佛珠饰品交易才逐渐在原有交易场所内蓬勃发展起来。

佛珠饰品之所以能够受到人们的欢迎，主要原因有以下几点：第一，佛珠饰品能够使用市场上已经处于热门状态的材料，比如玉石、玛瑙、蜜蜡等。这些材料能够吸引那些之前只专注于这些材料制成品的客户，从既成的分割市场中吸纳消费者，构成此类商品的需求基础。第二，佛珠饰品与佛家联系紧密，佩戴在手上和颈部，与体型较小的玉佩、佛像挂饰等相比，更能够满足佛教文化的消费需求。名贵材料的佛珠还具有奢侈品的特点，能够体现佩戴者尤其是高净值人群的财力。第三，随着经济发展和生活节奏的变化，公众在工作和生活等多方面经常面对压力，因此有一定数量的人选择在佛珠饰品上寄托精神追求。而木材与菩提制成的佛珠饰品具有“养”的过程，能够拉近消费者对饰品的心理距离。这就已经并非简单的饰品意义上的消费，还有消费者的时间投入和文化层面的消费。

实际上，同属收藏品和装饰品，佛珠饰品与该类别其他商品，如红木家具、翡翠雕饰、玉石核桃等具有类似的特点，在炒作逻辑上也有近似，但是本章所选取的星月菩提又具有相对独特的性质：其一，发展历史短暂。从菩提的文化性质来看，菩提其实本是采摘自庙宇周围的植物种子，但是作为最大的星月菩提产地，古时海南大部分地区人迹罕至，缺少佛教文化积淀；从星月菩提的物理性质来看，其原果十分坚硬，打磨和打孔都需要依靠电动车床，这推断出其没有很深的历史渊源，或者说追溯其历史不会早过 20 世纪 80 年代。其二，产量较高。从目前的市场规模来看，由于受到 2012 年、2013 年过度炒作的影响，海南星月菩提的种植和加工产业扩张极为迅速，使得在 2014 年到 2015 年这一批菩提成熟并进入市场后，部分市场上的星月菩提价格跌幅达到九成。这一点表明，星月菩提本身并不具有翡翠、红木、黄花梨、紫檀等材料的珍贵稀有的特点。其三，成本相对低廉。不论是在价格的高峰还是低谷，与文玩界的其他商品如玉石手串、木材手串，甚至核桃手串相比，星月菩提都属于价格相对低廉的一种。即使在菩提手串中，星月菩提手串的价格也并不突出。但由于低廉的成本和良好的外观，以星月菩提为主要材料的珠串在搭配少量的南红、蜜蜡、绿松石、青金石和藏银等名贵材料之后，成为文玩市场里最为流行的手串款式。

综合星月菩提本身所具有的这三个性质来看，我们不难发现作为300多种菩提中的一种，星月菩提具有很明显的人为炒作特性。本可以薄利多销的星月菩提饰品，价格在炒作中高涨，商家以此获得更高倍数的利润，其利润率甚至有可能会超过部分稀有饰品。

2. 炒作的前后背景

星月菩提价格的飙升主要发生在2012年到2014年，而在2015年，星月菩提的市场价格持续大幅下跌，跌幅最高时达到九成，至今维持这一低价位水平。炒作开始之前的背景之一，是从2008年到2012年依托于奥运会和世博会，中国在官方渠道上对传统文化的大力支持和宣传。在这期间，大量电视节目和新闻媒体报道都指向了玉石、红木等文化饰品。这种情况极大地拓展了文玩市场覆盖面和交易体量。在此基础上市场内部产生的炒作，前后种类繁多，2012年的星月菩提较为典型。而在此前后，小叶紫檀、崖柏、拓木等材料纷纷出现了价格快速异常上涨，其中的崖柏和拓木由于缺乏文化底蕴和天然的稀缺性，在炒作结束后同样出现断崖式的价格下跌。背景之二是电子化交流平台推动信息交流的速度加快。2005年，文玩天下论坛刚刚成立，但当时，文玩界最普遍的交流方式是在交易市场里面对面传授经验，或是爱好者的小型研讨；而2010年，文玩天下论坛注册用户突破25万人，并在2013年超过100万人。星月菩提开始火爆的2012年，正是文玩市场参与者的高速增长期，同时也是网络平台信息的爆炸期。在这一阶段依托于大规模的信息平台，迅速推广并炒作一种商品，相比于2005年更为简单。

3. 持续的时间

2012年到2014年是星月菩提受到资金炒作的集中阶段。在这一期间，星月菩提的价格从每串100～200元上升至2 000元左右。虽然绝对价格依旧比其他稀有材质珠串低很多，但是上升的幅度高达10倍以上。星月菩提的炒作与官方倡导文化产业的进程、文玩天下论坛的发展进程以及在这期间的经济发展历程结合紧密，这三个进程分别开启了文玩市场的热度，减少了文玩市场上信息不对称的问题，为市场的进一步上升打下了深厚的经济基础。

在2012年到2014年，星月菩提的炒作方式主要是控制产量和销量、人为划分品级以及宣传佩戴功效。根据谷歌中以“星月菩提”为关键词的搜索量变化（见图16－1），可以看出2008～2009年关于“星月菩提”的搜索量显著上升，这与整体文化产业市场兴起的时间相符；而 2012 年开始的搜索量剧增，原因是互联网兴起和对星月菩提炒作的双重驱动。到了 2015 年年初，受到 2014 年年底原果供货商扩大种植面积而导致的大丰收影响，星月菩提价格下跌，并维持至今。

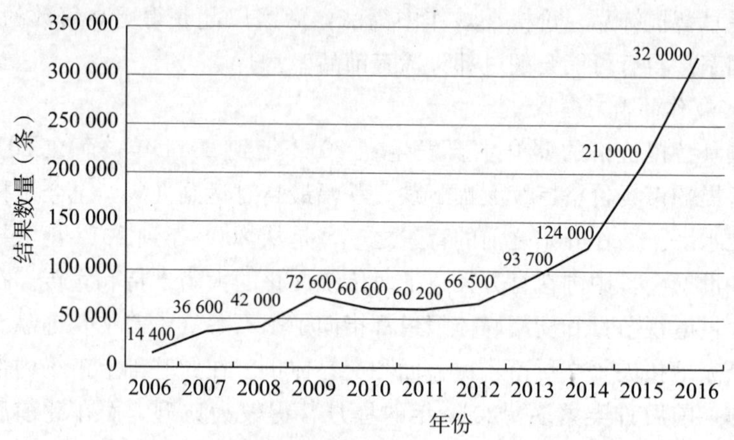

图 16-1　以“星月菩提”为关键词的谷歌搜索结果

资料来源：作者整理计算。

4. 结束的方式

从供给侧来看，几年前原果供货商为了扩大供应量而种植的黄藤树苗达到了能够结出果实的树龄，这使得海南在 2015 年获得了星月菩提原果的极大丰收。尽管星月菩提的品级是人为划分的，但是由于极充足的供给，只要进行合适的挑选，就能够使得各个品级的供给量远超过需求量。这体现出植物种子的高供给弹性，与需要多年生长的木材、开矿挖掘的玉石完全不同。供给侧的极大扩张导致市场上星月菩提的价格跌幅超过了 5 成，而 2014 年年底商家的囤货风潮使得许多商家拥有大量库存而处于亏损的状态，有些商家不得不退出市场，仍在场内的商家则基本放弃了星月菩提，转而选择其他炒作的对象。

从需求侧来看，骤跌的价格让消费者失去了信心，也严重打击了这种产品在消费者中的口碑，仍然佩戴星月菩提的消费者甚至会被其他消费者认为是对文玩市场了解浅薄。在这种情况下，对于星月菩提价格的炒作彻底告停。

5. 影响的范围

由于文玩市场遍布全国，而且价格层次覆盖广，所以佛珠饰品价格的整体回调波及全国的文玩珠串消费者、爱好者。而星月菩提佛珠饰品价格暴跌过程中的另一主要影响对象是经营星月菩提的商人。对于消费者而言，星月菩提的单价并不算高，而且这种需要佩戴者的时间投入才能达到优良品质的佛珠饰品，价格上升速度虽然快，但是绝对价格不够高，二手交易其实并不活跃，消耗人力使用星月菩提使其升值，然后转手销售的商人数量也比较少。而在 2014 年年底囤积大量星月菩提的商人因 2015 年的价格骤跌承担了绝大部分的损失，而那些本身资本金并不充足，因为价格暴跌而关闭门店、离开市场的商人损失最为严重。反过来，由于需求量降低，原果供货商前期的种植成本在批发价格低廉的市场上难以回收，同样损失严重。

第四节　佛珠饰品金融化的内在逻辑提炼

2008 年之前，星月菩提作为一种新兴材质的佛珠材料，种植面积和种植量都有限，还没有进入公众的视野。2008 年奥运会在文化层次上的驱动，以及“股灾”造成资本从股票市场向收藏品市场的流动，导致星月菩提的交易在 2008～2012 年交易量和资金量呈现上涨趋势，但是由于当时市场供应量不高，与紫檀、玉石等相比又缺乏知名度，所以星月菩提在整个收藏品市场上的资本轮动中只是处于字画、古玩、玉石的大板块中的一隅，市场反应也不明显。在这一阶段，星月菩提的购买者尚不具有明显的投机和投资心理，主要还是普通消费者，星月菩提佛珠饰品也属于普通商品范畴，价格没有出现剧烈波动，市场供求平稳，并没有开始金融化。

星月菩提作为一种植物的种子，需要其原木达到三到五年的树龄之后才会大量结出原果，精加工后制成佛珠饰品。于是在部分资本进入星月菩提的 2008 年的四年之后，也就是 2012 年，市场上对星月菩提的供应量逐渐提升。与此同时资本开始进入，文玩市场中星月菩提逐渐成为热点之一。在这一阶段，参与交易的原果供货商、经销商和购买者数量逐渐上升，对星月菩提的关注日益提高。随着互联网的逐步发展，关于星月菩提的品级划分、把玩方法等媒体或自媒体信息越来越多。对于星月菩提等饰品的正面信息如消费者效用、预期上涨情绪等，在“沉默的螺旋”效应下逐渐增多，市场情绪看好。而商家和消费者的不断发声，也使得更多的消费者（抑或投资者和投机者）进入这一市场。

在这一阶段中，星月菩提市场中的资本密集度、市场杠杆率和资产流动性都在逐渐提升，价格出现了稳定上升的态势，从此前的普通商品状态逐渐具有金融品的属性，具有了资本快速涌入、价格快速上涨的特点，而且交易者多具有投资和投机的心理。在这一期间，星月菩提佛珠具有一定收藏品的特点，也存在以它为标的商品的期货市场，但不具有类似期货的标准化交易合约，根据商品金融化层次划分的标准，可以认为这一阶段的星月菩提佛珠饰品是处于中低层次金融化的商品。

在受到价格上升和需求提升的刺激下，原果供货商的资本投入在2012年之后逐渐加大，种植面积扩大，种植量提升。因星月菩提原木黄藤树需要三至五年的树龄成熟期，2015年星月菩提的产量大幅提高，突然增大的供给远超市场需求，导致星月菩提的收购价和零售价都出现大幅下跌，在2014年囤货的经销商遭受了巨大损失，预期未来会持续上升的产量更是影响了市场情绪。随后价格跌幅过半，交易量也骤然下跌，市场对该种商品的信心程度下降。至此，星月菩提的金融化过程被突然扩大的产量所打断，未来也很难有继续金融化过程的可能。

星月菩提的金融化过程之所以不稳定，其原因在于商品本身的物理特性。其一，星月菩提是树木种子，产量较大，并且比较稳定，因此其供给量不易控制，珍稀程度远不如稀有木材和玉石，而艺术价值不及书画作品，又不像葱、姜、蒜是日常必需消费品。其二，如果将其作为投资品持有，投资者需要投入较多的时间成本和人力成本来提升其品质，才能使之进一步升值，其升值过程复杂而且难度较大。其三，对于同种材质的佛珠饰品，购买者往往不会购入多串，不会在销售链的底层进行贮藏。星月菩提的产量由于受到资本进入的影响上升过快，超过市场容纳限度、人为划分的品级也在巨大的产量下难以维系其稀有性。这三点原因导致资本轮动过后，星月菩提的价格一旦下跌，市场参与者就会大量退出。星月菩提作为中低层次金融化商品难以继续维持金融化过程，最终回归到普通商品状态。

第十七章　天价普洱：茶品金融化

本章概览

- 茶品的文化渊源和文化价值
- 普洱茶价格的波动
- 茶品金融化的内在逻辑

本章提要

茶文化的悠久历史为茶品升值奠定了基础，而养生、收藏等需求也使得普洱茶有金融化的基础。在民间投资气氛较为浓烈、形成有效需求的经济背景下，茶厂和茶商供销体制形成，一级经销商与二级、三级经销商联手，抬拉茶品价格。普洱茶和大红袍的资本密集度和市场杠杆率并不高，消费属性和贮藏属性更为明显，资产流动性较低；在受到游资追捧时，其价格波动性较大；从炒作和价格上涨的持续时间来看，其过程的稳定性也相对较弱。综合来看，普洱茶和大红袍的金融化程度属于中低层次；比较而言，大红袍的金融化程度低于普洱茶。

第一节　历史和经济背景

中国有着几千年的茶文化历史，最早可以追溯到神农时期的传说“神农尝百草，日遇七十二毒，得茶而解之”。从这一传说衍生出后人对茶的推崇与赞美，也由此造就了后来品类繁多的茶叶家族和博大精深的中华茶文化。从唐代以来，茶事是人们交往的手段，也是一种精神的享受（房婉萍，2006）。同时，茶事与儒家、道家、佛家的深刻哲理相结合，成为中华传统文化中不可或缺的一部分。

近年来，随着传统文化热潮的掀起，公众对茶叶的关注度不断提升。同时，随着我国居民人均收入水平的提高，对保健养生的需求也随之增加。港台专家研究证实普洱茶的“健康性”之后，公众对普洱茶的认识有所提高。另外，2004 年普洱茶的价格确实被低估，一千克普洱茶叶的收购价仅为八九元，这为普洱茶的后续升值提供了空间，也为金融化奠定了基础。

事实上，普洱茶拥有悠久的文化历史背景，历经千年岁月流转从而积淀下了浓厚的文化韵味，中国历代文学作品也为普洱茶在商业繁荣时期出现的金融化现象提供了脚注，从三国时期的“武侯遗种”到《红楼梦》中的“女儿茶”，折射出中国悠久的历史文化背景。普洱茶文化又是普洱文化体系的代表。众所周知的茶马古道是普洱茶文化中精彩的注释，茶马古道蜿蜒在中国西南横断山脉间，联系着西藏与其他地区的民间商贸往来。在这样的历史文化背景下，普洱茶俨然已经不再只是普通的消费品，而是承载着 1 000 多年来中国腹地与西藏的经济文化交流的重任。这些历史文化背景自然提升了普洱茶的市场热度。

市场热度的提升进一步推高普洱茶以及大红袍等茶品的知名度。在市场经济的发展大潮下，云南省政府为了支持普洱茶产业的发展，通过一系列大型活动对普洱茶及普洱茶文化进行大力宣传。如 2005 年 5 月 1 日开始的“马帮茶道·瑞贡京城”活动，以 120 匹马经过半年的长途跋涉，于 2005 年 10 月 9 日到达北京，打破了茶马古道半个多世纪的沉寂，把普洱茶文化活动推向新高潮，使得普洱茶在短时间内从云南红遍大江南北。大红袍茶也是如此，涉及武夷岩茶的《乔家大院》和《印象·大红袍》等影视文艺作品接连热映，大红袍的传统制作技艺被列入国家非物质文化遗产名录，这些事件都使得大红袍声名鹊起。

在茶产品交易市场，民间资本的逐渐进入主要是受到中国整体投资环境的影响。在制造业投资回报率下滑、资本市场波动性高的情况下，改革开放以来积累的民间资本一直在寻觅新的商品投资渠道，于是一部分民间资本涌入了普洱茶收藏市场。

第二节　茶品金融化的来龙去脉

普洱茶的金融化过程始于 2007 年前后，金融化过程的初始表现为其成为投资热潮的标的。归纳来看，普洱茶成为资本青睐对象的主要原因有以下几点：第一，在各种宣传渠道的影响下，公众对普洱茶的特点逐渐了解并形成了一定共识，从保健养生的角度对普洱茶的需求有所增加；第二，普洱茶的供给量因为气候因素出现暂时性减少；第三，基于普洱茶的历史文化背景和养生功效，经过包装的普洱茶既具有保健属性又富含文化气息，很快成为社会交往的一种馈赠上品。2007 年春节前后，无论在首都北京还是在其他一线城市，普洱茶的销量都出现大幅增长。

当然，保健属性和文化特征本身并不能催生消费品价格大幅快速上涨，进而形成金融化过程。从必要条件来看，需要有资金（资本）的介入。普洱茶金融化的过程也不例外。从普洱茶经营链条来看，首先是茶商向茶厂缴纳数量不等的保证金，才能成为经销商；然后经销商按照规模，形成一条环环相扣的销售链，各经销商从中层层提取利润。

一旦茶厂和茶商的供销体制和盈利链条形成，一级经销商就会与二级经销商和三级经销商联合起来，不断提升普洱茶价格。在这样的层级链条下，一级经销商具有绝对的垄断权，一般会选择留下 70%左右的茶品进行囤积，对能够控制的品牌茶类，只售出少量的份额，在一级经销商内部形成价格联盟后，共同抬拉价格。根据实际情况，一级经销商控制市场价格的具体方式为：先把 30%左右的产品投放市场，然后找关联交易主体收购回来。回收价格则比卖出时的价格要高出许多。由此可以造成普洱茶市场价格飙升的假象。与此同时，三级经销商和四级经销商通过控制卖出的数量，形成市场供给不足的现象，这样就会导致零售市场价格进一步上升。在实践当中，经常是价格涨到出厂价三倍左右时一级经销商才会销售给二级经销商，并从中赚取客观的利润。

另外，不少有渠道优势的二级经销商将普洱茶从云南运到销售地之后，在有合作关系的包装厂进行二次包装。一系列成品运作后，普洱茶就变成了高档馈赠礼品，价格就会更高。同时，二级经销商也会仿照一级经销商的做法，留下大部分的茶品囤积，仅将 20%的茶品在市场上进行价格抬拉，当价格涨到一定价位后才抛售给三级经销商。通过这样一个过程，真正在市场上流通的普洱茶应该不足总量的 20%，也就形成了“有价无市”的市场态势。据云南媒体报道，从 2006 年开始，一批商人大量收购并囤积下关砖茶，使原本进入消费领域的茶至少 80%以上转入流通环节。而原料价格的高涨也使得厂方转而生产利润更高的普洱茶。最终，随着普洱茶价格的飙涨，加上中国股市在 2007 年年初开始上扬从而形成资金流向股市的情形，致使之前囤积普洱茶的经销商开始大量卖出，将资金从普洱茶市场中撤离，最后导致普洱茶价格快速下跌。

比较来看，大红袍茶在 2010 年出现的上涨周期与普洱茶有相似之处。游资青睐大红袍茶的初始动因也是其产量出现下降。围绕着武夷山的邵武、建阳、光泽等县市，原是大红袍茶青的重要补给地，但在2010年年初，这些地方遭遇冰雹和霜冻灾害的严重影响，大多数茶园遭受了50%到70%的大幅减产。在大幅减产的背景下，盯上大红袍"钱景"的社会游资开始炒作，大红袍售价被急速推高，在北京、厦门等少数大城市，每千克大红袍已攀上10万元的"天价"。2010年上半年，武夷山大红袍市价翻了两三倍，但从2010年下半年开始，大红袍的销售量逐月递减，市场景气程度下降，价格也渐渐回落。

第三节　茶品的金融化逻辑

1. 标的商品的特点

普洱茶有着悠久的历史和文化。普洱茶源于古，兴于汉，称名于明，极盛于清。清朝乾隆年间，国泰民安，社会稳定，乾隆皇帝嗜茶，"冬饮普洱，夏喝龙井"，普洱茶因此一时名重天下。在普洱茶产地和茶马古道上，普洱茶贸易如火如荼。作为世界上唯一可以长久收藏的茶叶，普洱茶的贮藏价值使其具有成为收藏品的基础。作为发酵茶，普洱茶与龙井、碧螺春等越新越香的名茶不同，生普洱茶会随着时间的流逝自然发酵，每隔一段时间就会有不同的口味出现。老茶和新茶相比，涩口的感觉会减少甚至消失，取而代之的是醇厚的浓香，因此年代越久的普洱茶就越珍贵。

大红袍茶属乌龙茶系，有武夷岩茶之王的美誉，其主产区在福建省北部的少数几个县市，尤以武夷山市为正宗。其得名来源于一个传说。相传明代有位上京赶考的书生路过武夷山时，不幸中暑昏厥，附近寺庙里的和尚用六棵茶树上采摘的茶叶当药，把这位书生救活了。后来，书生高中状元回来致谢的时候，亲自脱下状元红袍披裹在茶树上以示谢恩，从此，这六棵茶树所产的茶叶就被称为大红袍。这一传说使得大红袍具有了人文历史情怀。这六棵大红袍母树一直存活至今，但母树大红袍已经封存不再采摘，现在只有无性繁殖的后代子株。而根据国家武夷岩茶地域原产地标志，属于武夷岩茶的大红袍原料非常有限，10斤毛茶经过四五道工序才能出1斤精制茶。因此大红袍的产量从短期来看也是有限。

但大红袍与普洱茶最大的区别在于普洱茶是越陈越好，长时间放置，自然发酵、转化。但大红袍的保质期一般为2～3年，过了这个期限，要想保存就得再次返青，重新制作。大红袍的成本中制作工艺所占比例非常高，长时间囤积是不可能的。因此，普洱茶可以被人们当"古董"来收藏，但大红袍更倾向为一般消费品，这也决定了大红袍的炒作空间相比而言受到了较大的限制。

2. 炒作的前后背景

普洱茶的价格疯涨主要由以下几方面造成：第一，普洱茶的生产没有统一的行业标准，有太多“空子”可钻。在缺乏统一鉴别和认证的情况下，各个厂家各自生产，投资不到1万元的小企业比比皆是。为了将这些产品销售出去，大大小小的经销商就出现“制造概念”、“炒作价格”及“虚假宣传”等问题。第二，我们之前提过，普洱茶的各级经销商形成了一条完整的供销链，一级经销商与二级、三级经销商联手，抬拉普洱茶价格。第三，在普洱茶的一些中小型的拍卖会上，经常出现买卖双方和拍卖行共同“营销”从而推出“天价”普洱茶的情况。在这种情况下，买卖双方在确定好目标价位后，卖家负责造势宣传，买家则随声应和，将拍卖的20年、30年、50年，甚至100年的普洱藏品价格步步拉升。在这种氛围下，拍卖价格屡创新高。即使拍卖不成功，达不到买卖双方预先商定的价位，炒家也只是损失少量手续费而已，因此诸多商家乐此不疲。

大红袍茶品的价格上升与普洱茶的情形并不完全相同，因为历史要素和保质期限等差别，大红袍茶在销售过程中的炒作成分相对少一些。在2010年之前，大红袍的原料茶青并没有增加，加工企业数量却快速增长，原本价格比较稳定的茶青在各家争相抢购中连年上涨，直接带动了大红袍茶品价格的起跳。当然，在大红袍价格上涨的过程中，也折射出资金涌动的身影。2010年10月，中国中央电视台经济频道曾经对大红袍茶价格快速攀升的情况进行了调查，调查发现，大红袍某些品种的价格在1年内上涨了10倍之多。据接受采访的专家叙述，大红袍中档品种的批发价格由每千克200～400元涨到了约4 000元，零售价达到2万元及以上。当时，大红袍价格上涨现象被认为与中国对高档法国红酒需求增长如出一辙，飞涨的价格都表明购买者并非追求消费需求（味觉快感），而是作为投资需求。

不过，与普洱茶不同（普洱茶受到资本青睐的情形具有比较普遍的共识），大红袍茶在多大程度上受到资金炒作，仍然存在质疑的观点，甚至有观点认为大红袍茶的价格飞涨是新闻炒作而非资本炒作。从本质上看，大红袍茶的价格上涨更多反映的是供需失衡的矛盾，即使存在部分资金涌入的情况，也远不及普洱茶的资本密集度高。

3. 持续的时间

在普通消费品当中，普洱茶的金融化过程是比较典型的，开始仍然是以资金涌入为主要特点。普洱茶炒作热潮从 2005 年开始，2006 年下半年至 2007 年年初的价格开始快速大幅上涨。2007 年一季度，普洱茶均价上涨了大约 4 倍，有部分知名品牌甚至上涨了十几倍。如下关甲级沱茶在 2005 年的出厂价仅为每千克 14 元左右，2007 年的出厂价就暴涨到每千克 150 元，其终端销售价格必然水涨船高。2007 年下半年，价格泡沫破裂，价格在局域周期内上涨到回落的过程历时约 2 年，之后市场处于低位。我们之所以将这个过程称为局域周期（Local Cycle），是因为普洱茶的价格回落以后，价格的波动过程并未结束，在接下来的时间里，新一轮的普洱茶价格波动周期又开始轮番上演，这种轮番波动至少在 2017 年年底仍然在延续着。普洱茶价格的这种一浪接一浪的周期性上涨与下跌，暗示着在普洱茶的金融化指标（张成思等，2014）中，过程稳定性指标是比较高的。

价格回落后的普洱茶市场从 2010 年又开始出现逐步复苏的态势，从 2010 年到 2013 年一季度，普洱茶价格累计上涨 80%，其中 30%的价格上涨是在 2013 年一季度实现的。2013 年年初，东莞普洱茶市场的高端普洱茶价格涨幅达到 30%以上，而一些被游资和“热钱”追逐的品类，最高涨幅甚至高达 5 倍。但这种大幅上涨的行情在 2014 年又戛然而止，之后普洱茶的涨幅相对平稳，只有比较稀缺的古树茶的价格才能维持高位增长的态势。以班章和冰岛普洱茶品类为例（见表 17－1 和表 17－2），古树茶头春茶的售价在 2017 年达到每千克市场售价 8 000～16 000 元。不过，由于售价较高，再加上这些产地的古树茶产量有限，消费者群体基数较小，所以目前市面上的普洱茶还是以单价几百元的普洱茶为主流，价格较为稳定。

表 17－1　班章普洱茶历年收购价格

时间	价格变化
2000 年	勐海茶厂收购价格为每千克 8 元，茶芽过于硕大，且色彩也不理想
2001 年	每千克涨到 11～12 元，但勐海茶厂只收了一部分就停止收购
2002 年	每千克突然涨到 80～120 元，而一般古树茶每千克才几十元
2005 年	每千克干毛茶 120～180 元
2006 年	每千克 180～400 元
2007 年	春茶每千克飙升为 800～1 500 元
2008～2009 年	价格骤然回落，每千克 400～600 元
2010 年	迅速升至每千克 1 200 元
2012 年	大小树混采价格为每千克 2 000～3 000 元

续表

时间	价格变化
2013 年	春茶为每千克 3 500 元
2014 年	春茶涨到每千克 8 000 元
2015 年	每千克 5 000～10 000 元
2016 年	古树头春茶每千克 6 000～8 000 元
2017 年	古树头春茶每千克 8 000～15 000 元

资料来源：说茶网。

表 17－2 冰岛普洱茶历年收购价格

时间	价格变化
2000～2010 年	冰岛古树茶每千克在 50～500 元，但逐年上涨
2013 年	冰岛古树茶（春茶）的价格为每千克 6 000～10 000 元
2014 年	冰岛普洱茶（春茶）的价格为每千克 8 000～15 000 元
2015 年	冰岛普洱茶（春茶）的价格有所回落，为每千克 5 000～8 000 元
2016 年	冰岛古树茶的鲜叶销售均价高达每千克 2 000 元，干茶均价为每千克 8 000 元。其中，冰岛小树春茶鲜叶的价格为每千克 400 元，中树春茶鲜叶的价格为每千克 800～1 000 元，古树鲜叶的价格为每千克 3 600～4 000 元，单株鲜叶价格飙升至每千克 6 000 元（注：4.5 千克鲜叶可制作 1 千克晒青毛茶）
2017 年	冰岛古树茶（头春茶）为每千克 8 000～16 000 元，冰岛小树茶干茶为每千克 2 500～6 000 元

资料来源：说茶网。

普洱茶的金融化过程与大红袍茶形成了较为鲜明的对比，二者的差别主要还是茶品的特性差异使然（如保质期、保健功能和质地品类），当然也受到各自茶品的历史文化背景的影响。总体来看，大红袍的金融化过程从 2009 年开始，其价格较快上涨主要出现在 2010 年，持续时间约为一年半。而 2010 年以来，武夷山大红袍市价增长 2～3 倍。茶青每千克的普遍售价为 20～80 元，比 2009 年翻了好几番。一些好的茶青每千克甚至卖到 280 元。在大红袍尚未经历炒作的时候，茶青曾卖出每千克几毛钱的低价。在批发市场，2009 年每千克 200 多元的大红袍，在 2010 年几乎都涨到了每千克 400 元以上。而在零售市场，质量较好的可以卖到几千元甚至上万元。但是从 2010 年下半年开始，虽然大红袍的价格没有出现明显的下滑，但销量逐月递减，市场交易量萎靡。很多茶商对市场较为悲观而不敢贸然进货。根据 2010 年以来大红袍的市场销售和价格情况可以发现，2010 年之后大红袍的价格逐渐回落到价格高涨之前的一般水平。因此，与普洱茶形成鲜明对比的是，大红袍的价格涨落周期不仅相对较短，而且没有出现一波又一波的持续性行情，这说明大红袍金融化过程的稳定性和持续性都要比普洱茶低许多。

4. 结束的方式

普洱茶金融化过程的结束方式具有周期性特征。2007 年 5 月以来，普洱茶最主要的内销地之一——广东出现了普洱茶价格大幅跳水的情况，不少产品的价格甚至在半月内跌了五成多。2007 年 6 月，福建、云南等地一直处于高位盘整期的普洱茶也因为缺乏买盘资金而出现了急跌的态势，暴跌 20%～50%，随后江浙市场的茶价也紧跟着下跌。此次普洱茶的价格暴跌是以“大益”“下关”“中茶”等为代表的几个大品牌价格剧跌而引发的多米诺骨牌效应。这几个大品牌的市场占有率达到了 70%。其中跌幅最大的是炒家追捧的名品茶。例如下关甲级沱茶，由最高价的每千克 400 元跌到每千克不到 200 元，跌幅超过 50%；业内人士广为收藏的“大益 7542”，从 2006 年上市时每件 2 万元的价格跌到每件 5 500 元，跌幅达到 70%；价格一直坚挺的西双版纳州布朗山乡老班章毛料茶从每千克1 250 元跌到每千克 800 元左右。到 2008 年下半年，普洱茶毛茶从每吨 6 万多元，猛跌至每吨 1 万多元。半数以上的普洱茶生产企业停产，众多茶叶经销商退出经营。对于大红袍而言，金融化过程基本结束，并不像普洱茶那样具有周期性特征。当然，大红袍茶品价格的下跌过程也相对缓和，没有经历普洱茶那样的暴跌。

从长期看，虽然普洱茶的价格不会像海南黄花梨等极具稀缺性的收藏品那样一路呈现上涨趋势，但是金融化的过程并未永久性地结束，金融化过程中茶品价格可能会延续周期性波动的特征。这一特征形成的主要原因可以从以下几个方面来理解：第一，作为一般商品，普洱茶总体来说并不十分稀缺，茶叶年年生长，茶园规模有扩大空间，因此普洱茶与其他稀缺收藏品（特别是不可再生的收藏品）并不相同。稀缺收藏品的价格之所以能不断上涨，其基础在于稀缺性。需要说明的是，虽然一般的普洱茶并不具有稀缺性，但是由于普洱茶适于长期存放，而且随着时间推移其养生和贮藏价值会发生转化，陈年的普洱茶则相对稀缺。这种特性是维系普洱茶的金融化过程持续稳定的基础。第二，普洱茶的加工进入门槛并不高。生产普洱茶并不需要特别高深的技艺或专业技术，一般只需要一台设备，收来茶青即可加工，而且资本投入不过几万元。在竞争较为充分的市场，由于资本的逐利性，需求的迅速扩大导致供不应求后，这种赚取超额利润的状态也不可能长期持续。第三，普洱茶的消费群体数量增长相对缓慢，茶品经过销售环节最后被公众消费的数量有限，相当数量茶品留存于投资者和收藏者手中。因此，从趋势上看，普洱茶价格不会长期大幅脱离其消费属性而形成价值只涨不跌的趋势，价格周期性涨落的情形更为普遍。

5. 影响的范围

2005～2007 年的普洱茶炒作热潮波及范围较广，包括云南、广东、福建、山东、河南、北京，以及江浙地区、东北地区等地。这些地方曾经涌现出大量普洱茶销售商和茶叶加工企业。例如，云南的普洱茶生产企业从 2004 年的 300 多家猛增到 2006 年的 4 000 家。广东是普洱茶在国内的最主要内销地。从 2005 年开始，广东茶市便呈现一派繁华景象。但在 2007 年下半年普洱茶价格普遍下跌三至五成之后，几个较大的普洱茶市场变得萧条，许多普洱老炒家也开始抛售库存的茶叶。

2009～2010 年大红袍的涨价现象则主要出现在厦门，而广东、山东、北京等地的大型茶叶市场也受到影响。2009 年以前，厦门经营大红袍的茶店也不过两三家。但从 2009 年中期以后，销售大红袍的门店数快速增加。厦门市茶叶协会的统计数据显示，2009 年 5 月至 2010 年 11 月，厦门市新开的大红袍加盟店和专卖店数量达到 500 多家。厦门市场存在游资进入的情况，但北方市场中新增的商铺大都是传统的茶企业，并无明显资本进入的迹象。

第四节　茶品金融化的内在逻辑提炼

普洱茶和大红袍受到追捧而被炒作并不是偶然现象，从普洱茶和大红袍的案例中我们可以提炼出游资选择炒作的农副产品所具有的普遍性特征。

第一，商品在一定时期内产量有限，甚至出现供给减少：普洱茶和大红袍在价格大幅上涨前，均出现了一定程度的产量减少情况，大红袍尤为明显。在大红袍茶青的主产区邵武、建阳、光泽等周边县市，2010 年年初遭遇冰雹和霜冻灾害的严重影响，大多数茶园出现了 50％到 70％的大幅减产。产量的减少使得供需关系在短期内出现不平衡，价格自然上涨，游资恰恰抓住这一价格上涨的契机进行炒作，进一步推动价格的大幅上涨。

第二，商品便于储存，甚至具有一定的贮藏价值；茶叶便于贮存的特性为经销商进行囤货控量提供了便利，如果是生鲜产品，则难以实现长时间的囤积。从贮藏价值来看，普洱茶是唯一的越陈越香、存放时间越久价值越高的茶叶品种，这使其不再仅仅是传统意义上的消费品，更增添了收藏品的属性，从而具有炒作的价值。而大红袍并不像普洱茶一样具有贮藏价值，其保质期只有 2～3 年，因此相对于普洱茶来说，大红袍的炒作空间比较受限。

第三，商品本身的价值受到消费者认可，且存在能够进行炒作的概念或历史文化要素（如茶文化），或是已经具有一定的市场热度。茶叶作为一种保健消费品，具有较好的保健养生价值。近些年来，随着电视、报纸等媒体的宣传推广，公众保健养生意识逐渐提高，对茶叶价值的认可度也大大提升。同时，中国的茶文化历史悠久，最早可以追溯到神农时期。人类刚开始是利用茶的物质功能，到了一定的阶段饮茶被注入了深刻的文化内容，它与中国人的日常生活和精神享受结合紧密。林语堂曾说，“中国人最爱品茶，在家中喝茶，开会时喝茶，打架、讲理也要喝茶，早饭前喝茶，午饭后也要喝茶”（房婉萍，2006）。可见饮茶已经渗透到普通公众的日常生活中，茶叶也被视为一种高雅的馈赠礼品。由于茶叶的品种众多，产地众多，其消费具有一定的地域属性。通过一系列的官方宣传活动，例如“马帮茶道·瑞贡京城”活动等，普洱茶从原产地云南走向全国，被越来越多的人熟知，市场热度也不断提升，为普洱茶的炒作提供了基础条件。

以上这些特点决定了普洱茶和大红袍具有商品金融化的基础。但仅仅具备这些特点还不足以使其价格大幅上涨，还需要受到资本垂青。在 2005～2007 年的普洱茶炒作热潮中，“热钱”流入的原因是中国股市不景气，资金需要寻找投资渠道以完成资本逐利的使命，从而铸就了这段时期普洱茶的高涨行情。

普洱茶的炒作方式是经销商层层联合，以控货提价为主，拍卖为辅。经销商通过囤货，控制市场上茶叶的流通量，造成市场缺货的假象，再互相抬拉价格在高位出货。同时，在一些中小型的拍卖会上往往出现买卖双方和拍卖行共同“营销”天价茶的情况，通过巨额的拍卖成交价格造成其价格上涨空间无限的幻象，从而吸引更多的资金涌入这一市场。

但是在 2007 年股市暴涨之后，“热钱”从普洱茶市场撤离，导致普洱茶价格出现阶段性暴跌。从本质上来看，无论是普洱茶还是大红袍，都不属于不可再生资源，即不具有长期的稀缺性，这也决定了其价格即使被资本推高，也无法长期维持价格高位，要么周期性回落（普洱茶），要么回落后保持稳定（大红袍）。

综合以上分析，通过商品价格和拍卖的成交情况，从衡量商品金融化程度的指标来看，普洱茶和大红袍的资本密集度和市场杠杆率不高；而由于其消费属性和贮藏属性，其资产流动性中等；在受到游资追捧时，其价格波动性较大；从炒作和价格上涨的持续时间来看，普洱茶金融化过程的稳定性相对较高，大红袍则相对较弱。综合来看，普洱茶的金融化程度属于中等偏弱的层次，而大红袍的金融化程度低于普洱茶。

第十八章　健康无价：中草药和保健品金融化

本章概览

- 中药材和保健品的特殊属性
- 冬虫夏草市场的价格走势
- 冬虫夏草市场的资金流入和经销周期

本章提要

中药材和保健品的属性介于消费品与投资品之间，其金融化过程较为曲折，且行业内部资金情况分化较为严重。受限于20世纪70～90年代我国宏观经济政策和经济发展水平，中药材产品价格保持稳定，并未体现区别于一般商品的特殊差异性。而伴随我国居民收入近20年来的稳定增长，养生保健的重要性成为居民共识，相关礼品的馈赠风气渐盛，商家利用古籍内容造势炒作，直至上中下游资本悉数参与，形成了采集、加工、分销完整的产业链条，其中以冬虫夏草（简称虫草）市场的金融化过程最为明显。综合目前市场现状分析，药材保健品尤其是虫草市场中外围资金的流入导致资本密集度和市场杠杆率较高，经销周期的存在导致资产流动性较低，供给侧的弱弹性造成其价格较大的波动性，并且由于具备投资品属性特征，资本流入的稳定保证了金融化过程的稳定性。综上判断，中药材保健品的金融化属于中等层次。

第一节　中药材市场行情的演进

我国中药材市场行情始于20世纪90年代中期，自此不断吸引各类资本涌入，以三七、金银花、冬虫夏草和太子参等为代表的中药材都曾经成为“热钱”的投资标的（郭莉，2010）。不过，中药材价格在21世纪前10年内达到周期性高点，于2010年之后开始回落，向理性水平回归。各类医药、牧业和农业类的期刊和杂志上刊登的中草药涨价的讨论也多见于2010年。

20世纪70～90年代的中国处于社会结构转型、社会重心转向、经济快速增长的阶段，改革开放政策不断出台，改革红利不断体现。但与不断松绑的实体经济相对应的是僵化的金融体制造成的日益严重的金融抑制现象。实体经济向市场经济转型的同时，金融领域却保留了计划经济的诸多管制。无论是对国内银行信贷额度的计划配置，还是对国际资本流动以及人民币汇率的严格控制，既削弱了我国商品的国际竞争力，同时又阻塞了国内融资渠道的拓展，增加了融资者获取资金的成本。金融抑制现象约束了实体企业加杠杆扩大投资的冲动，同时也平抑了资产价格的上涨，其中包括金融资产价格、大宗商品价格，以及各类收藏品、投资品的价格。基于此，介于消费品与收藏品中间的珍贵中药材品种在这一阶段保持着相对平稳的价格，而其需求量伴随着经济发展水平与人均可支配收入水平稳步提升。

除了金融抑制现象外，我国20世纪70～90年代的另一重要社会经济特征也对珍贵中药材价格的稳定起到了重要作用，即社会总需求的疲弱。需求多集中于食品消费领域。恩格尔系数刻画出了这一现象。我国1978年城镇家庭恩格尔系数约为59%，意味着城镇居民消费支出总额的近六成进入食品消费领域；20世纪80年代，我国城镇恩格尔系数虽然有所下降，但幅度不大，略高于50%；20世纪90年代，我国城镇恩格尔系数继续下降至45%左右，脱离联合国定义的温饱区间，晋升到小康水平，至此我国城镇居民在其他领域的消费数额实现了对食品领域的超越。这段时期恩格尔系数的水平和变化从另一个角度解释了除食品外其他领域的商品价格稳定于较低水平，并伴随经济增长平稳上升的现象。

在20世纪90年代之前，整个中药材市场体量很小，不同品种药材价格也差距极小。虽然以虫草、海参、黑枸杞为代表的中药材保健品近年来受到市场和资金的热捧，价格上涨趋势强劲，但追溯其历史，发现它们与其他种类中药材相比并无优越之处，并不被市场看好。以虫草为例，在20世纪70年代，作为“中药三宝”中最寻常的一种药材，在青海、四川等产地，无论什么品相的冬虫夏草的价格都只有每千克28元左右。其价值在20世纪80年代逐渐被市场认可，上等冬虫夏草的价格涨到了每千克300元，而到了20世纪90年代，冬虫夏草价格涨至平均每千克1 000元。在这段时期，价格的逐步上涨反映的是虫草市场较为客观的供需状况，以及贮藏技术和交通运输的落后对其成本的推动。又如黑枸杞，在青海地区，其一直以来被当作防风固沙的植被广为分布，其果实常被羊啃食，而从未被当地居民考虑作为食物或营养品食用。直到 2006 年，直到某些科研机构对黑枸杞的食用价值进行研究，认定其抗氧化能力明显优于普通水果及红枸杞之后，其价值才被市场认可，价格才随之拉升。

前期此类中药材市场价格的提升基本是其价值认可程度和市场供需状况在经济领域的反映。并且由于以上中药材在其价值刚被认可的时候，供给弹性较小，市场均衡价格的上升主要靠需求驱动。而且这些刺激需求端的因素主要源于经济和社会领域。但后期资本不断涌入时，中药材的投资属性远超消费属性，商品属性的转变导致了需求量的激增，加大了供需两端的不平衡。这一失衡状况持续数年之久，在社会风潮、公众认知逐渐转为理性，信息交流逐渐趋于透明，我国资本市场逐渐趋于成熟之后，全社会对中药材投资职能的认知发生转变，珍贵中药材价格攀升的脚步放缓。

第二节　天价虫草、昂贵海参与高价枸杞

我们在这一节集中介绍三类与健康养生相关的典型商品：一是冬虫夏草，二是海参，三是枸杞。这三类商品的选择比较具有代表性，虽然这三类商品都具有养生保健功能，但是三者的功效并不完全相同，三者的生长环境特征、价格涨落周期以及资金涌动的特征也存在一定差别。不过，这三种商品与前文中介绍的茶品相比存在着一个共同的弱点，就是文化内涵比较低，或者说根本没有文化因素蕴含其中，这也为此类保健品金融化过程相对较短埋下了伏笔。

中药材市场中的冬虫夏草，从普通商品开始，逐渐发展到被消费者竞相追捧的热销商品，再到资本涌入形成商品金融化，过程较为明显。从价格变化路径来看，大致经历了三个价格波动期。

首先，1995～2005 年，虫草市场处于价格平稳上涨阶段。平均价格从每千克 1 万元左右上涨到 3 万元左右，10 年内上涨约两倍。在此期间，虫草价格有一定的波动，但幅度不大，整体呈现平稳上升的态势。这一时期国家宏观经济高速发展，居民生活水平提高较快。随着居民收入水平和消费水平的提高，居民消费结构也逐步发生改变，对包括虫草在内的保健品的需求量大幅提高。同时，由于虫草的药用价值在医学界和受用人群中得到了广泛的赞誉，虫草在消费群体中的认同度提高。随着虫草市场的需求量与实际供给量间缺口的逐步增大，虫草价格相应呈现出平稳上升的态势。因此，市场供求因素是该阶段虫草价格上涨的主导因素，在这种以充

分竞争为主要特征的市场因素主导下，虫草价格由正常的供求关系决定，表现较为理性。

其次，2006 年至 2007 年，虫草市场处于价格快速上涨阶段。虫草平均价格从每千克 3 万元左右上涨到 12 万元，在短短两年时间内上涨约 3 倍。随着虫草价格的不断上涨，这一时期虫草经营者获得的利润也在不断增加。当利润高于社会平均利润时，大量资金被吸引进入虫草经营领域。由于天然虫草每年的供给量非常有限，这为一些拥有充足资金的经营者提供了垄断竞争的机会。一些商家为获得高额利润，在大肆渲染虫草的“神奇”功效和珍贵稀有的同时，投入大量资金囤积居奇，对虫草进行炒作，对虫草价格偏离常态的上涨起到了推波助澜的作用（范长风，2016）。这一阶段虫草价格没有反映出充分竞争条件下正常的供求关系，而是进入了由资金因素主导的商品金融化的过程。

最后，2008～2016 年，虫草市场处于“价格高位盘整”阶段。由于前一阶段虫草价格在一些虫草经营者的垄断经营下，通过不断的炒作和投机已达到了一个相对较高的价格区间，随着虫草价格的不断攀升，投机的风险也在不断增加。同时，受当时宏观经济形势影响，虫草的价格和需求量较前一阶段有一定程度下降，但虫草由商品向资本品转化的过程持续进行。在 2011 年，虫草价格超过 2007 年的历史最高点，达到每千克 21 万元。此后冬虫夏草价格一直稳中有升。2013 年以后，受中央《关于改进工作作风、密切联系群众的八项规定》（简称《八项规定》）政策的影响，虫草价格小幅回落，但因为产地范围较小，产量相对有限，所以价格依旧维持在较高水平。以上价格走势变化可由图 18-1 直观展现。

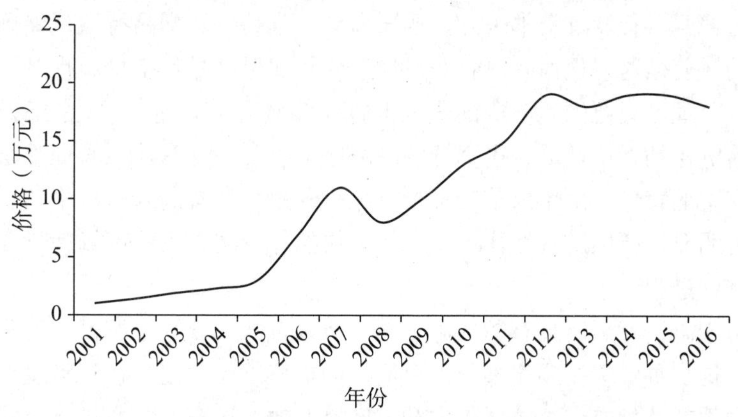

图 18-1　冬虫夏草价格走势

资料来源：根据中国中药协会信息中心官网数据整理。

与虫草相比，海参的金融化过程持续时间要略短一些，金融化特征不够明显。从21世纪开始看，2005～2010年是海参价格飞涨的时期，当时全国五家水产上市公司已有四家将海参产业作为主要产业加大投入，标志着海参产业已进入全产业链资本运营时代。此时以大连为龙头的海参产业如同雨后春笋般迅速发展，而且辽宁、山东、福建三省中的其他沿海城市快速跟进，产量连年攀升以适应需求。2012年以后价格逐渐走弱，向普通商品序列收敛。值得说明的是，海参价格的快速回落也跟海参养殖的自然特性有关。事实上，野生海参的产量并不大，但海参的养殖技术比较容易复制，而且养殖过程中肥料和化学制剂（例如保鲜用的福尔马林）的大量使用使得海参的成长期加速、产量快速增加，但品质下滑，营养价值下降，致使市场价格回落。

与上述两种保健品不同，资金从涌入到流出黑枸杞行业这一过程更为短暂。2010年之前，黑枸杞基本无人问津。但是从2011年开始，伴随保健养生理念在公众中开始盛行，同时在社会舆论的宣传和专家学者的论证影响下，黑枸杞的社会需求快速增加，导致各界资金开始流入黑枸杞的交易市场。在2012年，黑枸杞价格达到每千克4 000元。与海参养殖特点类似，由于黑枸杞的人工养殖模式容易复制，且生长环境并不像冬虫夏草的形成过程那样特殊，所以随着人工培育推动黑枸杞的供给量上升，资本炒作难度加大，致使市场资金逐渐减少。至2016年，黑枸杞价格趋于平稳。这种短时间内的一次性资金进出更符合短期资金炒作行为的特征。

我们在之前的章节中也提到，商品价格围绕其价值进行上下波动的现象极为普遍，若没有资本进入，普通商品很难具备资本品特性。保健食材市场同样遵循这一规律，尽管20世纪90年代保健品价格稳步提升，但始终处于合理区间范围。游资的进入改变了市场业态，进入21世纪以来我国较为宽松的货币环境、投资标的的缺乏，以及从众的社会心理都是这些游资产生的背景。由于虫草产量少且无法养殖，游资进入对价格的影响作用极为明显，所以游资炒作模式已较为成熟，下文以虫草市场为例介绍整个炒作的过程。

由于游资背后所具有的资源不同，所以自然地分为上游、中游和下游资本，这三种资本按顺序参与每个周期的虫草炒作过程。在每年夏天虫草收获的季节，拥有当地牧区势力和人脉资源的上游资本首先进入，收购藏民采集的一手虫草，按其品相、尺寸、完整程度等进行估值定价。这一过程没有统一的交易平台，所有的交易都在场外撮合完成。通常，上游资本拥有者为藏区贸易商或当地有政府背景的人员，拥有当地关系资源，这一门槛足以将其他资本隔离在外。随后经过简单的分类整理，上游炒家将大批现货转手卖给具备加工和分销功能的中游炒家。中游炒家通过磨粉、萃取、提炼等工序将虫草加工成药品或将其统一分销到全国各地下游资本炒家。下游资本在中游炒家手中获得产品后，会着重进行包装和宣传工作，便于其在市场销售时获取高溢价。值得一提的是，大型下游资本如同仁堂等厂家，会利用其规模大、资源丰富的优势跨过中游资本直接与上游资本进行交易以节省费用，降低产品成本。

当然，虽然资本可以按性质将其简化分为上游、中游、下游三类，但是在实际情况中，虫草从采集者到消费者这一过程，中间的经销商层级十分繁复，价格上涨 10 倍也是经销商层级过多的反映。由于有利可图，虫草经营过程中吸引了资金不断涌入，价格不断攀升，具备了普通商品金融化的特征。

第三节　中草药和保健品的金融化逻辑

1. 标的商品特点

从虫草的生物特性角度来看，某种蝙蝠蛾生长在地下的幼虫被虫草菌感染后，真菌从内部吃掉幼虫，并向地表生长。地面上出现棍状的真菌子座被称为冬虫夏草。迄今为止，市场上流通的虫草均为野生，所有人工培育的尝试都以失败告终，这一特性决定了其供给端的稀缺特性。

海参是一种生长在海边至 8 000 米的海洋棘皮动物，以海底藻类和浮游生物为食，中国沿海有 20 余种海参可供食用，尤以分布在渤海区域的辽刺参质量最为上乘。目前，人工养殖已产业化且规模化，所以近年来海参产量提升，供给弹性较大。

黑枸杞分布于高山沙林、盐化沙地、河湖沿岸、干河床、荒漠河岸林中，为我国西部特有的沙漠药用植物品种。野生的黑枸杞适应性很强，耐盐碱，耐干旱，花果极少。随着各界需求量的增加，当地农户已研制并推广了黑枸杞的人工培育技术，且产量较大，足够满足需求端，资本炒作难度增大。

从产区分布角度来看，冬虫夏草生长在 3 000～5 000 米高的海拔地区潮湿土壤中，这一特性限制了虫草的分布范围，世界 96%的虫草产量来自青藏高原，主要集中在青海、西藏和四川地区。而对于海参来说，由于其可养殖的特性，其产区分布较为广泛。国内海参存在大连、山东、福建三大核心养殖、生产、销售市场，由于大连、山东海参产业发展时间较早，产业成熟度较高，两地海参产量占全国总产量的四分之三。目前，福建海参养殖业借助其海水温暖、养料丰富等区位优势发展迅猛，产量扩张明显，极大提高了海参的供给，降低了游资对其炒作的杠杆撬动效果。野生黑枸杞主要分布于甘肃酒泉、青海西部、新疆、内蒙古西部等地，人工种植基地同样扩张速度迅猛。产区不仅从青海、宁夏扩展到内蒙古、新疆，甚至外延到陕北、山东，并有继续扩大之势。可以说，现今黑枸杞的主要来源从野生变至人工养殖，并形成了产业化的规模，其产量规模的扩大阻碍了资本炒作的进入。

事实上，对于大多数中医药材的功效，医界一直没有较高级别的论文数据支撑，这是业内共识。但我国传统药典古籍会对其功效进行粗略描述，如《冬虫夏草化学成分及其药理活性的研究》等文表明虫草具有益肾壮阳、降低胆固醇、增加体力、改善视力等功效，甚至含有抗肿瘤和抗病毒的抗氧化剂；同样，据《随息居饮食谱》等材料，海参可“滋阴补血，健阳润燥，调经，养胎，利产”，有促使新陈代谢旺盛、血液流畅的作用；《维吾尔药志》记载，黑枸杞果实及根皮可治疗尿道结石、癣疥、齿龈出血等，民间用作滋补强壮、明目及降压药。综上，传统医学对以上保健食品的肯定成为营销商宣传造势的基础，而现代医学数据论证的缺位又卸下了舆论炒作的包袱，任其自由发挥，夸张的描绘效果引导了民众的盲目需求，这为资本炒作提供了便利条件。

除中药材本身具备的使用价值外，珍贵中药材还具备较高的投资和贮藏价值，从而具备金融化基础。多数中药材具备较长保质期，且各年间产量具有差异，外部游资炒作具有不确定性，这些原因导致其价格不断波动。尤其以虫草产品为代表的难以人工培植的药材，每年产量都极其稀少，且呈逐步下行趋势，价格受资本因素影响较大，更是加重了其价格的不确定性，药材投资者可通过低吸高抛方式获得一定的投资收益。

2. 炒作前后背景

在人类历史上任何一次成功的商品炒作中，历史文化、社会舆论、政策基调以及公众心理等因素的前期铺垫都不会缺席。当投资或投机者意识到商品供求关系、定价机制以及市场结构出现微妙的失衡状态时，资金便会有动力涌入该市场。在中药材的案例中，炒作过程的前期铺垫并没有走出原有的这种范式。

养生保健在 20 世纪 90 年代逐渐成为社会共识。随着我国居民收入稳步增长，民众对生活质量的要求日益提高，这一需求与我国自古以《黄帝内经》《本草纲目》为代表的、倾向于从天然食材中汲取能量的养生理念相结合，由此催生了食品保健热潮。无论是金线莲、铁皮石斛、玛卡等中医药材，还是普通食材如山药、绿豆，都摇身一变成为保健圣品。

高档礼品的相互馈赠也是当时社会交往的一种常见方式和习俗。社会各阶层生活水平的提升将鱼、肉、蛋等传统礼品淘汰出当代馈赠礼单的序列，取而代之的是烟、酒、茶以及高端保健品，这一风潮在《关于改进工作作风、密切联系群众的八项规定》发布之前愈演愈烈，推升了保健品市场的热度。

历史古籍中对相关中药材已有的记载和社会舆论的宣传成为炒作的先天优势。以前文中介绍的三种保健品为例，均可在医药古籍中觅得其功效：清朝吴仪洛《本草从新》记载：冬虫夏草甘平保肺，益肾，补精髓，止血化痰，已劳咳，治膈症皆良；《四部医典》《晶珠本草》等藏药经典著作记载黑枸杞用于治疗心热病、心脏病、月经不调、停经等药效显著；《本草纲目拾遗》中记载：海参，味甘咸，补肾，益精髓，摄小便，壮阳疗痿，其性温补，足敌人参，故名海参。在传统文化认同的基础上，媒体出于猎奇等心理对相关产品和疗效大加报道，使产品形象深入人心，社会认可度提升。

2003年的"非典"对保健品价格的推升作用也极为明显，以虫草和海参为例，"非典"时期，传言吃冬虫夏草能增强免疫力，虫草产品一夜之间变成"神草"，引发市场热潮，其价格也一路暴涨，上等冬虫夏草价格猛涨到每千克1.6万元（崔烜，2012）。至此，虫草正式步入高端保健品行列，计价单位也从"千克"变为"克"。而海参同样因为提升免疫力的功效受市场追捧，由此开始了市场繁荣。

另外，除了上述推动中药材金融化进程的显性因素外，政策扶持、社会资金闲置以及信息不对称成为其背后的隐性助推因素。多数珍贵中药材产地位于我国西部省份，稀有药材市场已成为该区域支柱型产业，为提高当地经济水平，地方政府出台了各种产业扶持政策。另外，21世纪以来货币存量的累积与投资渠道的局限并存，客观上存在各类资金在寻找普通商品作为投资和投机标的，这也成为中药材金融化的资金基础。还有，电子信息技术的不完善导致产区与销售区、产量与销售量等信息在采集者、消费者以及投资者之间的不对称性，影响投资决策，易引起投机冲动。

3. 持续的时间

不同种类的中药材金融化周期不尽相同，以冬虫夏草为代表的产量稀少且难以人工繁殖的中药品种经历的金融化周期较长，市场判断其有较高投资价值，升值预期普遍强烈，在经历了 1995～2005 年的平稳上涨、2006～2007 年的快速上涨阶段后，价格并没有立即出现“倒 V 字”回落，而是在 2008 年后进入高位平稳阶段，体现出其刚性需求的特质和投资者对其的信心程度。

然而，以海参与黑枸杞为代表，可人工培植、量产较大的养生产品经历的金融化周期较为短暂，外部资金在该产品概念炒作初期进入，此时市场需求量也在各种养生概念的带动下快速增长，而供给侧难以及时补足需求缺口，人工养殖技术尚未成熟。随着量产的普及，供给侧库存充足率提升，资金难以对该市场价格施加更大影响以获得超额回报率，于是从该行业流出。海参与黑枸杞基本都经历了五年左右的价格猛增阶段，2010 年后，海参养殖基地在大连、山东以及福建规模化建设，产量逐年提升，其进一步金融化的基础逐渐消失。2014 年后，黑枸杞养殖地区由宁夏扩散到陕西、山西甚至河北，该产品的投机价值也随之消失。

4. 结束的方式

这三种中药材在经历了价格平稳上升和快速上涨之后，资本炒作的结束方式截然不同。虫草价格的上涨趋势远未结束，价格将会继续保持在高位，资金不会离场，金融化过程短期内将不会中止；海参价格在 2012 年后趋于平稳，价格大幅上涨的趋势已结束，逐步回归到合理水平区间，金融化过程暂告一段落；若继续大力发展黑枸杞人工培育技术，其价格上涨趋势同样将不会持续，无法获得超额利润的资本也会流出，那么这一炒作过程即将宣告结束。虽然三种商品金融化路径各不相同，但迄今为止都避免了泡沫破裂的“硬着陆”过程，这也保留了资本随时涌入炒作的预期。

与同类中药材相比，虫草具备产量稀少并逐年下降、人工无法养殖、贮藏难度大、产地神秘文化、评级机构稀缺、产地集中等先天利于资本炒作的背景和特点，所以其金融化持续时间会长于其他种类中药材，在短期内高企的价格也没有下降的趋势。

5. 影响的范围

中药材金融化现象影响的范围主要集中于产区周边以及一二线城市。产区周边地区成为外部资本的主要来源地和产品分销商的集中区域。这一方面由于本地资本拥有人脉关系等资源，另一方面也因为本地投资者能够尽量避免投资中信息不对称造成的负面影响。而一二线城市由于高消费能力成为销售商和主要消费对象最为密集的地区。例如在海参市场中，“晓芹海参”和“棒棰岛海参”等品牌由大连本地资本较早投资创办，目前在全国一二线城市均有销售网点。

相关产品所涉及的资本主要分为两类。一类为原产地闲置资本，此类资本大多集中于上游一级市场，负责对中药材采集、加工和分销；另一类为全国性保健品和中药材行业经销商控制的资本，此类资本多集中于下游市场，直接面对消费者。当然也存在规模庞大的下游中药材经销商向上游挺进的现象，形成具备上游采集、中游加工、下游经销功能的全产业链“托拉斯”组织。例如同仁堂目前已经具备了在原产地直接购入虫草、加工后直接出售的生产和组织能力，体现出了其规模优势。

第四节　中草药和保健品金融化的内在逻辑提炼

商品金融化的特征从根本上改变了商品价格的形成机制，价格不仅由传统的、基于实体的市场供求关系决定，更由资本和货币变量来决定。保健产品和中药材本身具备吸引资本炒作的特点，而与海参、黑枸杞等普通保健品相比，虫草所具特性更能保证资金持续性注入，进而逐步完成金融化过程。中药材保健产品价格普遍依靠其自身具备的贮藏功能、历史渊源、高端礼品属性及符合民众健康观念等特性来拉动上升，当地政府和媒体在了解真实功效之前就大加宣传，将其理念和形象深植人心。

在此基础上，虫草还拥有普通中药材不具备的优势，即无法人工培育，产量稀缺可控，这是资本长期炒作的前提。而海参市场由于供给颇为迅速且消费没有明显增长而日趋饱和，加上国外海参大量涌入的影响，投资于此的资本收益率迅速下降导致资本流出。黑枸杞同样由于人工培育导致产量暴增而改变了供需状况。由于上述商品的可再生性、信息不对称性以及生产滞后性，海参和黑枸杞市场的价格仅仅是“蛛网模型”所反映出的周期性供需不匹配，而不具备商品金融化前提。另外，消费群体单一也是限制黑枸杞价格上涨的桎梏，调查表明，黑枸杞的消费群体主要为城市年轻人，黑枸杞并没有进入高端礼品和养生保健品序列，这对于其价格的持续上涨有一定阻碍作用。

考察商品金融化程度的常用指标分别为资本密集度、市场杠杆率、资产流动性、价格波动性和过程稳定性，据此可以将房地产等商品归为高金融化层次商品，将大豆等存在期货市场的商品归为中等金融化层次商品，而将葱、姜、蒜等普通消费品归为低金融化层次商品。综合本章的分析，虽然无法获得准确数据，但通过上、中、下游资本的流动情况可知，中药材等保健品尤其是虫草市场中资本密集度和市场杠杆率较高；而由于经销周期的存在，其资产流动性较低；由于供给侧的弱弹性，其价格波动性较大；由于具备投资品属性特征，资本流入的稳定提高了其过程稳定性。所以我们判断，冬虫夏草的商品金融化过程属于中低层次。

另外，通过对虫草价格周期的观察研究发现，其价格波动情况与我国资本市场金融产品价格变化趋于一致，这又可佐证其资本品属性及金融化程度。与其他低金融化层次商品相比，中药材优劣势互现：其不具备高端红木商品、玉石商品的艺术性和权威评级组织，不具备邮票及葱、姜、蒜产品的集合交易平台以及连续的报价信息，也不具备普洱茶的深厚历史文化渊源，但其拥有由产量稀缺、消耗增大导致的数量的可控性，和其他商品缺乏的与社会健康理念的联系。罗嘉庆（2013）经考证后判定，高级金融化商品需要具备两个前提：一是存在大量标准品质的商品被交易，二是有固定场所，可提供连续价格信息。考虑到中药材产品具备品质标准化的基础，但并没有固定的交易场所能够提供连续、必要的价格信息，综合评判以虫草为例的中药保健品，其金融化程度应介于低级和中级金融化商品层次之间，高于普通商品而低于标准化期货市场水平。

第十九章　囤积居奇：小宗农产品金融化

本章概览

- 现代小宗农产品市场金融化
- 大葱、生姜和大蒜等农产品的历次价格剧烈波动
- 炒作的主要资金力量

本章提要

从经济角度看，“奇货可居”和“囤积居奇”所比喻的囤货涨价现象由来已久。早在我国战国时期、英国18世纪就都有关于囤积稀有商品以待高价出售行为的记载。2008年全球金融危机之后，与奇货可居、囤积居奇类似的炒作现象出现在大葱、生姜和大蒜（简称葱、姜、蒜）等小宗农产品市场上，驱使该类商品价格大起大落，使上述商品呈现一定程度的金融化态势。本章对大蒜、生姜及大葱的历次价格剧烈波动的背景及经过进行梳理和分析，探究葱、姜、蒜类小宗农产品的金融化逻辑。市场流动性充裕时的民间资本是炒作的主要资金力量，炒作的基础有：标的商品的产地集中、产量有限，与居民生活密切相关，该类农产品便于储存。炒作现象也受益于小宗农产品市场较低的信息透明度和较弱的市场监管。葱、姜、蒜从炒作发展而来的金融化过程稳定性较差、市场规模及影响范围有限，标的商品的金融特性与大宗商品相比也存在差距，因此属于较低层次的金融化，但由于市场交易的活跃性以及当局对稳定性的考量，将有可能出现相应的期货市场。

第一节　奇货可居、囤积居奇：原始典故与寓意回顾

“奇货可居”一词的典故出自《史记·吕不韦列传》，吕不韦为战国时期商人，往来各地，凭低买高卖积累起千金家产。某日他在赵国都城

邯郸偶遇身处赵国的秦国公子异人。由于当时秦、赵两国战事频繁，公子异人的处境颇为落魄。吕不韦将异人视为其政治投机资本，认为“奇货可居”。吕不韦不仅在经济上救济异人，还将所宠爱的赵姬许给异人为妻，另外又买通秦昭王太子安国君宠爱的华阳夫人，将异人收为子嗣，安国君继位后，立异人为太子。安国君去世后，异人便继位为秦庄襄王，立赵姬所生之子政为太子，即后世秦始皇，吕不韦也因此成为秦国丞相。

吕不韦对落魄公子异人的政治投资，让异人得以继承王位，并使得异人的儿子成为千古帝王嬴政。吕不韦本人后来被拜为仲父，一时权倾天下。于是后世之人用“奇货可居”形容把稀有的东西囤积起来，等待高价出售的行为。

此外，“囤积居奇”一词也有类似含义，指商人囤积大量商品，等待高价卖出，牟取暴利。并且，毛泽东也在《湖南农民运动考察报告》中指出，不准高抬物价，不准囤积居奇，皆同此意。

事实上，在经济领域，奇货可居和囤积居奇是古已有之的现象，商人会将市场紧俏或预测将来会紧缺的商品购进储存，等到价格上涨的时候再高价卖出，以图快速赚取大笔利润。囤积之后的商品之所以能卖出高价，通常有两个前提条件：一是市场供不应求，二是经营者处于垄断地位。人类历史中最常见的囤积标的是粮食，因为其具备必需品的属性。每当生产力不足之时，粮食便会短缺，然而总有人可找到机会将其囤积，历史上的大商人常常能够垄断粮食市场而牟利。

对于奇货可居和囤积居奇行为，中国古代封建王朝的历代统治者通常不会听之任之。自春秋战国以来，治理办法层出不穷：或打破垄断，或实行价格管制，或将囤积居奇行为罪刑化。

不过，囤积居奇的实践并非中国独有。《金融投机史》（爱德华·钱塞勒，2012）中举了一个比较有代表性的案例，该案例发生在18世纪的英国。当时，英国有一位乔治·科尔布鲁克爵士，出生于一个银行家家庭。其父亲和兄弟经营的商业银行生意对他自小就产生影响。他在继承家业之后，致力于各种投机生意。根据《英国议会历史》（*The History of Parliament*）的记载，1770年，他非常急切地要购买苏格兰的一块价值14万英镑的土地。1771年，他又购买了英国北拉纳克郡的大块土地，以急剧扩张他的生意。或许是他在这些生意中尝到了甜头，1771～1772年，他又试图在全世界范围内囤积用于纺织品染色的明矾。虽然他成功地从主要供应商手中买断了所有产出的明矾，但由于抬价过高以致短时间内出现了大量新的生产厂家，导致明矾市场供过于求。乔治·科尔布鲁克爵士也因此而破产，并拖累了许多其他投机商，他“囤积居奇”的失败甚至引致一场波及整个欧洲的信用危机。

第二节　现代版“奇货可居”：大蒜金融化

1.“蒜你狠”事件简介

自 2009 年至 2017 年，大蒜经历了三次较为剧烈的价格波动。在此期间，大蒜价格迅速上涨，最高时涨幅达到数十倍，甚至超过肉类和鸡蛋的价格，因此被媒体形象地称为“蒜你狠”。

图 19-1 展示了大蒜的全国批发价格周度数据在 2006 年至 2017 年的变化趋势，图 19-2 是据此得出的增长率变动情况。图 19-2 中三次明显的波动分别对应着 2009～2011 年、2012～2013 年和 2015～2017 年的三轮“蒜你狠”行情，而每一轮的暴涨暴跌都可反映在图 19-2 的增长率变化中。从图 19-2 中我们可以发现，正常情况下，大蒜价格增长率围绕零点小幅上下波动，而当大蒜价格快速疯狂上涨时，每周的增长率通常能达到甚至超过 10%，随后价格快速回落时有 10%至 18%的周跌幅。

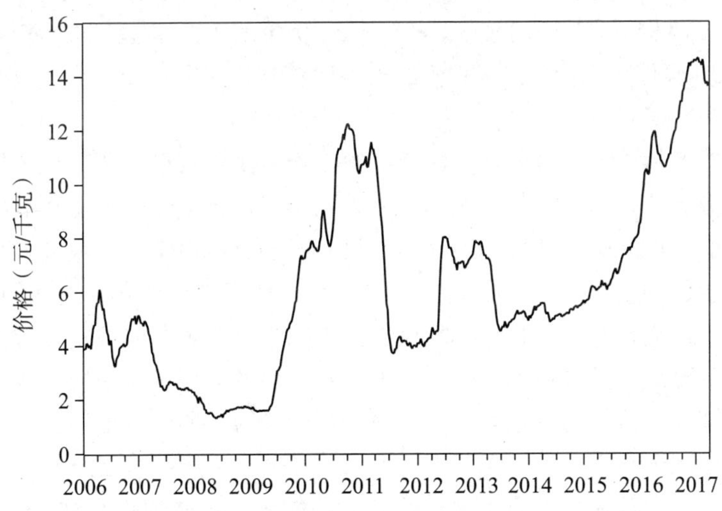

图 19-1　2006～2017 年全国大蒜批发价格

资料来源：中华人民共和国商务部市场运行和消费促进司网站，经作者整理。

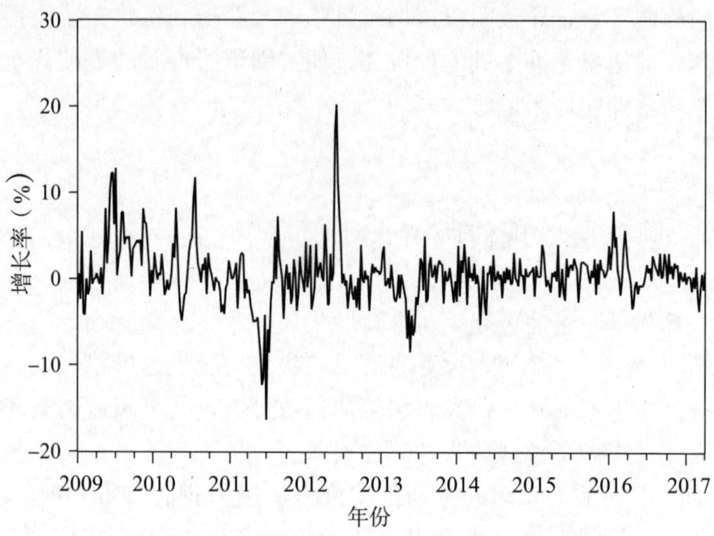

图 19－2　2009～2017 年大蒜批发价格周度增长率

2. 历史背景与经济背景

受 2008 年的金融危机的影响，我国实体经济进入低速增长期。实体经济层面的萎靡不振既延缓了消费升级，又减缓了配套金融支持的投入节奏，降低了投资者对传统领域的投资热情。为应对危机，我国在 2009～2010 年实行了宽松的宏观政策，出台了众所周知的“四万亿计划”。相应地，2009 年 M2 余额较 2008 年增加 28.42%，2010 年 M2 余额较 2009 年又增加 18.95%。经济刺激计划以及宽松的宏观政策向市场释放出大量流动性，而其中有相当规模是民间资本，大量资本需要找到所依附标的。

但在实践中，一方面，实体经济的萎靡不振导致可投资对象不足，流动性无处释放，造成“资产荒”；另一方面，由于政府对民间资本投资方向的限制，民间资本使用金融工具受限。以上矛盾提供了资金进入其他领域并催生新的金融资产的机会，而这些新领域尚未金融化，进入门槛低、没有成熟的交易机制、缺乏风险控制，所以资金在短期内可驱动价格大幅波动，甚至改变其价格形成机制。小宗农产品市场是典型领域，该市场各类商品迎来了价格的轮番上涨，其中大蒜市场的表现最为突出。

除宏观经济因素外，大蒜市场本身的背景也是产品炒作必不可少的因素。目前以大蒜为代表的我国小宗农产品的生产模式仍以分散种植为主，因此在一定程度上存在产销脱节的问题。种植者很难及时获得准确的市场信息，缺乏科学的分析指导，往往只凭借经验和碎片化信息便决定生产的品种和数量。所以，前一期价格上涨易导致农户下一期盲目扩大规模，而前一期价格走低易使农户一哄而散地转去生产其他农产品，这种生产决策方式易被投机者利用，在一定程度上加剧了农产品价格的波动。此外，每年的大蒜产量还容易受到各主产区气候因素的影响，时常呈现出剧烈波动，导致暂时性的市场供需不平衡。

3. 事件的来龙去脉

(1) 2009～2011 年。

2006 年、2007 年连续两年大蒜价格的高位运行抬高了农民种蒜的积极性，我国大蒜种植面积从 2005 年的 55.33 万公顷增加到 2007 年的 83.74 万公顷。实际上，2007 年年末的蒜头收购价格已经逐步大幅降低，但广大蒜农仍存侥幸心理，2008 年全国大蒜种植的总面积并没有明显下降，这导致 2008 年大蒜供过于求情况严重，大蒜收购价格暴跌，蒜农、经销商损失惨重。因此许多蒜农改种其他农作物，致使 2009 年全国大蒜种植面积从 2008 年的 83.33 万公顷缩减到 60 万公顷左右。

与此同时，大蒜单位产量的变化也影响其总产量情况。一方面，由于蒜价持续低迷，而包括农药、化肥、运输、贮藏及劳动力在内的大蒜生产成本逐年攀升，导致蒜农对大蒜种植的投入减少。以 2009 年为例，综合考虑各项成本后，批发蒜的成本达到每千克 4 元以上。全国蔬菜主要批发市场在 2005 年、2006 年的大蒜平均销售价格分别为每千克 3.66 元和每千克 3.63 元，而在 2007 年、2008 年分别下降到每千克 1.46 元、每千克 1.33 元，远低于种植成本。

另一方面，由于大蒜主产区遭遇了不利的气候条件，冬季低温，春季持续干旱，导致全国大蒜平均单产量下降超过 10%。2009 年全国大蒜总产量从 2008 年的 1 026 万吨下降到 590 万吨左右，下降幅度达 42.5%；保鲜库入贮的大蒜由 2008 年的 280 万吨下滑到 178 万吨，减少了 36.5%。2010 年大蒜生产也遭遇了较为恶劣的气候，生长前期干旱少雨，而入冬后降温降雪较早，致使气温偏低且持续时间长，北方的一些产区出现大面积死苗的问题；翌年春季倒春寒，不仅延缓了蒜苗的生育进程，还使金乡等产区大蒜普遍出现二次生长现象；而由于春节前后南方产区蒜苗价格畸高，约有半数蒜农将蒜苗予以出售。以上这些因素均严重影响了 2010 年大蒜的产量和质量。

与大蒜产量下降相对的是旺盛的市场需求。2009 年全球爆发甲流疫情，大蒜作为医学专家公开推荐的 9 种抗流感食物之一，消费量增加，需求明显上升。以我国的大蒜主产区山东金乡为例，2009 年金乡大蒜在国内市场销售达到 16.6 万吨，而在此之前，其在国内市场每年销售量不超过 3 万吨。

在国际上，由于我国 2007 年、2008 年两个年度大蒜供过于求，价格极低，廉价大蒜进一步冲击国际市场，使得国外一些大蒜产区缩减种植面积，这也造成了 2009 年国际市场的大蒜供应不足，对中国大蒜的需求上升。

图 19－3 和图 19－4 分别展示了从 2009 年至 2011 年我国大蒜的全国批发价格走势和周度增长率的变化情况。从图中可以看到，我国大蒜价格在 2009 年 1 月出现小规模波动后持续缓慢下行，于 2009 年 6 月达到最低价位。全国蔬菜批发市场蒜头平均每千克 1.7 元，此后一路飙升，于 2009 年 7 月达到每千克 2.5～3 元，2009 年 12 月上涨至每千克 7.0 元左右，该过程中有数周的价格增长率保持在 10%左右。在此期间，各地大蒜收购商相互跟风抬高收购价格，在大蒜尚未晾至可被收购的程度之时便涨价至每千克 3.3 元；之后近一个月的时间里蒜价一直保持平稳，未出现回落，在此期间，蒜农的大蒜已基本售罄；2009 年 7 月底至 8 月初，大蒜价格再次冲高且居高不下，众多蒜贩及贮藏商都大量囤积存货，至入库时价格再一次上涨。直到 2009 年后期，蒜商已基本控制大蒜的价格。

在大蒜价格经历了 2009 年的迅速上升后，一直保持平稳，且未在 2010 年大蒜收获季节恢复至之前的水平。在气候等多方面因素的影响下，蒜价在 2010 年 5 月经历了一次短暂的波动后，开始了第二轮大幅上涨。从 2010 年 6 月约每千克 7.7 元开始再次冲高，至 2010 年 10 月超过每千克 12 元，此后经历小幅震荡，2011 年 4 月开始，价格迅速下行，周跌幅一度在 10%以上，最终恢复至大约每千克 4.0 元的正常价位。

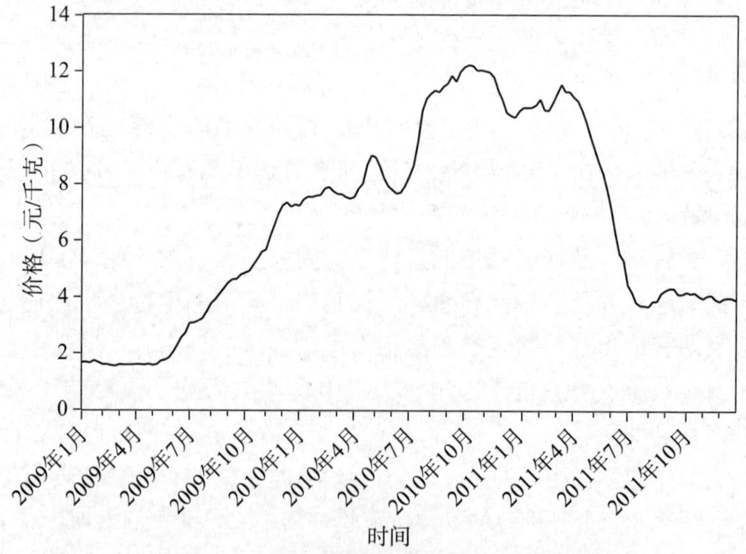

图 19－3　2009～2011 年全国大蒜批发价格

资料来源：中华人民共和国商务部市场运行和消费促进司网站，经作者整理。

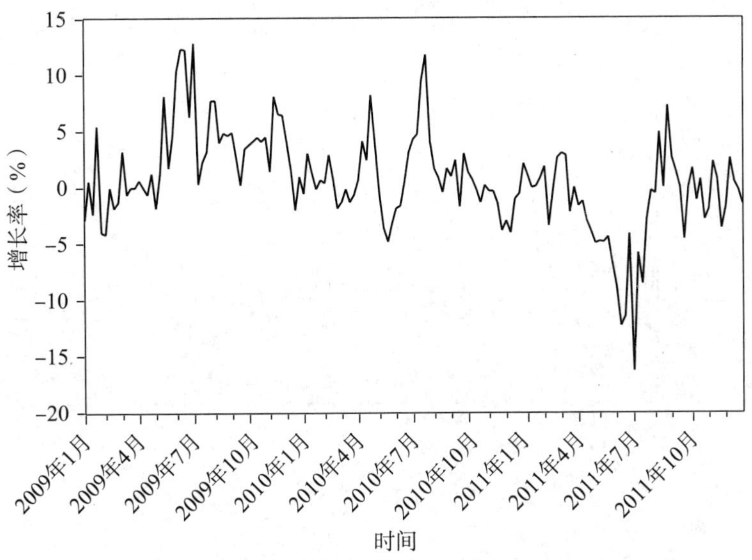

图 19-4 2009～2011 年大蒜批发价格周度增长率

（2）2012～2013 年。

大蒜价格在经历了 2010 年的高涨和 2011 年的急剧下降后，于 2012 年 4 月底再次冲高。此轮"蒜你狠"行情的价格走势和增长率变化情况从图 19-5 和图 19-6 中可以窥见一斑。

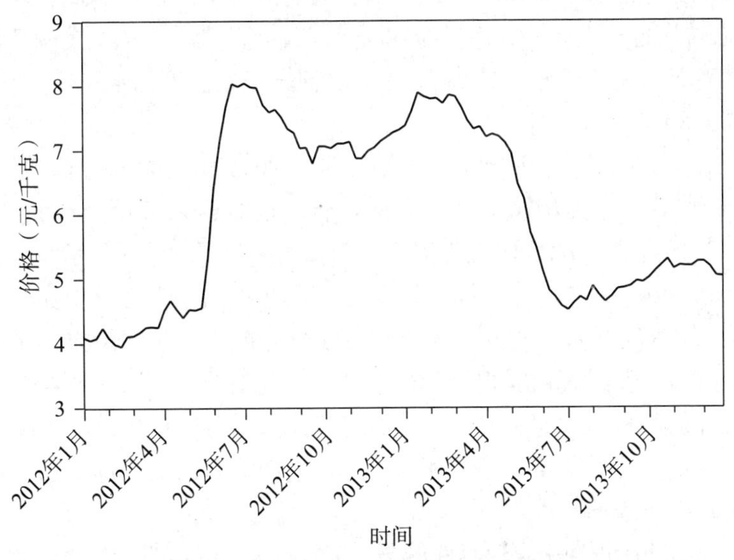

图 19-5 2012～2013 年全国大蒜批发价格

资料来源：中华人民共和国商务部市场运行和消费促进司网站，经作者整理。

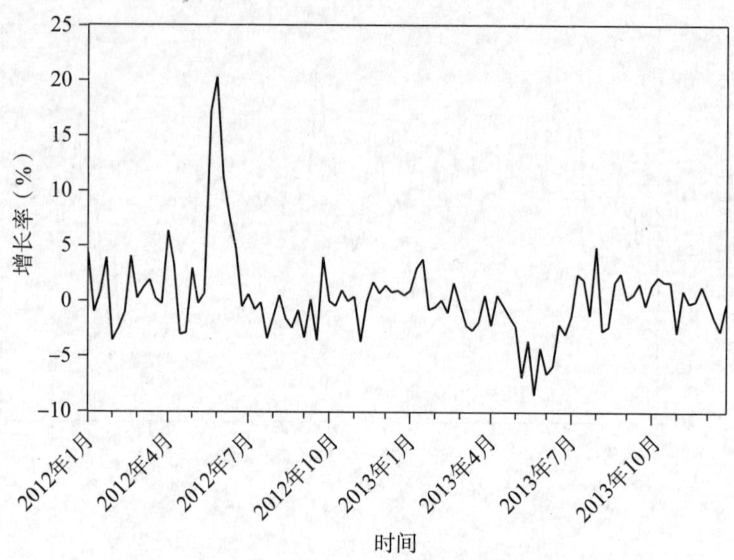

图 19-6　2012～2013 年大蒜批发价格周度增长率

虽然价格上涨幅度未超过 2009～2011 年，但该轮大蒜“牛市”的特点在于上涨速度极快。这是由于 2012 年大蒜主产区周边地区的大蒜减产幅度超出预期，蒜农、经纪人和经销商据此对 2012 年大蒜产量和价格产生新的预期，加之缺少可靠的信息，便出现炒作现象。舆论放大了减产的负面影响，导致蒜农惜售，经纪人抬价收购并待价而沽，因此新蒜价格在 10 天之内从每千克 3.8 元飙升至每千克 8.0 元。但 2013 年大蒜开始收获时，大蒜价格迅速下跌，在 2013 年 6 月回归至较合理的水平。

（3）2015～2017 年。

经历了 2012 年的高峰期后，2013 年、2014 年，大蒜行情进入低谷，直到 2015 年大蒜收获期后，才迎来好转。这时迎来蒜价新一轮的上涨。2015～2017 年的大蒜价格变化情况如图 19-7 和图 19-8 所示。

2015 年 6～9 月，大蒜批发价格从每千克 6 元上升至每千克 7 元。从 2015 年 11 月底开始，北方产区的低温影响蒜苗的生长，南方产区的强降温降雨（雪）使得蒜苗受损较为严重，导致较强的大蒜减产预期，拉开了蒜价上涨的序幕，大蒜价格从每千克 7.5 元涨到每千克 9 元。2016 年春节后，市场传言北方蒜苗大面积死亡，当年大蒜减产已成定局，这一消息成为蒜价再次飞涨的导火索。

新蒜的减产预期引发储蒜商的捂货惜售行为，导致供需失衡。此外，一些蒜商借势进行投机炒作，对此轮暴涨起到了推波助澜的作用。大蒜主产区的众多大蒜经纪人均看好后期上涨行情，于是分批次购入大蒜，将蒜价逐步抬高。2016 年 2 月，蒜价达到一个小高峰，全国平均批发价格超过每千克 10 元，在 2016 年 3 月、4 月之交达到顶峰，蒜价为每千克 12 元，“蒜你狠”重现江湖。2016 年的最高价格已经超过了 2010 年的最高点。仅仅在金乡县，2015 年至 2016 年的这一轮蒜价暴涨后就诞生了很多位千万富翁。

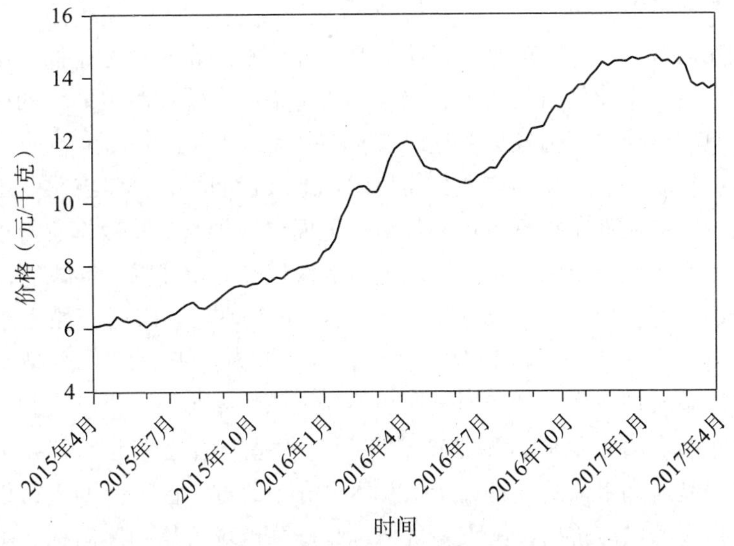

图 19－7　2015～2017 年全国大蒜批发价格

资料来源：中华人民共和国商务部市场运行和消费促进司网站，经作者整理。

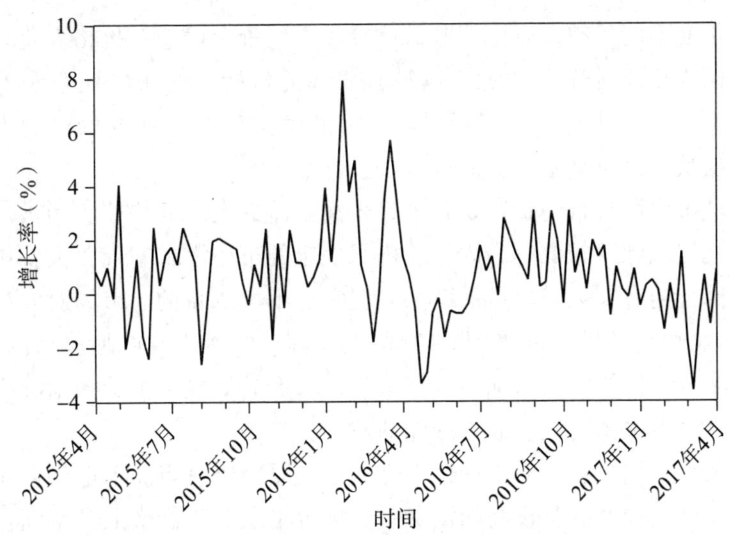

图 19－8　2015～2017 年大蒜批发价格周度增长率

经历了疯狂的上涨之后，由于资金的撤退以及交易量的减少，大蒜交易开始量价齐跌。以山东金乡为例，根据金乡大蒜专业批发市场信息中心的监测，2016年4月，大蒜平均批发价格为每千克10.52元，环比下降12.16%；成交量为11.88万吨，环比下降1.08%；成交额为12 975.49万元，环比下降9.81%。

4. 金融化逻辑挖掘

(1) 标的商品特点。

利用游资炒作大蒜的一个最明显行为即囤积居奇——通过控制市场供给量、推迟正常供给时间而人为提高供给价格。大蒜作为被炒作的标的农产品，具有对此种行为较为明显的有利特征。

大蒜属小宗农产品，产地少而集中，地域性明显，产量有限，市场发育不成熟，因而便于投资者控制蒜源、把握市场供给。其炒作所需求的资金有限，数十亿资金的集中投放就能造成区域性的市场囤积性缺货。

全国大蒜种植主要分布于两个产区：一个是北方产区，如山东的金乡、临沂、聊城，河南的杞县、新乡，以及江苏徐州。另一个是南方产区，如云南大理。由于各产地土壤的差异，蒜的品质及产量不尽相同，其中，山东金乡的大蒜质量好、产量高。金乡是中国大蒜生产最集中的产地、出口基地和最大的交易场所，基本主导了北方产区大蒜的上市供应量和北方市场的供应价格，其大蒜价格也是全国市场价格的风向标。金乡的山禄国际大蒜交易市场素有"大蒜华尔街"之称，每年中国有70%的大蒜在此交易。

与粮食不同，粮食有国家收储途径和专门资金以应对价格变化，大蒜既缺乏国家相应的库存调配，也没有权威的机构发布市场信息和价格指导，蒜商和蒜农共同承担市场风险，因此信息传播可造成价格的大幅波动，这也是大蒜价格敏感的原因。

与城市居民日常消费密切相关且生活必需的农产品往往成为被炒作的对象，其需求弹性较低，为炒作提供了稳定的市场需求基础。大蒜虽不是每个家庭长期有较大需求量的产品，但它是不可或缺的。市场对农产品的需求较为稳定，但不同时期供给有所不同，这便造成农产品价格的波动。农产品丰收，供给大量增加，价格下降；农产品歉收，供给大量减少，价格上升。供需关系的波动成为炒作的契机。

炒家会特别关注因上年价格下降或气候原因致使当前年份产量减少的农产品，这类农产品有较高的消费者心理价格预期和价格上升空间，为农产品炒作提供了利润源。此外，前一期的低价使得投资者只需要较少的资金便可在当期大规模垄断资源。正因如此，大蒜的历次炒作都发生在出现较强减产预期且价格处于低位的时期，"囤积居奇"者正是在农产品价格低时大量购进，农产品价格高时大量出售，从中获利。

在较为稳定的市场需求基础上，大蒜在 2009 年的甲流期间以“消毒蔬菜”之名满足了“囤积居奇”的“奇”字，在炒作初期保证了旺盛的市场需求，并以此开启价格猛涨的势头，

此外，满足“囤积居奇”中能够被“囤”的属性也是炒作标的须具备的条件。便于储存的农产品可以延长其囤积居奇的时间，在此期间不停易主升值，同时降低储存成本，减少储存过程中的损耗，具有更强的金融属性。市场上大蒜的储存周期长达一年，而事实上大蒜在冷库中可以储存两至三年之久，其便于储存的特性为其成为炒作对象提供条件。而其他常见蔬菜，由于保鲜时间极短，没有囤积居奇的价值。冬虫夏草、三七等中药材，以及大豆等大宗农产品则比大蒜具有更佳的储存特性，金融化程度也因此更高。

(2) 大蒜炒作的方式。

所谓“炒作”大蒜，实际上是基于对行情中长期预测的一种投机行为，炒作的参与者包括大蒜经纪人和拥有雄厚资金的大蒜收购商。大蒜经纪人一般是长期钻营大蒜经销链条上的“业内人”。在大蒜主产区，常年活跃着一批大蒜收购商，他们和掌握着大量市场信息的大蒜经纪人合作，了解市场情况，从而决定进货量以及出货价格。来自外地的蒜商通常只需备好资金，然后委托产区当地的大蒜经纪人负责收购入库以及出货即可。

大蒜价格的形成有三个阶段：第一个阶段是 5 月中旬至 6 月下旬，各大蒜主产区陆续开始收获大蒜，大蒜市场价格开始由库存尾蒜价格过渡到新蒜价格。若无冷库储存，大蒜的储存期则不超过 2 个月，而通常只有大收购商有资金实力租赁大型冷库储存大蒜，这些蒜商通过大蒜经纪人进行大蒜的收购。为了大蒜的保鲜，蒜农每年必须在 8 月底之前将全部大蒜出售给大蒜经纪人，随后由大蒜经纪人将大蒜集中运进冷库储存。在此过程中，蒜农、大蒜经纪人和大蒜储存商之间进行博弈，形成初步新蒜价格。第二个阶段是 6 月下旬至 8 月中下旬，这一时期各地大蒜已全部收获，价格的形成取决于大蒜储存商对价格的认可和对储存量的预期，经过各方博弈，形成大蒜的入库价格。第三个阶段是 8 月中下旬至来年 5 月，随着大蒜入库基本结束，全国大蒜入库数据基本明朗。这一阶段价格取决于库存量的大小和秋后大蒜种植面积的增减情况以及对苗情的预期。市场参与者对后期大蒜市场的供求关系重新进行评估和价格博弈，形成库存蒜价格。

在后两个阶段中，大蒜储存商具有买家和卖家的双重身份，所以其态度是造成大蒜价格波动的重要原因，大蒜储存商的态度则往往取决于其掌

握的市场信息。每年未到收获季节，大蒜储存商一旦发现大蒜有减产趋势，便提前介入投机资金，进行诸如租用冷库和卡车、提前进入种植环节控制产品源头（如直接与农户和当地大经销商签约、承包蒜地）等准备工作。大蒜储存商以较为低廉的价格从蒜农手中收购大蒜囤积入冷库，有实力的大蒜储存商经常一次性囤积成千上万吨大蒜待价而沽。他们并不急于将大蒜销往市场，而是静候价升。大蒜储存商之间往往通过相互倒手实现价格上涨，常有一批大蒜在出库走向市场前，就已经有过几次易主、加价的情况。蒜商囤积大蒜、相互倒手最后高价卖出的过程，颇有些类似于庄家对股票的操纵——在一级市场提前收集筹码、在二级市场炒作，最后使吃蒜的人套牢成为"股东"。

游资对大蒜的炒作主要依赖于对大量资金、生产基地农产品资源以及真实的市场供求信息资源的掌控，即掌握农产品生产链条上的产品源、资金流、物流和信息流。大蒜经纪人长期从事农产品中间交易，掌握丰富的产地和信息资源。实际上，炒作主体主要是由大蒜经纪人和大蒜储存商组成的利益共同体。

此外，制造信息陷阱并操纵舆论导向往往是大蒜炒作的手段之一。炒家利用连接产销的优势，获得真实的供需价格信息，但对外杜撰虚假信息，甚至依靠雄厚的资金实力，买断某些公开网站的信息发布权，制造信息陷阱，造成生产和消费两端的供需价格错觉。这一方面会带动生产者快速销售，增加自身农产品收购和控制量；另一方面会提高消费者的心理价格预期。炒家在制造价格信息陷阱之后，会进一步操纵农产品价格上涨的舆论导向，为炒作推波助澜。

（3）持续时间。

根据历史价格数据，游资对大蒜的炒作往往在产量下降、价格尚低的年份进行，此时总量小、易于操控市场，价格上升空间大。由于市场上大蒜的储存周期为一年，在每年新蒜即将收获上市时，库存蒜的供求关系被打破，市场参与者将产生新的预期，并重新做出交易决策。因此，每次炒作的时间跨度约为一年，从第一年形成大蒜产量预期开始，待价格拉升至高点，在第二年预判到市场缺少交易量支撑时，资本迅速撤出，大蒜价格随即暴跌。因此，被炒作的小宗农产品价格呈现大起大落现象。

（4）影响范围。

就地域而言，由于大蒜需要就近及时入库贮藏的特性，炒作过程中各环节包括控制蒜源、了解行情、蒜商之间倒卖、市场消息流传等，主要发生在主产区附近。自 2009 年起，大蒜主要产区附近的大规模恒温储藏库数量迅速扩张，与大蒜的总产量相比，冷库已经超过饱和数量。在冷库数量骤增的背后是每年络绎不绝的新炒客，炒作参与者不限于大蒜业内人士。除在当地已经营多年大蒜生意的企业之外，许多外地商人也加入其中，外地蒜商只需要准备好资金，通过电话或社交媒体联络当地的大蒜经纪人，并委托其负责收购入库、出货等各项工作即可，有些蒜商并未与大蒜经纪人谋面，甚至不知大蒜储藏在何处。

从资金来源范围的角度，大蒜炒作中已经出现对杠杆的利用。每年我国大蒜市场体量为数百亿元，拥有上千万资金量的炒客属于中等水平，资金过亿元甚至十亿元的大户亦不在少数，蒜商之间不乏资金抱团的现象。许多蒜商并非使用自有资金，而是利用民间集资，甚至集合亲戚朋友以及周边村镇的巨额资金"赌博式"投入大蒜主产区以承包土地、种植大蒜。

炒作大蒜引起的蒜价巨幅波动令炒家惊心动魄，并影响到了居民的生活和蒜农的种植。大蒜是每个家庭不可或缺的生活必需品，因此他们不得不一定程度地承担高价。而对蒜农而言，蒜价疯涨并不意味着成倍增加的利润，由于大蒜种植的分散化，加之信息的不完全，蒜农在交易中处在被动地位，蒜商总是从蒜农手中以低价收购大蒜或者承包蒜地，蒜农似乎成为火爆行情的"看客"；但大量资本撤出后大蒜价格的暴跌往往威胁蒜农的收益。商家的囤积居奇刺激价格非理性上涨，误导市场信号，农户据此扩大规模生产，一旦游资撤退，蒜农的扩大生产会导致大蒜难以销售，有时收购价格甚至跌破种植成本，使蒜农遭受巨大损失，并在下一期放弃或者减少大蒜的种植，这又进一步加剧了大蒜市场的不稳定性。

第三节　与大蒜起舞："姜你军"与"向钱葱"

在众多小宗农产品中，大蒜的囤积居奇并非孤例。同为配料的生姜和大葱也在游资的作用下先后出现一浪接一浪的接力涨价潮。由于价格的大幅上涨，生姜和大葱的价格被称为"姜你军"和"向钱葱"。这些媒体词汇折射出二者涨价的幅度和速度。

从时间节点上观察，生姜在 2009 年由于气候原因减产，并由此开启第一轮涨价模式，从 2009 年 9 月每千克 5 元上升至 2010 年 3 月超过每千克 7 元，在此价格维持三个月后，于 2010 年 6 月下旬再次猛涨，在 2010 年 11 月初价格达到每千克 10.5 元后迅速回落。此后在 2011 年下半年至 2013 年上半年的两年时间里，生姜价格下跌，加之 2013 年"毒生姜"事件导致生姜价格下滑，挫伤了农民的种植积极性，生姜总体产量减少，触发了“姜你军”的第二次出现。生姜的第二轮价格上涨较前一次幅度更大、速度更快，从 2013 年 6 月底的每千克 4.6 元一路上扬至 2014 年 10 月初的每千克 16.64 元，随即从高位下跌，在 2015 年 2 月初回到每千克 9 元，到 2016 年 8 月底降至每千克 5.14 元。

大葱价格的第一轮高涨开始于 2012 年 2 月中旬，仅在 3 月中旬价格就比 2 月升高 66.7%，在 3 个月内价格上涨 4 倍多，这一行情激发了农户种植大葱的积极性，原来种植大葱的农户扩大种植面积，许多不种葱的农户也在 2013 年改种大葱。2014 年大葱供过于求，价格走低，又使得葱农纷纷改种其他蔬菜品种，大葱种植面积缩减过半，适逢 2015 年葱苗期遭遇寒潮，大葱产量减少，成为再度涨价的契机。大葱从 2015 年 6 月开始显露涨价苗头，全国批发价格从每千克不到 3 元，至 2016 年 2 月达到最高点每千克 8.5 元，随即回落，并在较长时间稳定在每千克 3 元附近。

生姜和大葱与大蒜类似，均属于家庭普遍必备的调料型农产品，因而其市场需求具有一定的稳定性，且都具有规模较小、产地较为集中、产量易受气候因素影响的特点，资本对其投机炒作的过程具有共性。但大葱在储存及运输方面的便捷程度略逊于大蒜和生姜，因此大葱市场的炒作也略显温和。

第四节 小宗农产品金融化的内在逻辑提炼

回顾 21 世纪之初，2001 年电信股泡沫的破灭导致金融动荡，原本在证券市场、金融衍生品市场的国际资本寻求更稳定的对象，转向商品期货市场，并在农产品衍生品市场中开始寻找新的投资机会以减少证券投资带来的风险。随着大宗商品衍生品市场管制的解除，各国为应对金融危机后的经济减速而出台的经济刺激计划带来了过剩的流动性，包含大量机构投资者在内的投资者携大额资本快速进出农产品衍生品市场，加深了小麦、玉米、糖、棉花、大豆等大宗农产品的金融化。

与历史相似，2008 年金融危机阻碍经济增长，我国实行“四万亿计划”以及宽松的货币政策，释放大量流动性。投资者缺乏在传统投资领域的投资热情，同时相当规模的民间资本在使用多种现有金融工具时受限，大量资本便进入葱、姜、蒜等不成熟的市场寻求获利机会。过剩的流动性为葱、姜、蒜等小宗农产品的金融化提供了资金支持。

在众多小宗农产品中，葱、姜、蒜易于储存，且具有各自独特的功效，作为居民日常生活必备品，需求弹性较小，因此得以成为囤积居奇的对象。此外，它们的种植量受到上一期市场价格的强烈影响，产量与气候因素密切相关，而不利的气候状况又经常出现，每一次减产预期都营造了投机炒作的契机。

葱、姜、蒜等与大宗农产品相比交易量较小，产地较为集中，农户分散化种植，缺少权威的市场信息，这些特点使投机商能通过资金的集中投放实现小规模垄断。投机商通过囤货加剧供需不平衡，并通过发布对其有利的行情消息干扰市场的判断，对炒作推波助澜，在价格高涨时趁机抢购使供给紧张、价格飞涨，以最大限度获取巨额利润。

自 2009 年至 2017 年，可观测到的大蒜、生姜、大葱价格的大幅波动都各出现了至少两次以上，而大蒜最为典型，每次的驱动因素、市场变动过程都具有相似的特征。不同于郁金香泡沫，大蒜的炒作已经成为频发的周期性现象，即使在货币政策从紧后也由于民间游资的存在而持续发生。葱、姜、蒜已从单次投机炒作向金融化转变，每一个炒作周期内都体现出较大的资本密集度和一定的市场杠杆率，投机资金使得其价格脱离市场真实的供需关系，在经销商之间互相倒卖、放大市场供需缺口时，市场利润主要通过投机获得。然而随着资本的集中进入和迅速撤出，市场屡次经历大起大落的行情变化，说明其金融化呈现出较脆弱的稳定性。即便如此，也可以预期大蒜的金融化将得到持续的市场热度的支撑，互联网上充斥着发布大蒜市场数据的非官方网站和进行大蒜市场行情分析和讨论的论坛，且维持着较高的活跃度，许多人在其中预测市场走势、分享大蒜交易的策略。但这些网站和论坛上发布的信息大多是不完整和不准确的，有时信息发布者甚至代表着某些蒜商的利益，市场信息缺乏透明度，但也正是信息的不对称性使得炒作得以实现。

由于屡次发生的“蒜你狠”“姜你军”“向钱葱”现象扰乱了居民普通生活消费市场秩序，同时损害了种植者和消费者的利益，各地有关部门采取了相应的价格管控措施，并且社会上不乏关于完善农产品信息体系建设、加大农产品流通环节监督、促进规模化种植的建议。可以预见，未来小宗农产品市场将有更高的信息透明度，资本通过掌控市场驱动价格暴涨暴跌而从中攫取暴利的方式将会受阻，因此葱、姜、蒜等非大宗农产品可能逐渐告别囤积居奇，但不时出现的不利气候条件导致其产量总是存在一定的波动性，期货市场将会使其向更稳定的金融化层级演进。期货市场的建立一方面增加了风险管理的功能，弱化了价格风险对蒜农的不利影响，促进生产模式从“一家一户”分散化种植向规模化种植转变；另一方面规范了市场交易，使投向这类农产品的资金受到监督。但由于葱、姜、蒜等非大宗农产品在储藏特性、市场规模、流动性方面都不及大宗农产品，它们的金融化层级仍低于目前已存在成熟期货市场的大宗农产品。整体来看，小宗农产品的金融化属于低层次金融化程度。

第二十章　飞天茅台：白酒金融化

本章概览

- 白酒行业“黄金十年”的开始与终结
- 近年来白酒行业的发展状况与飞天茅台
- 股票投资渠道存在下的白酒金融化

本章提要

白酒行业以白酒文化为基础，随着宏观经济发展和消费升级过程而快速发展，并逐渐步入金融化的道路。白酒具有文化消费、符号消费、高利润广定价空间、可储存可增值的特点，是金融化的天然标的。而高端白酒，以茅台为代表，经历了近年来商品价格和股票价格的快速上涨，金融化程度更深，达到了正在发展现货市场、投资属性逐渐加强的中低等金融化水平。其金融化的内容包括商品白酒的价格迅速上涨过程中价格决定机制的改变，和各类白酒理财产品在市场中的发行与使用。前者反映了从股市部分板块和一二线房市涌出的社会资金的避险需求，后者表现出厂商、销售商对茅台等白酒投资属性的强调意愿。白酒金融化的影响包括酒企、酒商共同控制销售链以高位抛出，短时间内商户和个人囤积白酒的需求激增和对消费者的跨时价格歧视。这些影响的共同结果是厂商和经销商获得更多利润，对合理的资源分配产生了负面效果。

第一节　白酒的文化背景与茅台的文化底蕴

中国酿酒、饮酒的历史源远流长，最早具备了酿酒技术，并在数千年的传承中形成了饮酒文化。据龙山文化遗址中出土大量饮酒器的事实，可得知我国至少在 5 000 年前的父系氏族社会就具备了酿酒技术。《尚书》中记载“若作酒醴，尔惟曲蘖”，也表明我国很早就开始制曲、培养微生物来酿酒。

中国白酒是世界著名的蒸馏酒之一，且在工艺上比世界各国的蒸馏酒都复杂而多变。白酒文化有着丰富的民族性，它作为几千年来的传统特色酒种，比葡萄酒、果酒、啤酒等新近兴起的酒种在人们心中更具有社会文化地位。酒文化在古代就已经影响广泛，无论是帝王将相，还是文人墨客，都深受其影响。用良酒佳酿来款待宾客朋友乃至异国使节的历史屡见不鲜，而历代名人雅士留下的关于白酒的篇章更是不可胜计。

时至今日，饮酒已然是亲戚团圆、旧友相聚、开业庆功的聚餐宴席时不可或缺的内容，白酒有了文化消费和符号消费的内涵。这一种当代白酒文化是中国社交文化侧面的反映，与国外对红酒的品酒文化有着很大区别。茅台作为中国最负盛名的白酒之一，历史上在中国的政治、外交、经济生活中发挥了相当的作用，被誉为“国酒”。据考证，茅台酒起于秦汉，熟于唐宋，精于明清。如果对接下来茅台酒的发展进行概括，则应该是“尊于当代、贵于时下”。因此，提及茅台酒，大家经常能够引经据典，叙述茅台酒源远流长的历史文化。事实上，茅台酒的生产厂商——贵州茅台集团——其网站就含有古籍中关于茅台酒的记载。

茅台酒产于茅台镇，早在汉武帝时期就开始作为朝廷贡品，在封建时代就已经广受称赞。红军长征路过茅台镇，红军战士对茅台酒的称赞与描绘，以及“用茅台酒洗脚”的逸闻，让茅台酒有了更多的历史底蕴。而自中华人民共和国成立以来，优质的茅台酒常被作为国礼，赠予外国领导人。茅台酒被赋予外交上的意义，其地位被无形地抬升了很多，在消费者群体中的认可度愈发广泛。现在贵州茅台集团官网的“文化茅台”板块中，记录了与茅台有关的各种名人雅志、趣闻轶事，可见茅台酒在销售过程中文化底蕴得到了充分的注意和发掘，而且茅台酒的酿制技艺被评为国家级非物质文化遗产。因此，茅台作为具有文化附加价值的消费品，其溢价自然更高，定价时可取值的范围更大。

第二节　白酒行业发展与飞天茅台的价格上涨

白酒行业自改革开放以来，几近变迁，白酒行业在波折中发展。1988年价格管制放开之后，名酒采取了不同的市场策略，“茅五剑”（茅台、五粮液、剑南春）提价，而古井贡酒、沱牌等酒企开始降价。1989～1992年，国家货币政策收紧，且政务消费受限，名牌白酒的价格普遍下降。

1992～1996 年，宏观经济在通货膨胀中高速增长，白酒行业在电视广告等营销策略中高速增长，产量大规模增加。1996～2003 年，负面消息迭出，鲁酒标王事件、山西假酒事件等使得白酒销量锐减。

21 世纪伊始，白酒行业尚处于寒冬期，亚洲金融危机余威、国内经济的通货紧缩态势、白酒行业诚信危机和白酒产业政策共同限制了白酒行业的发展。但随着 2003 年之后居民生活消费水平的普遍显著提升，政务、商务交往活动快速增加，餐饮渠道兴起，白酒行业迎来了其黄金时期。白酒行业的黄金时期是 2003～2012 年的“黄金十年”，行业年均收入和复合利润增速分别高达 26%和 39%。图 20－1 直观地体现了白酒行业在这十年中的蓬勃发展。在此期间，中高价位白酒开始成为行业主流，口子窖、洋河等传统名酒企业复兴，白酒的营销模式开始推广，生产厂家和终端联系更加紧密。

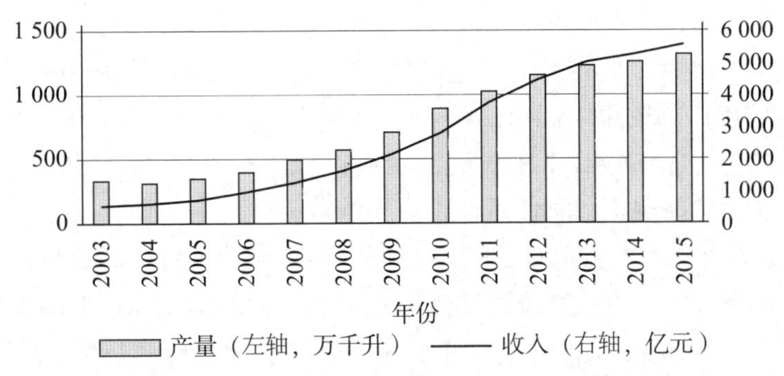

图 20－1　2003～2015 年我国白酒行业产量及收入统计

资料来源：根据产业信息网提供的数据整理而得。

在通货膨胀刺激、原料价格驱动、三公消费预算规模登顶、固定资产投资快速增长的大背景下，2003～2012 年白酒行业的酒价和股价均实现了较高的增长，称得上是白酒行业的“黄金十年”。总体来看，白酒的出厂价、零售价和股价的提升不减少成交量，结果就是白酒行业业绩显著大幅上涨。以贵州茅台为例，53 度飞天茅台产品在经历了 2003 年 10 月、2006 年 2 月、2007 年 4 月、2008 年 1 月、2010 年 1 月、2011 年 1 月和 2012 年 1 月七次提价后，出厂价由 218 元上涨到了 819 元，公司提价当年的营业收入增速和利润增速却一直保持着较高水平。而自 2003 年年底宣布提价开始，贵州茅台集团的股票价格也摆脱了 2001 年上市以来在 30 元左右波动的不温不火的状态，趋势明显地上涨至 2012 年 7 月的每股 194.05 元。

这一阶段过后，中国经济出现软着陆迹象，而雪上加霜的是，政府开始整治三公消费，《关于改进工作作风、密切联系群众的八项规定》和各地禁酒令抑制了市场需求。白酒行业的情况则出现了数年的萎靡，市场价量齐跌，白酒行业产能严重过剩，白酒库存高企。该板块的股价下跌普遍开始于2011年与2012年之间，而白酒业绩的总体下滑则从2013年左右开始，这一状态持续到2015年。

近年来，伴随着国家经济的转型发展，居民收入和消费能力逐步提升，白酒行业的复苏呈现出高、中、低端产品分化的现象。在当前阶段白酒的需求组成中，政务需求在严厉的反腐高压之下保持较低水平，商务需求在中国经济新常态中有望改善，而个人消费崛起成为白酒消费的主力。经过上一阶段的行业调整，消费者对品牌声誉的要求越发提高。具有品牌效应的优质酒企带领行业开始复苏，然后高端白酒业绩显著回升，而中端白酒的竞争愈发激烈，存量博弈的势头越发明显，行业龙头的发展速度远超过次龙头和普通规模以上酒企。2016年，白酒的龙头企业如贵州茅台、五粮液、泸州老窖、古井贡酒的营业收入增速超过白酒制造行业整体。2016年中国白酒的市场规模达到6 099.31亿元，消费额的增长超过了消费量的增长，也体现出中高端市场规模扩大。2017年春节，龙头酒企整体销售继续超预期，利润在行业中占比继续提升。

茅台酒率先在行业调整期之后复苏，茅台酒的销售市场表现出价量齐升。2016年7月，茅台酒的市场价格开始强势反弹，2016年销售量同比增加约16%。进入2017年之后更是愈演愈烈，茅台专卖店的批发价从第一季度的每瓶1 150元，涨到第三季度的每瓶1 350元，在第四季度更是上涨到每瓶1 550元。2018年1月1日起，茅台集团时隔五年再次上调53度飞天茅台出厂价，从每瓶819元上涨至每瓶969元。在这一轮价格上涨的过程中，茅台的缺货情况依然未得到缓解。茅台总厂曾规定市场终端价格不得高于每瓶1 299元，但2018年飞天茅台的建议终端价为每瓶1 499元，实际销售过程中甚至有出现超过2 000元的情况。

茅台酒的股票价格还要略早于商品市场价格的快速上扬。股价从2014年开始复苏，此后迅速上升，成为A股的现象级股票。2014年1月，茅台的低位是每股118.01元；而2015年8月，茅台最低为每股166.20元。此后短短一年多的时间里，茅台一路迅速上涨。2017年，贵州茅台收报每股697.49元，市值达到8 761.85亿元，一年之间市值增加了4 564.27亿元。股价最高点在2018年1月达到每股799.06元的高位，逼近800元大关。仅仅在2017年10月一个月之内，茅台股价涨幅就达到惊人的19.39%，而在此之前，该股已经连续12个月每个月明显上涨，如图20-2所示。

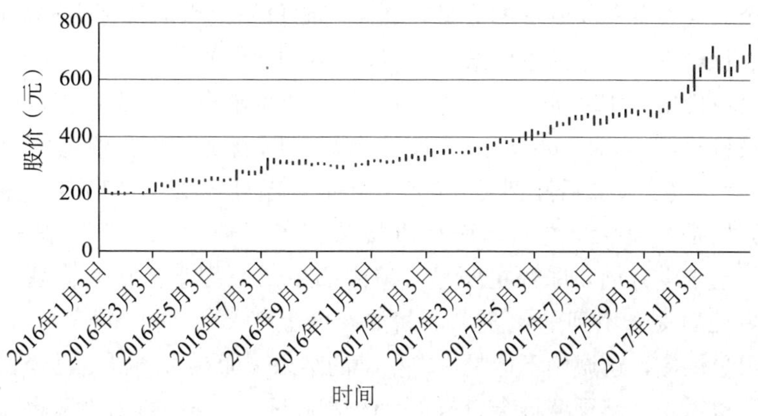

图 20-2　2016～2017 年贵州茅台股票价格走势

资料来源：万得数据库。

茅台酒的价格上涨，既有消费升级的需求驱动的原因，也有成本推动型通货膨胀的影响。一方面，从 2016 年年末以来，高端商品如名贵汽车、高端珠宝和瑞士名表等销售量都稳步上升，表明这一次消费升级的空间仍然非常巨大。另一方面，2018 年在宏观层面有温和通货膨胀迹象的同时，茅台提价吹响了酒水饮料行业涨价的号角，啤酒、奶制品和各类饮料都纷纷涨价，在酒水饮料行业出现了成本推动型的普遍性的物价上涨。

茅台酒短时间内难以扩大的产量也是导致价格上涨的一大原因。根据茅台酒基酒产量数据测算，2018 年可供销售的茅台酒和 2017 年持平，2019 年可供销售的茅台酒还有近 20%的下滑，另外，因供给紧张原供于 2017 年可售量中已有 3 000 余吨在 2016 年提前发货，短缺状态一直会向后传导。可预见，数年内茅台酒的市场价格仍然不会急跌。

上述原因不足以解释茅台股价、酒价在一年多之内的“飞天”表现，茅台的股价、酒价飞涨还有着一条特殊的逻辑：贵州茅台的股价和酒价在某种程度上可以作为社会资金状况的指标。2015 年下半年，股市在“牛市”的高潮后进入“熊市”，随后在 2016 年表现堪忧。2016 年，房市去杠杆的政策愈发严厉，大量资金从一二线楼市撤出，部分涌入三四线城市，还有部分在社会中寻找新的投资标的，茅台酒就成为标的之一。茅台价格飞涨的同时，茅台酒的投资需求占比增加，更多社会资金进入茅台股票和茅台酒的囤积中，消费需求相对占比减少，所以茅台酒价的决定要素逐渐由供量与销量的对比，转为筹资、投资规模，以及社会融资成本的情况。

部分茅台的特约经销商、专卖店、网络平台和有经济实力且关注茅台酒的个人代表着民间游资的力量，在茅台酒价格上涨的过程中进行囤积、惜售、抬价。以某电商平台某店为例，3 升的茅台酒在 2017 年 12 月 28 日之前会员价格为 12 000 余元，在茅台厂家涨价消息发布之后，该店便取消会员价格涨到 14 766 元。53 度茅台酒（国酒之父）在消息发布前售 2 700 元，消息发布后涨到了 3 600 元，涨幅超过 30%。2016 年，整箱茅台酒开始是 9 500 元左右，而后直接涨到了将近 12 000 元，涨幅超过 20%。至于生肖酒，涨幅更明显，整体都在 20%以上。在茅台酒出厂价格滞后性地提升不到 20%后，零售途径已上涨 20%以上甚至 30%以上，而且限量供应，这诚然不像是成本推动的结果。而在市场价格已经持续上升、消费需求及其预期不会急速扩大的情况下，这样的价格上涨也显然不是由消费需求所驱动的。更为可信的逻辑是，销售的中间环节共同囤积茅台酒，在消费市场上限量供应，等待市场价格上升伺机出售。这与普洱茶等茶品在价格上涨过程中经销商群体所出现的现象极为相似。

第三节　白酒的金融化发展历程

白酒的高定价空间、高利润率、快速上涨的态势，自然引起了资本的关注。高端白酒从单纯的奢侈品、聚会宴席必备过渡转型为投资品。

在白酒“黄金十年”中，该行业就已经出现过白酒金融化的热潮。2011 年 6 月，四川信托推出以茅台为投资品种的信托计划；2011 年 7 月，泸州老窖的 200 吨国窖 1573 大坛定制原浆酒通过北京产权交易所旗下金马甲网上产权交易平台进行公开交易。这时白酒的黄金时期余温尚存，在一线名酒的带动下，部分区域白酒于 2012 年加入白酒投资理财领域，并在 2013 年进行金融化尝试。

在“黄金十年”的尾声，白酒的投资价值被盲目放大，缺乏成熟完善的定价模式和标准机制。这次白酒金融化的热潮与国外大型酒庄的酒类投资的模式不同，国内不注重从原料生产开始的流动性增加，而是直接对成酒进行证券化交易。总体而言，“黄金十年”尾声的白酒金融化不符合我国白酒市场的发展水平，而对金融概念的盲目追捧与炒作，难以起到促进行业健康快速发展的作用。

2012 年、2013 年白酒行业的连续利空和销售受挫几乎打断了白酒金融化的进程，白酒投资理财的市场遇冷，交易价量齐跌，多类投资产品浮亏。此后在 2015 年，重庆主城部分区县曾又出现天子窖“白酒银行”的金融化尝试，其商业模式分为两类：一是存酒，即窖藏酒存储业务；二是交易，“白酒银行”每天会公布年份酒的最新收购价格、出售价格，消费者可以根据价格变化或自己的需求来决定是否出售手中的窖藏酒，或者购买“白酒银行”挂牌出售的陈年窖藏酒。因为陈酒的窖藏价值比新酒更高，所以可以作为投资的渠道。但在白酒市场的调整期中，低端白酒销售不振，而“白酒银行”的陈酒销售风险大，全由“白酒银行”承担，这导致其金融化的尝试在开始一年之后便传出资金链紧张、关门的消息。

直至近年，白酒金融化的势头才又开始从高端白酒开始抬头。高端白酒兼具稀缺性和抗通胀、保值增值的属性，受到资本追捧，银行、信托、私募和各类产权交易平台都有参与。各平台投资者以白酒商品为基础，基于对市场的预期而进行投资，而这些白酒理财产品在合同到期后，投资者可以通过“实物＋收益”或“现金＋收益”两种方式来实现收益。

相比中小企业的惨痛失败，一线企业的类似于“白酒银行”的尝试则风生水起：2014 年，华商 MBA 同学会广东“白酒银行”项目启动；2016 年，“国窖 1573 春酿 · 三羊开泰”宣布回购；2017 年 10 月，首期 17 万批国窖 1573 的瓶贮年份酒在中国白酒产品交易中心名酒收藏交易平台被认购完毕。以洋河为例，2014 年年末，洋河封藏大典上推出“白酒银行”私人定制服务，购买定制酒的高端顾客可享受免费存酒和分装服务。在此期间，“白酒银行”将保障存入产品保值升值，限量发售“梦之蓝 · 封坛酒”，100 升规格产品全年仅售 300 坛。自封坛之日起，洋河将定期调价，全年提价 10％。洋河还推出一年内“保底回购”计划，并不定期与拍卖公司合作，进行公开拍卖，确保“储户”收益最大化。2016 年 4 月，洋河与阿里拍卖合作，在线上拍卖“梦之蓝 · 封坛酒”，最高拍得每坛 40 599 元，溢价率达到了 132％。

茅台酒作为白酒行业龙头，品质良好，近年来价格上涨剧烈，有销售途中囤积的情况，体现出了更明显的金融化倾向。上文中在茅台酒涨价过程中出现的经销商、专卖店和个人囤积茅台酒，将原本彻底的消费品赋予投资品的属性，就已经是明显的金融化的现象。但茅台酒的金融化程度不仅于此，它还在价格上涨的同时逐渐向金融品（股票）的交易形式看齐。

在茅台酒的金融化过程中，有部分内容是依托于贵州白酒交易所实现的。正规的酒业交易所手续正规、面向全行业，还聚集了一些专业的投资者，这意味着酒业交易所类似于证券交易所。但实际上，酒业交易所运行模式类似于“白酒银行”：酒品拥有者发售酒品；投资人投资；投资人提取酒品消费、转赠，或者投资人再次将这些产品进行交易，抑或由酒品发售者统一进行回购。2016 年 7 月 13 日，贵州茅台酒股份有限公司和贵州白酒交易所合作发行“百年金奖”茅台酒产品，提供申购、交易、转让等系列服务，明确提出了构建“商品交易+投资融资的新型金融化服务模式”。合作所邀请的茅台酒交易会员将享有挂牌销售、半价申购、定期赎回、交易转让等权利。而这一产品的发行是应贵州省政府推进茅台酒金融化的要求而诞生的。

贵州白酒交易所现在共有三种产品，均为茅台酒的某一产品，还编制了茅台酒的指数。尽管平时实时交易的规模较小，成交量差，经常出现日内没有成交的现象，提货比例不高，但是已经在一定程度上形成了白酒投资人的小型“集市”。

根据《关于清理整顿各类交易场所切实防范金融风险的决定》，除依法设立的证券交易所或国务院批准的从事金融产品交易的交易场所外，任何交易场所不得将权益按照标准化交易单位持续挂牌交易，任何投资者买入后卖出或卖出后买入同一交易品种的时间间隔不得少于 5 个交易日。但贵州白酒交易所实现了“T+1”而非“T+5”的交易模式，贵州白酒交易所认为其提供的是现货实物交易，而非标准化权益，所以在请示相关部门之后决定采用“T+1”的交易模式。而“T+1”模式的流动性更好，也更像证券交易。

据交易所的某位投资者透露，参与认购的大多数投资者包括其本人，都寻求低买高卖，赚取差价，很少有投资者买数百坛酒实物交割回去作为饮用之用。可以看出，贵州白酒交易所中白酒的投资品甚至金融品的成分极高。

第四节　白酒的金融化逻辑

1. 标的商品特点

白酒是以粮谷为主要原料、通过曲或酒母等糖化发酵的蒸馏酒，且是中国特有的蒸馏酒。严格意义上讲，由食用酒精和食用香料勾兑而成的配置酒不能算作白酒。白酒主要出产于长江上游和赤水河流域，该区域是全球规模最大，质量最好的蒸馏酒产区。

白酒的定价模式和行业状态有着明显的特点，均对金融化的程度和形式有一定影响，最重要的一点是白酒文化消费、符号消费的特性导致了白酒的高利润、高定价。白酒讲究历史传承，是传统的民族酿造业，历代文学艺术对白酒都有着相当篇幅的刻画。白酒也在社交文化中扮演着重要角色，其作为奢侈品，部分消费者有着越贵越能表现出主人好客之道的思想，因此，对白酒的消费有一部分文化消费和符号消费的成分。白酒供给的价格弹性高，而需求有一定的刚性，白酒行业毛利率总体较高，2016年平均毛利率超过70%，而高端白酒毛利率和利润率更高，因此，白酒厂商的定价空间更大，这也允许了白酒渠道利润的多级分配。白酒行业在享受着高利润的同时也承受着较高的税费，国家对白酒比其他行业征税更多，从价税和从量税复合计税，宣传费用不得税前扣除等。

白酒行业内的竞争更倾向于品牌的竞争。白酒行业在国内的零售端有着万亿规模的市场，行业进入的资本门槛较高，但白酒依然没有形成彻底的垄断格局。全国依旧有两万家左右的白酒企业，各地域和各价位的市场竞争激烈，与啤酒市场中已然确定的几家大品牌垄断的现状截然不同。白酒行业的产品较为单一，尽管不同人群对特别类型的白酒有偏好，但是总体而言，较难针对部分人群进行有效创新。这也导致白酒企业的竞争更倾向于品牌、名誉和文化的竞争。

白酒的这些特点在茅台酒这一品牌中更加突出。茅台酒被誉为“国酒”，在社交文化中的角色比其他白酒更甚。高端聚宴中，餐桌上摆放的多瓶茅台酒往往是体现主人好客之情的重要方式。这种社交文化消费的需求使茅台酒有着更低的需求价格弹性。贵州茅台集团通过生产销售过程中的高端路线，让茅台酒系列主导产品占据人们心中高档酒的地位，使品牌优势明显体现。价格在1 000元以上的产品通过品牌效应和炫耀性、文化性消费的需求，自然地在专卖店和特约经销商中完成了销售。另外，茅台酒的核心主产区规模小，扩产难度大，而且生产周期长达五年。这种供给层面的稀缺性对茅台一酒难求的现状推波助澜。

茅台能在众多白酒之中表现出更明显的涨幅和更强的金融化倾向，除了在品牌、文化方面的优势，还有着酒型本身的优势。根据白酒的制酒工艺，白酒分为酱香型白酒、浓香型白酒等。茅台酒属于酱香型白酒，而五粮液和剑南春属于浓香型白酒。尽管对于两种酒的最适储存时间众说纷纭，但是公认的一点是，在相同的储存条件下，酱香型白酒能有效存放的时间明显长于浓香型白酒，而酱香型白酒的定醇香度时限（即达到最适口感的年限）也要比浓香型白酒更长。浓香型白酒的储存条件要求比较高，所以网上有着“浓香型白酒不能储存超过五年”等类似言论，且都认为酱香型白酒的储存时间较长。在这种情况下，茅台作为酱香型白酒具备更良好的贮藏属性，比五粮液、剑南春等名酒更具有金融化基础和空间。白酒金融化和茶品金融化中不同品类金融化程度的分化都有着相似的特征：相比于保质期为两年至三年的大红袍和难以久存的浓香酒，能够自然发酵转化的普洱茶和越陈越香的茅台酒有着更大的长时间囤积的可能，炒作空间更大，实现金融化的程度也更深。

2. 白酒金融化的背景

白酒行业的发展与宏观经济背景紧密相关。尽管有人认为“吃药喝酒”不具有周期性，但纵观改革开放后白酒行业的兴衰，其与宏观经济指标极为有关，尤其是GDP增速和固定资产投资水平。这可能是白酒的社交文化的属性使然，当投资规模大，政务、商务交流往来频繁时，白酒行业的增长就有了显著的推动力量。在2003年之后，宏观经济环境持续改善，社会总体固定资产投资发达，为白酒行业“黄金十年”的开启提供了良好的铺垫。

近年来经济发展进入新常态，投资机会的数量与十年之前不可同日而语。而积累的社会闲置资金依然有着资本逐利的天性，过多的金钱去追逐过少的可供金融化的“优良”资产、商品，驱动着一轮轮此消彼长的商品金融化过程。

白酒金融化的加速和“天价”茅台的出现，还有着大类资产轮动的原因，尤其受到从股市部分板块和一二线城市楼市涌出的资金影响。2015年股市在牛市的最高潮后迅速跌落，并在2016年年初的跌停后继续萎靡。2016年年初，房市呈现脱缰式上涨，一二线城市地王频出，离婚买房等乱象层出不穷，首付贷等杠杆手段愈演愈烈。各地采取了各类去杠杆、控房价的举措，沪、深两地房市成交量在严控政策之下大幅下降。2016年年末，中央经济工作会议定调“房子是用来住的、不是用来炒的”，更是让社会游资深感依靠炒房暴富的时代可能已经过去。2017年，茅台酒价和股价上涨速度惊人，推测有相当部分的资金来源是从股市部分板块和一二线城市楼市撤出的资金。

3. 持续的时间

白酒行业历次的价格上涨时间相对较长。2003～2012年，白酒行业有十年的迅速发展，价量齐升。而白酒金融化在“黄金十年”的尾声中开始，搭着白酒行业泡沫化的便车得到了迅速发展，白酒的投资价值被盲目放大，而后随着白酒行业在调整期中的量价齐跌而结束。

当前白酒金融化的进程在2015年左右重启，经历了2017年的快速发展，仍然在持续。茅台是这次白酒金融化进程的代表。2015年左右茅台股价开始启动，2016年就已经有涨势，2017年茅台股价翻番，2018年1

月 1 日茅台酒出厂价和零售价同时上涨。茅台股价的上涨是茅台商品的价格飞涨的缩影，2017 年茅台酒价格上涨约 50%。而在股票价格和商品价格飞涨的同时，供销链中的各环节和部分个人将茅台酒作为投资品囤积，等待以更高的价格出售。

4. 结束的方式

白酒行业的第一次“黄金时代”的结束原因主要是限制政务消费之后高端需求减少。白酒行业“黄金十年”的终结源于多个利空政策的迭现：2011 年，中华人民共和国国家发展和改革委员会（简称发改委）发出“限价令”，要求白酒行业的重要企业保障供应，稳定价格。2012 年，国务院要求严格控制三公消费，禁止公款购买香烟、高档酒和礼品；中央军委印发《中央军委加强自身作风建设十项规定》，要求不安排宴请，不喝酒等。2013 年，发改委对茅台、五粮液 4.49 亿元的纵向反垄断罚单更是坚决地表明了管理层对白酒行业加强行业自律的要求。

高端需求被打压，销量断崖式下跌，自然导致渠道库存高企，价格迅速下滑。但限制三公消费的廉政之风也驱动了白酒行业发展去泡沫、谋转型的状况，对白酒行业产生了积极健康的影响。

而近三年这一轮白酒行业的金融化热潮蓬勃发展，方兴未艾。如果未来白酒行业利空频出，酒价暴跌，可能金融化的进程会再次中断；如果市场资金来源持续稳定、白酒销售状况持续火热，那么当前的金融化进程有可能进入更深刻的状态。

5. 影响的范围

白酒金融化的进程推动了价格的上涨，这一过程会产生很直观的影响。白酒价格的上涨，尤其是以茅台为代表的高端白酒的价格急涨，是全国性的。尽管各地门店的销售价格有些微差异，但是地域上价格大幅上涨的基调相同。从白酒的销售量来看，高端白酒的主要市场在二三线城市，尤其是西北地区、西南地区、华中地区和东北地区的二三线城市。因此白酒价格上涨对上述地区的人群影响略大。

从受影响人群范围的角度来看，高端白酒价格的急涨会影响到商务宴请往来的常客、常饮用高端白酒的个人消费者、名贵白酒的收藏者。高端酒企的股价飙升，更是在 A 股市场汇集了大量机构投资者和散户投资者的资金。

白酒的金融化进程，除了对白酒价格推动产生间接影响，还会对白酒销售渠道上的环节产生直接影响。在最近一次白酒金融化的过程中，经销商因囤货惜售而盈利，在市场完全进入调整期之后因为酒价的大幅下跌而承受了相当的亏损。

第五节　白酒金融化的内在逻辑提炼

白酒具有文化消费、符号消费、高利润、广定价空间、有储藏价值和增值潜力的特点，因此社会资本很自然地选择白酒作为投资和囤积炒作的标的。茅台酒的上述特征尤为明显。茅台酒作为公认的高档白酒，被誉为“国酒”，其文化消费、符号消费的属性突出，单价极高，利润极高，增值潜力大，所以茅台酒是白酒中金融化程度较为深刻的品牌白酒。

茅台是储存年限久的酱香型白酒，和茶品中唯一越陈越香的普洱茶一样，都有着耐储存、囤积过程中可升值的特点，所以更为吸引推动金融化的社会资金进入。

社会资金在投资收益不理想、宏观经济形势不确定的情况下，涌入具有收益保障属性的白酒商品市场，使得白酒价格逐渐与社会消费需求所决定的价格背离。白酒的价格决定机制已经从原来的商品需求与供给的对比，转为社会资金的抗通胀和获得投资收益的需要与社会稳定、优质的资产总量的对比。而对白酒股票的主要需求，也相似地由对未来的收入现金流的折现所能获得的高收益的需求，逐渐让位于抗通胀、抗宏观经济波动的避险需求。

从衡量商品金融化程度的常用指标来看，白酒市场尤其是生产端的酒企的资本密集度较高，但市场杠杆率较低。白酒的资产流动性受到其消费属性和贮藏属性的限制，其资产流动性较低。白酒行业的库存供销周期的存在使得价格波动性也较大。从金融化持续时间和价格剧烈上涨的时间来看，其过程的稳定性略弱。又考虑到白酒交易所中类似于炒股软件的交易客户端的存在和近期茅台酒等对申购赎回等业务的大力推进，综合来看，白酒（尤其是高端白酒，以茅台为典型代表）的金融化程度已达到中低等层次。

饶有趣味的一点是，名牌白酒进行商品金融化，是在该品牌公司已经上市的基础上进行的。这一点与本书中其他商品金融化案例均不同：往往没有上市企业的业务可以独立地涵盖某种当代商品的品类，如茶品、邮票、红木家具等，但白酒企业的主要营业收入就是经营本品牌的白酒获得的收入。投资者本来有着通畅的渠道，通过购买茅台等著名酒企的股票进行对高端名品白酒制造业的投资，然而在这种金融市场并非完全不存在的情况下，白酒的金融化作为一种商品的金融化现象仍旧发生，这值得深思。而且令人大跌眼镜的是，白酒金融化过程更是受到了省政府等的支持，此处政府的态度与对贵州茅台集团进行反垄断处罚时截然不同。

股票投资渠道的存在，在一定程度上说明了白酒的商品金融化不仅具有盈利的目的，而且涵盖了意图联合控制销售链、高位抛出而获得高额利润的企望。

进一步来看，在白酒的金融化过程中，厂商和渠道商可能还有着高位抛出之外的获利原因。在常规的消费品商品中，如果商品的生产被垄断，那么厂商将会进行垄断定价，以使得利润最大化。但是如果商品具有消费品和投资品的属性，金融化的过程将会从另外两方面增加厂商和渠道商的利润。

第一，在金融化过程中，销售中间环节和部分个人都会对该商品进行一定程度的贮存以相机抉择何时抛售，这一部分商品是流动的，但是总体而言，有部分商品沉积在流通环节，这一点在短时间内迅速抬高了需求。

第二，金融化逐渐深化或者走向泡沫的方向之后，商品的价格波动性逐渐增大，因为白酒商品的价格逐渐与社会资金状况、宏观经济形势等密切联系。过度金融化之后，消费者面对随着社会资金状况波动的价格，无法进行有效的预测，如果没有明显的趋势，消费者则认为下一期价格变化的期望为0。而又因为风险厌恶，当价格低于消费者愿意支付的最高价格，但又高于垄断定价时，消费者可能就会选择购买当期甚至下一期所需要的商品以供消费。而当商品价格下降时，又会有更多的消费者发现当前价格已经低于愿意支付的最高价格，从而选择购买甚至囤积商品，成为商品价格上涨的推动力量。长期来看，销售量可能区别不大，但是在这一过程中，并非所有人都是以原来的垄断定价购买了该商品，而是有相当部分消费者以高于垄断定价同时低于自己愿意支付的最高价格的价格购买了该商品。至此，该种商品在理论上会形成跨时间的价格歧视，让不同消费水平的消费者付出了相对来说更高的价格，厂商和销售商获得了更多利润。

白酒正是满足上述条件的消费品，相当消费者愿意支付的最高价格的空间很大，甚至可以在投资、储存、囤积的过程中升值，品牌产量有限且消费的同时就退出流通。白酒在金融化过程中能为厂商和销售商带来大量利润。但需要注意的一点是，对于社会整体而言，金融手段应带来的好处，理应是基于流动性的提高、信息交流机制的完善为社会整体带来福利，而非为某些少数部门谋求过分的经济利益，最终导致资源配置的扭曲。从这个角度来看，国外酒类投资的期酒销售、葡萄酒评级、拍卖、保险等一系列金融化过程可能更值得我们学习和思考。

第二十一章　交易无国界：比特币金融化

本章概览

- 电子货币的概念、数字资产和比特币
- 比特币的多轮炒作
- 资本品金融化

本章提要

提及比特币（Bitcoin），公众一般会联想到电子货币和数字货币的概念。而比特币常被称为虚拟货币或者加密货币。电子货币、数字货币或者加密货币都是从技术角度进行定义的，而虚拟货币史则是从经济学角度定义的。就比特币而言，它是一种资产（资本品）而非货币。比特币代表一种数字资产，因为比特币流动水平低、流动风险高，无法履行法定货币的交易媒介、价值尺度和价值储藏等基本功能，因此比特币并非真正意义上的货币。然而，作为一种资本品，比特币经历了多次轮番炒作，表现出商品金融化的诸多特征。本章以比特币为代表性标的产品来阐释其金融化的背景、过程和逻辑。

第一节　历史和经济背景

比特币诞生之时，正值全球金融危机，即公众对政府和银行管理货币供给能力的信任度降到低点之际。当时影响全球宏观经济的大事件如下。

（1）美国次贷危机引发全球性的金融危机。

2008 年 7 月之后，由于次贷危机进一步蔓延，一系列金融巨头陷入困境，房利美、房地美的股价都惨遭腰斩，雷曼兄弟申请破产保护，美国保险巨头美国国际集团（AIG）巨亏，高盛和摩根士丹利等国际大投行转为银行控股公司，市场流动性恶化。美国金融市场的危机通过国际资本市场、进出口贸易等渠道进一步向全球蔓延，全球投资者陷入恐慌情绪之中。次贷危机演化为全球性金融危机。

（2）欧债危机。

2009 年 10 月，希腊政府宣布当年财政赤字占 GDP 的比例超过 12%，远高于欧盟设定的 3%上限，随后，全球三大评级公司相继下调希腊主权信用评级，欧洲主权债务危机率先在希腊爆发。由于欧元区成员国担心对希腊的无条件救助可能引发本国纳税人的不满，救助计划迟迟不能出台，危机持续恶化，并蔓延到葡萄牙、西班牙、爱尔兰、意大利等国，德国与法国等欧元区主要国家也受到负面影响。国际评级机构继续下调欧洲各国的信用评级。国际社会普遍存在着对欧债危机蔓延至全欧洲的担忧。

（3）全球性的量化宽松。

为防止危机的进一步恶化和恐慌的进一步蔓延，各国央行纷纷出台救助政策，最典型的做法是向市场注入大量资金以稳定和刺激经济。2008 年 12 月，美国联邦储备系统（简称美联储）启动量化宽松货币政策，随后开展了四轮量化宽松；日本央行、英国央行、瑞士央行都启动了量化宽松的货币政策，而中国也实施了“四万亿计划”。

为应对金融危机而在全球范围内实施的量化宽松政策不可避免地造成了全球流动性过剩，随之而来的是货币贬值和潜在的通货膨胀压力。比特币的诞生不仅迎合了人们急于规避货币贬值和抵御通货膨胀的需求，而且为寻求财富保值提供了另外一条渠道。因为预定发放模式的比特币能够保证币量在可控范围内增长，所以一般认为比特币不存在超发的问题。因此，比特币在一定程度上满足了人们的防范通胀需求。同时，经济危机或者一国的政治动荡都会一定程度上给主权货币带来信任危机。而比特币的发行被认为是依赖于密码学算法，去中心化特性与算法本身可以确保无法通过大量制造比特币来人为操控币值。因此，在世界金融危机的大背景下，比特币得到了越来越多人的信任。

第二节　比特币的暴涨暴跌

比特币作为一种虚拟数字货币，诞生于 2009 年，其发明者中本聪于 2009 年 1 月发布了比特币客户端的第一版，并在芬兰的小型服务器上挖出第一批比特币。由于比特币在诞生之初仅是由少部分“极客”在网络虚拟世界中所使用的实验品，知之者甚少，所以价格也非常低廉，单价仅 5

美分左右。2010 年，比特币交易平台——比特币市场（Bitcoin Market）成立，这是目前所知最早的比特币交易平台。之后，大量的交易平台成立，全球参与者数量的增加推动了比特币价格的上涨。比特币自诞生以来总共经历了两轮价格大幅持续上涨的周期，这两轮价格上行周期的起始点分别在 2013 年年初和 2015 年第三季度。

2013 年年初，比特币在中国的交易量约占全球市场份额的 10%～20%，当时的比特币市场价格还不足 100 元。而到 2013 年 12 月，比特币的中国市场份额快速上升至近 70%，中国取代美国成为比特币交易第一大国。在中国市场份额快速上升的过程中，比特币的市场价格从 100 元左右上涨至 7 000 元左右，上涨幅度高达 69 倍，其中在 2013 年 11 月短短一个月内，比特币交易价格从 1 200 元左右快速上涨至 8 000 元左右，如图 21-1 所示。由此可见，短期内中国投资者的加入是比特币价格上涨的主因。

根据火币网的用户抽样调查，中国 80.77% 的比特币投资用户进行比特币交易是为了通过买卖价差获得短期盈利，即投机获利。由此可见，投机因素是比特币价格上涨的重要推动力。这一现象的根本原因是我国金融投资渠道和产品仍然十分欠缺，使得比特币作为一种新颖的金融产品能够较容易吸引大量闲置资金，推动投资者的“羊群效应”行为，并最终成为比特币价格泡沫快速膨胀的主要推手。

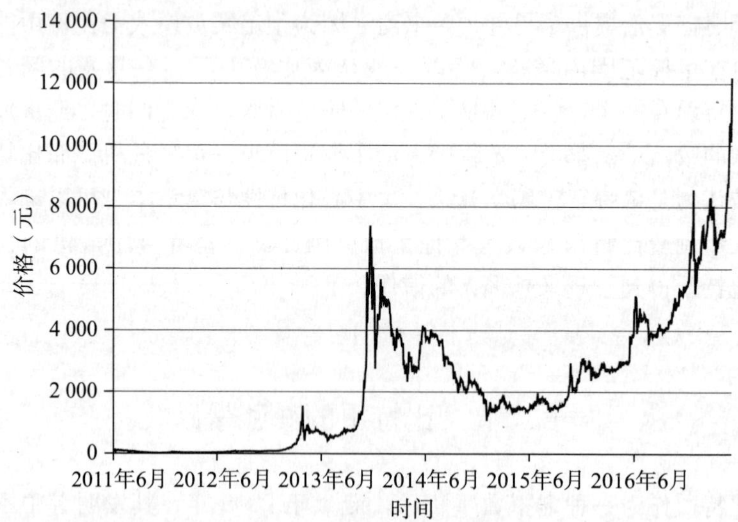

图 21-1　比特币价格走势图

资料来源：比特币中国。

注：比特币价格为每日收盘价。

同时，监管政策对于比特币价格走势的影响也十分显著。2013 年 12 月，《关于防范比特币风险的通知》明确了比特币不具有法偿性与强制性等货币属性，并非真正意义的货币，不能且不应作为货币在市场上流通使用。在通知发布的前一天，比特币的市场价格仍然超过 7 000 元。在该通知发布后的第二天，比特币市场价格应声下跌至 5 000 元左右，下降幅度近 30%。此轮上涨行情也到此结束。

之后，比特币价格从 2013 年 11 月底的最高点 7 395 元震荡下跌，2015 年 1 月跌到 1 000 元左右，下跌幅度接近 86%。2015 年，比特币的价格在 1 000～2 000 元的范围内上下波动，2015 年第三季度，比特币第二轮价格上行周期启动，从 1 500 元左右上涨至 3 000 元。此轮上涨周期一直持续到 2017 年，其中 2016 年比特币的价格从年初的 2 841 元上涨至年底的 6 818 元，涨幅约为 1.4 倍；2017 年 1 月至 5 月，比特币价格从 6 000 元左右上涨至 12 000 元左右，涨幅约为 1 倍，屡创新高。

比特币的暴涨暴跌过程反映了该市场的投机色彩。作为数字货币，比特币本身并无内在价值，但为什么会在短时间内价格大幅上涨呢？主要是在特定经济金融环境下的特色概念炒作（如去中心化、交易无国界等），特别是对其数量有限和技术价值的宣传。归纳来看，比特币是第一种数字货币，在全球范围内拥有一定的市场参与人认可其交易价值（或者说对其未来预期价值的认可）。另外，根据比特币发明者的宣传，比特币的挖掘算法设计可以保证比特币的数量可控（不超过 2 100 万个）。其算法概括起来就是以 4 年为一个周期。第一个 4 年生产 1 050 万个比特币（每 10 分钟 50 个），第二个 4 年生产 525 万个，往后每 4 年减少 1/2，这样总和就是 2 100 万个。为了炒作概念，甚至有人将比特币的设计原理比喻成黄金的开发，把比特币说成“数字黄金”，本质上都是为了推高其市场价格。

第三节　比特币的金融化逻辑

1. 标的商品特点

(1) 去中心化。

去中心化是比特币最核心的特征。去中心化意味着比特币没有特定的发行主体，没有中央银行等管理部门充当中央控制中心，其转账支付由网络节点集中管理。比特币系统是通过整个网络的分布式数据块来记录其交易，并由整个比特币系统共同承担交易风险。货币发行和系统安全基于数学原理，并且依托于互联网，可以在全球范围内使用。目前各国的货币发行基础都是国家信用，一旦出现一国政权动荡或主权债务危机等事件，该国发行的货币就会面临巨大的信任危机，导致货币贬值。比特币的发行与国家信用无关，比特币的价格涨跌属性与黄金等避险资产类似，在一国货币发生信任危机时，反而更容易受到青睐。

（2）交易无国界带来的便捷性。

作为一种互联网金融产品，比特币在许多国家都可以合法交易，主要包括美国、中国、日本、欧盟成员国。比特币在众多的交易平台上以多种货币计价交易，开户、资金转入和转出等手续全部在网上进行，不需要依靠第三方机构，克服了地理空间的限制和市场的地域分割，十分便捷。同时，比特币可以 24 小时不间断交易，且没有涨跌停板的限制。除此之外，比特币不仅可以在交易者之间进行买卖，类似于股票交易，还可以在世界范围内的不同交易者之间进行类似银行账户转账的“转币”操作，在少数国家甚至可以使用比特币进行商品支付。这一特性使得比特币具有便捷的特点。人们可以在任何地方使用任何一台接入互联网的电脑挖掘、购买、出售比特币，或者用比特币购买物品和服务。比特币的跨境流动既不会留下记录，也不会受到监管。

（3）总量的有限性。

比特币与其他虚拟货币最大的不同是其总量存在上限，因此具有一定的稀缺性。由于其产生机制的设计，该货币系统在前 4 年内只能产生不超过 1 050 万个，每 10 分钟向网络中释放 50 个比特币，这个数值每 4 年逐步减半，最终在 2140 年全部比特币被挖掘出来，达到最终的 2 100 万个，不再增长。除了稀缺性之外，发行总量固定在 2 100 万个这一机制的设计消除了由于滥发货币导致通货膨胀的可能。这也是比特币具有避险保值功能的基础。而在当前的信用货币体系中，各国央行可以根据国家经济情况对货币数量进行调整和干预，理论上是信用货币总量没有上限。金融危机中各国政府为了刺激经济推出量化宽松政策，使得流动性泛滥，造成全球流动性供给过剩。当今的国际货币体系对国际货币发行国实行软约束，美联储的不良政策和人为干扰造成美元多发，诱引其他国家货币出现“超发”的集体道德风险。

（4）匿名性。

从技术上讲，比特币的交易各方可以通过随意变化收款地址来隐藏自己的真实身份。传统的电子货币严重依赖账号系统，必须收集交易双方的个人信息来完成交易，而比特币通过公开密钥技术不再依赖账号系统，交易双方可以随意生成自己的私钥，随后将与私钥对应的公钥告知付款人即可收到款项。下次再使用时，可以重新生成一对公私钥进行交易。这种一次一密的做法可以做到完全匿名交易，难以跟踪。可以随意变更收付款人的地址来隐藏自己的真实身份，再次交易即生成新的私钥。

2. 炒作的前后背景

比特币第一轮价格大幅上涨的周期开始于2013年年初。这一轮上涨与2012年11月比特币产量的首次减半有密切的关系。产量减半意味着每挖出一枚比特币需要耗费的成本比之前提高了，成本的提升推动了交易价格的走高。另一直接的推动因素是2013年3月发生的塞浦路斯银行挤兑风潮所引发的货币信任危机。2013年3月16日，塞浦路斯为获得欧盟的进一步援助，提议通过对每个银行存款账户征税，筹集58亿欧元的法案。在其宣布没收和冻结60%的居民储蓄作为欧洲央行的援助条件之后，储户涌向银行挤兑。比特币成为储户规避税收、实现财富保值增值的方式。同时当地出现排队抢购比特币的现象，居民通过比特币将资产转移出境，两日之内就将比特币价格推高了20%。西班牙的居民也有唇亡齿寒之感，当地的比特币软件下载量也达到了高峰。2013年7月，塞浦路斯政府为获取储户的信任，以比特币代替本国货币，在塞浦路斯各大银行自动取款机（ATM）旁设置了世界上第一款比特币ATM机，提供以现金直接兑换比特币的业务。

某些国家的政府对于比特币在一定程度上给予认可，这降低了比特币的政策风险，从而鼓励了更多投资者进入这一市场。例如，2013年3月，美国货币监理署正式将比特币纳入监管范围。2013年6月28日，国际交易平台Mt. Gox（昵称“门头沟”）获得美国财政部金融犯罪执法网络（FinCEN）颁发的货币服务事务（MSB）许可，这一历史性事件说明比特币已经被美国官方作为货币对待。2013年11月18日，美国参议院举行了关于比特币的听证会，听取了五个部门对比特币的看法。美国证券监督管理委员会警告投资数字货币存在投资风险，表示正在探讨数字货币牵涉的法律、政策、科技等方面的相关议题。美国财政部的立场与美联储委员会大致相同。美国政府则没有对比特币表示明确的态度或者采取明确的措施。法国、日本、瑞士等国家也持与美国相似的态度。2013年6月27日，德国议会决定对持有比特币一年以上的将予以免税，但机构使用比特币从事商业活动将被征税。2013年8月20日，比特币被德国财政部认定为记账单位，成为一种在德国银行业条例规范下的金融工具，与私人货币更接近，可以用来进行多边结算，这意味着比特币在德国已被视为合法货币

（严湘君，2013）。与德国态度类似的国家还有芬兰等。根据国际交易平台 Mt. Gox 的数据，在此消息公布后的一天内，比特币单价以美元计价，从 112 美元上涨到 122 美元以上，涨幅约为 9%。

除了某些政府的支持或者中立观望，随着比特币的发展，还有越来越多的商家接受比特币。2014 年 1 月，美国 Overstock 公司也开始接受比特币，成为第一家接受比特币的大型网络零售商。2012 年 10 月，全世界有超过 1 000 户商家愿意通过它们的支付系统接收比特币的付款。到 2014 年 11 月，全世界已经有 21 000 个零售商表示接受比特币。

作为新的购买商品和服务的支付手段，比特币消费表现在：（1）游戏充值。如可在脸书（Facebook）的游戏扫雷艇（Minesweeper）中使用。（2）购买网络服务。如程序员群体用比特币换取轻盒技术公司（Lightbox Technologies Inc）的 VoIP[①] 网络电话服务。（3）购买实物。比特币曾经可以在近 30 家网站上购买物品，接受比特币的供应商数量包括网上和线下的供应商。比如，2012 年 10 月，已有超过 1 000 家商户通过比特币支付公司巴比特（Bitpay）的支付系统接收比特币付款。2012 年 11 月，内容管理系统（WordPress）宣布接受比特币付款。易贝（eBay）上排名第 13 位的书店 Qugelmatic Books 接受比特币。德国一些主要城市的商业街支持比特币的支付，芬兰公司用比特币给员工支付工资。在中国的个别城市，比特币也能进入日常生活的流通领域。2013 年 3 月，美国留学生杰克在位于北京市海淀图书城附近的车库咖啡馆，使用 0.012 比特币购买了一杯咖啡。淘宝网有可以消费比特币的商家，在“我要买”网站上可以用比特币来买防 PM2.5 的口罩，有些电信充值的商家允许用比特币给手机充值。

此外，金融危机后各国出台的一系列货币宽松政策导致全球一直处于流动性过剩的环境，所以有了更多追逐新产品的流动资金。再加上 2013 年国际黄金价格一直震荡式下跌，全年累计跌幅约为 28%，与黄金具有某些相似之处的比特币作为一种全新的金融投资产品而受到追捧。

从 2015 年第三季度开始的第二轮价格上涨周期则是由挖矿成本的提升、数字货币和区块链概念的兴起、整个投资环境促使资金寻求优质投资品等多方面的因素共同推动的。挖矿投入的成本越来越大，产出却越来越少。2014 年，每天 50 万元的电费足以产出 100 个比特币，电费成本每枚要 5 000 元。但是到了 2017 年，同样的成本已经翻了一倍以上，每枚比特

① 一种基于国际协议的语音传输技术。

币的电费成本就高达万元。成本的大幅提升会使部分矿工放弃挖矿，这意味着新增加的比特币数量减幅更大，从而影响价格。

中国投资者的投资需求在一定程度上推动了比特币价格的上涨。2016年人民币对外贬值累计达7%，而持有人民币资产比例较大的中国投资者对资产保值升值需求的提高引发了对比特币的需求。对于人民币贬值和对资本管制的双重担忧，都是刺激中国买家大量购入比特币避险的原因。同时，在2015年6月中国A股发生“股灾”之后，股市的整体表现欠佳，加上政府对房地产政策的多轮调控，抑制了楼市的过快上涨，资金需要寻觅新的投资渠道。

另外，由于区块链技术得到了官方认可，全球各市场都在研究区块链技术和数字货币的可行性，中国央行也在公开招聘相关人才，尝试实践数字货币。例如，2015年12月，纳斯达克首次在个股交易中使用区块链技术；2016年1月，中国央行首次提出“争取早日推出央行发行的电子货币”。在这样的背景下，各国对比特币交易可能会更加包容，为比特币的发展提供了较好的外部环境。

2017年3月，日本国会通过了2017年度税收改革法案，其中包括2016年5月颁布的《支付服务法案修正案》，该法案将比特币定义为最新的支付方式。日本政府还制定了一项优惠政策，从2017年7月开始，使用比特币支付消费可减免8%的消费税。这意味着日本政府事实上承认了比特币在日本的支付合法性，给整个比特币市场带来了新的利好预期。同时，市场上各大交易商、比特币在衍生市场上的商家炒作，以及参与者的投机心理都进一步地加速其价格上扬，目前比特币的价格仍处于历史高位。

3. 持续的时间

在比特币的两轮上涨周期中，2013年第一次价格高涨持续了约1年的时间，从2013年年初的100元左右上涨至2013年年底的7 000元左右，上涨幅度约为70倍。2013年11月29日，比特币在热门国际交易平台Mt. Gox的交易价格创下1 242美元的历史新高，比特币单价首度超过黄金。

第二轮价格上涨周期从2015年9月开始一直持续到2017年5月。2015年9月，比特币的价格在1 500元左右，之后不断上涨，在2017年5月更是屡创新高。根据比特币交易平台OKCoin的显示，2017年5月22日，一枚比特币的价格已突破2 200美元（2018年年初又开始明显回落），而2016年，一枚比特币的价格在500美元上下徘徊。未来比特币的价格能否继续调回高位还是未知数，但是其价格要维持长期稳定非常困难。

4. 结束的方式

第一轮的价格上涨于 2013 年年底结束，主导因素是《关于防范比特币风险的通知》的发布，以及对第三方支付参与比特币交易的禁令。比特币价格从 2013 年 11 月底的最高点 7 395 元震荡下跌，2015 年 1 月跌到 1 000 元左右，下跌幅度接近 90%。作为当时全球最大的比特币交易市场，中国交易者的行为对比特币的价格走势会产生重大影响。中国央行对比特币的态度使比特币在中国面临较大的政策风险，中国投资者纷纷选择从市场中撤离。第一轮价格上涨后的大幅下跌也与比特币的安全性有关。2014 年 10 月，当时全球最大的比特币交易平台 Mt. Gox 宣称 85 万个比特币被盗，随后破产。这 85 万个比特币包括用户的 75 万个以及平台自身的约 10 万个。按当日比特币均价计算，丢失的财富约合 4.75 亿美元。这一事件使比特币的安全性受到了质疑，对比特币安全性的担忧也使得投资者的积极性降低。第二轮比特币价格的上涨在 2017 年 5 月后仍在延续，并屡创新高，一度突破 2 200 美元。虽然比特币未来的市场价格最高点和最低点不容易判断，但是其周期性波动可能仍然会延续，而难以保持价格一直高涨不跌的单一上涨趋势。

比特币受市场青睐的重要原因之一，是市场对其未来成为甚至取代信用货币抱有预期。然而，从现实情况来看，比特币只是一种数字货币而已，很难取代以国家信用为基础的现代信用货币。即使作为数字货币，其市场价格也难以长期保持高位，以下诸多因素会影响到其市场发展。

（1）政府监管。

比特币的高度匿名性很可能被用来从事非法交易、洗钱、转移资产、逃税等，政府可能宣布其非法，依靠政治外力将其扼杀。2013 年 3 月 18 日，美国财政部发布了虚拟货币个人管理的相关条例，首次阐明了虚拟货币所有交易或转移虚拟货币的公司均被归类为从事货币服务业务，这些公司必须向政府提供信息，并实施防止洗钱的政策。这项规定导致至少三家北美企业被银行关闭了企业账户，包括纽约比特币交易中心 Bitfloor 公司的账户，其目前仍无法把资金还给客户。2013 年 5 月 15 日，美国国土安全部发布禁令，责令移动支付服务 Dwolla 关闭 Mt. Gox 的转账支持，冻结 Mt. Gox 拥有的两个银行账户。2013 年 5 月 28 日，美国国土安全部以涉嫌洗钱和无证经营资金汇划业务取缔了汇兑公司 Liberty Reserve 的虚拟货币服务，成为历史上最大的国际洗钱诉讼案，洗钱规模达到 60 亿美元。除此以外，美国商品期货交易委员会（CFTC）、美国国家税务局

(IRS) 和美国证券交易委员会 (SEC) 主要监管机构都未就比特币监管发表任何官方意见。我国交易平台比特币中国 (BTCChina) 没有电信与信息服务业务经营 (ICP) 备案，没有备案的网站可依法关停。若网站公司在国内，网站服务器在国外，我国有关部门也可对该公司进行监管。

(2) 技术上的安全性。

一是比特币用户之间流通的数据量规模庞大，会减缓整个系统的运行速度，危及自身发展。无法修改所有人的节点算法和参数来加快比特币的运行，只有升级所有用户的比特币钱包和相关软件，通过发布补丁才能解决这一问题，但这很难实施。二是黑客攻击。2011～2012 年发生了至少 4 起较大的黑客事件，涉及金额超过 1 000 万美元，导致比特币交易中心 MyBitcoin 关机，比特币储蓄信托平台 (Bitcoin Savings and Trust) 关闭，美国证券交易委员会介入调查（于江，2013)。2011 年 7 月，世界第三大比特币交易中心 Bitomat 记录着 17 000 个比特币（当时约合 22 万美元）的 "wallet. dat" 文件的访问权限丢失，决定出售服务以弥补用户损失。三是网络故障。2013 年 4 月 10 日，Mt. Gox 软件发生故障，引发大批用户恐慌，比特币交易出现大幅盘整。四是缺乏有效监测网络交易技术。交易平台没有经过相关部门的资质审查，交易者无须进行客户身份识别。在我国只需要注册一个用户名，将资金转给中间人的支付宝账户，由中间人将交易者的资金转到交易平台，中间人凭自律帮助交易者完成交易，从中收取 5‰的手续费。由于缺乏有效的监测技术，出现了中间人将交易者资金卷走的风险。

(3) 高额交易风险与获取成本。

比特币交易量小、筹码少，比特币市场价格容易受到庄家控制，出现暴涨暴跌。同时，比特币交易平台 24 小时开放，没有涨跌停限制，很难把握最佳的入市时机，交易风险高于公司证券。

目前，"挖矿" 需要一台高配置专业 "挖矿机"，市场价格为 30 万元。使用的 "挖矿机" 越先进，参与 "挖矿" 的极客越多，需要的能量成本、时耗成本也越高。2013 年 9 月 30 日，"挖矿" 电力成本为 2 994 794. 62 美元，每次 "挖矿" 交易成本为 12. 06 美元。

(4) 网络货币的泛滥。

受比特币系统启发，相继产生了 Litecoin、DevCoin、NameCoin、PpCoin 等八种类似比特币的新型虚拟货币，它们多数用户量和流通量都很小。DevCoin 主要用于支付开源软件工作者的工资，NameCoin 主要用于域名和网络主机支付流通。未来更多虚拟货币将会展开竞争，可能出现比特币的替代品，也可能出现这类虚拟货币的泛滥发行。

5. 比特币金融化的影响范围

由于比特币的交易是基于互联网的，即全球所有互联网用户都可以参与比特币的交易与投资，因此其价格的波动在全球范围内都会造成影响。从细分市场来看，在比特币的第一轮上涨周期中，中国市场作为比特币最大的交易市场，其交易量占全球的 80%。其余 20%为海外交易，其中美国市场占比 30.8%，欧洲市场占比 66.8%，其他地区占比 2.4%。

目前在中国主要有三大交易平台：火币网、OKInc 和比特币中国，形成三足鼎立之势。2015 年开始，火币网在品牌和市场占有率上开始占有绝对优势。根据火币网的交易用户数据，广东、北京、浙江、江苏、上海是比特币在中国的交易用户数量排名前五的地区，占比分别为 17.5%、9.1%、8.9%、6.8%、5.5%。原因可能是这些城市的居民生活水平较高，理财意识强，思想较开放，乐于尝试新鲜事物。

第四节　比特币金融化的内在逻辑提炼

比特币作为一种特殊的虚拟商品，表现出一些特质，使得它具有金融化的基础。

第一，比特币的总量有限，最终发行量将固定在 2 100 万个。一方面，总量有限这个特性造成了比特币的稀缺性，使之具有炒作的价值。另一方面，总量有限、增长速度的人为固定使得比特币不存在由超发而导致的通货膨胀，因此比特币具有了与黄金类似的属性，能作为一种新型的避险资产受到投资者的青睐。

第二，比特币是去中心化的。去中心化是比特币炒作的一大概念，由于比特币的发行与任何一国的国家信用均无关，在民众对各国货币信心普遍缺失、对经济前景较悲观的时候，比特币作为虚拟货币，它是基于特定算法通过大量的计算产生的，被认为是较安全的，因此容易受到追捧和炒作。

第三，比特币可以以多种货币计价，能在全球多个交易平台进行 24 小时不间断交易，且没有涨跌幅的限制。这种交易机制为炒作者提供了非常便利的条件。

比特币的金融化由比特币本身的性质奠定了基础，但其发生的大背景亦不容忽视。在金融危机之后，全球主要国家为刺激经济复苏实行了宽松的货币政策，导致全球的流动性过剩。在全球流动性过剩的背景下，资金需要寻找新的优质投资渠道。例如，在 2013 年比特币的第一轮价格上涨周期中，作为传统避险资产的黄金表现欠佳，全年震荡下跌，一年累计跌幅约为 28%。比特币作为一种新的避险资产，在投资者看来可以在某种程度上兼具黄金的价值稳定和高于黄金的收益率水平。因此在金价下跌的情况下，比特币的投资进入了一个黄金窗口，也更容易被炒作。

作为一种特殊的商品，比特币的市场价格在一定程度上也由供需状况决定。从供给方来看，比特币的创造机制决定了比特币每隔一段时间产量将减半。比特币第一次产量减半是 2012 年 11 月，第二次产量减半是 2016 年 7 月，在产量减半之后，比特币的价格出现了显著上涨。此外，获取比特币的源头是“挖矿”，因此“挖矿”的成本波动必定会对供给曲线的斜率与位置产生影响。2014 年，每枚比特币的电费成本是 5 000 元，而到了 2017 年，每枚比特币的电费成本上涨到了近万元。成本的大幅提升使得一些“挖矿厂”倒闭，导致市场上新增的比特币减少，进一步推高了比特币价格。

从需求方来看，目前接受比特币的商家数量还非常有限，出于交易目的的需求并未呈现出明显的增长态势。因此交易需求并非比特币价格大幅上涨的主要原因，占主导的因素是投机需求。根据火币网的用户抽样调查，80.77%的比特币投资用户进行交易的目的是短期盈利，通过差价赚取利润。

此外，政策因素和“黑天鹅”事件也对比特币价格的短期走势产生了较大的影响。比特币第一轮价格上涨的结束就与《关于防范比特币风险的通知》的发布有关，在通知发布后的第二天，比特币价格下跌近 30%。2017 年 4 月以来比特币价格的大幅上涨也与日本承认比特币在日本的支付合法性这一政策有关。对比特币的短期价格波动产生影响的“黑天鹅”事件包括塞浦路斯银行挤兑事件、美国大选事件等。当“黑天鹅”事件出现时，投资者的避险情绪加剧，比特币作为避险资产的属性被放大，成为炒作的热点。

从比特币的两轮上涨周期来看，其主要推动力量也存在差异。2013 年的第一轮上涨主要是由中国投资者推动的。在 2013 年年初，比特币在中国的交易量占全球市场份额的 10%～20%，而到 2013 年 12 月，比特币的中国市场份额快速上升至近 70%，中国取代美国成为第一大比特币交易国，在 2013 年的这一轮价格上涨中，中国投资者功不可没。第二轮上涨周期，尤其是 2017 年以来的价格上涨则主要由海外投资者推动，国内比特币价格飙升是受到海外市场领涨影响后跟风上涨的结果。根据火币区块链研究院 2017 年 5 月的数据，目前日韩已经成为全球最大的交易市场。在法定货币对比特币的交易中，日元对比特币的交易量排第一位，为 46.4%；美元对比特币的交易量排第二位，为 26.4%；人民币对比特币的交易量仅排第三位，占全球的 10.5%。

综合本章以上分析，从比特币的交易价格（高点时每枚比特币近万元）和比特币市值曾经一度突破 600 亿美元的事实来看，其资本密集度较高。虽然交易平台提供保证金交易，但市场杠杆率数据难以获得（我们可以较为合理地推断杠杆率非零）。由于 24 小时不间断交易和无涨跌幅的限制，比特币的资产流动性和价格波动性都较大。从交易的持续时间来看，每一轮上涨行情大约能维持一年至一年半左右，其过程的稳定性并不强。综合来看，可以将比特币的金融化程度概括为中等。

第二十二章　水泥黄金：房地产金融化

本章概览

- 房地产金融化
- 大规模资金流动引起的市场波动
- 政府土地与财税政策的影响

本章提要

近年来，房地产行业在全球范围内被纳入泛金融行业，彰显出其金融属性被广泛认可，使得房地产兼具居住和投资双重属性。由于“安居才能乐业”的传统文化习俗和资本积累下的投资需求，房地产的双重属性在我国表现得更为淋漓尽致，形成波澜壮阔的房地产金融化过程。中国的房地产金融化过程可以回溯到1998年的住房体制改革，之后随着资金环境的逐步放松以及地方政府的大力扶持，其金融化程度逐渐加深。鉴于房地产自身具有双重属性，其金融化过程有别于一般资本品或普通商品。特别是，房地产行业的资本密集度高，卷入的资金规模大，杠杆率高，同时具备较为稳固的价值基础与制度保障，因此金融化过程也不会轻易终止。这些特点都决定了房地产的金融化属于较高层次的金融化。

第一节　历史和经济背景

房地产与公众生活紧密联系，毕竟住房是居民生活的必需品，从长期历史数据来看，房地产具有保值、增值的特点，因此房地产是金融资本青睐的投资标的。事实上，房地产（特别是房价）自古以来在我国就受到社会各界的广泛关注。例如，两宋时期就是中国古代房地产交易非常活跃的时期。当时的房地产市场具备以下几个特点：首先，房地产的交易机制比较完善，换手率极高，并且为满足频繁的房地产交易，宋朝城市出现了大量的房地产中介，当时被称为“庄宅牙人”，整个房地产市场交易非常活跃；其次，宋朝政府对土地开发有较为严格的管制，一般不允许商人大量购置土地，土地供应一直处于偏紧的状态；最后，当时的城市化方兴未艾、人口流动频繁，居民的消费需求与投机需求都比较旺盛。因此，整个房地产市场处于一个高度供不应求的状态，可以说两宋时期房价高企的局面主要是由基本供求层面的因素造成的。

最近二十多年，我国房地产金融化趋势越发明显。1998 年亚洲金融危机之后，我国的出口严重受阻，政府为了抵御危机并保持经济增长，同时也为了改善居民居住条件，废止了福利分房制度，住房由实物分配向货币化分配转变，中国的房地产由此开始进入了市场化的阶段，这为房地产的金融化过程奠定了制度基础。与此同时，中国的金融体制改革也在不断加深，之前实施的各项金融管制逐步放松，金融自由化的趋势日益明显。在此期间，中国人民银行也逐步放松了对商业银行的贷款限额管制，改为实施资产负债比例管理。各个商业银行也逐步调整信贷结构，寻找新的业务增长点，个人住房贷款业务逐渐成为其发展重点。政府政策的放松以及银行业务重点的调整为围绕房地产的资本操作提供了一定的空间，间接促进了房地产的金融化。

到了 2003 年，房地产业被政府特别是地方政府视为拉动经济增长的支柱产业，房地产对于经济的发展与社会的稳定显得越发重要。特别是最近十几年来，大量社会资本也开始涌入房地产市场，促使房地产行业与金融体系的联系日益密切。随着资本涌入，房地产价格开始出现明显的变化，尤其是中国一线大城市的价格上涨速度更为明显和快速，随之而来的是更大范围的价格上涨。因此，各级政府开始陆续出台一系列关于卖方房地产的法律、法规与调控政策，以期对房地产市场进行宏观调控。在这期间，房地产的金融化过程伴随着价格的上涨而进入快速发展阶段。当然，不同地域的房地产市场发展并不均衡，但从总体上看，中国的房地产金融化比较明显。2016 年之后，随着中央大力推行“房子是用来住的”理念并加大房地产投机管理力度，房地产金融化的进程也开始放缓，房地产市场进入稳定发展阶段。

第二节　房地产的炒作过程

正常情况下，商品价格的变化遵循经济学的均衡规律，由供给与需求两端共同决定。但是近年来房屋的价格在一定程度上已经偏离了基本面的供求约束，在各方资本涌入的炒作下快速上涨。从一定程度上说，房地产更像是一个受到资本操控的金融产品，在很多时期脱离了用于居住的基本属性。房地产的炒作过程可以分为以下几个层次。

第一个层次，土地价格攀升。一般认为，商品的价格取决于成本，土地出让价格作为房屋最主要的成本，对房价起着至关重要的作用。目前土地出让费加上各种与房地产有关的税费占据了地方政府财政收入的绝大比重，并且繁荣发展的房地产产业链又可以为当地提供更多的就业岗位，增加政府税收，带动当地经济的发展，因此各地方政府不仅高度垄断当地的土地供应，而且有动力采取一系列措施来维持当地房地产市场的景气。而房价上升又会内生带动土地出让金上涨，土地出让金增加又会进一步推高房价。在这个看似简单的循环中，房价与地价交互影响，互为因果关系，甚至影响到总体经济的价格变化（张成思，2011）。因此，地价成为房地产炒作的第一要素。

第二个层次，开发商捂盘惜售。地价上升增加了房地产开发商的拿地成本，开发商为了赚取更高利润，就会想方设法提高房屋的销售价格，而捂盘惜售则是中国房地产开发商的常用策略。捂盘惜售，顾名思义，就是开发商在房地产项目销售过程中经常采取类似“持币待沽”的策略，造成房地产市场的供求关系不平衡。与捂盘惜售策略相类似，开发商还经常采取房屋供给分批入市的策略，即不会整体一次性将所有可售楼盘全部拿到市场上销售，而是分部分将房源逐次放出进行销售，进一步造成供给短缺的现象。这些策略都使得开发商拥有较强的定价权和控制力，从而将上涨的成本转嫁到消费者身上。

当然，不断攀升的房价为开发商进一步进行高杠杆的融资行为提供了保证，目前市场上的房地产开发商往往通过将房屋抵押的方式从银行、信托等金融机构取得借款。房价越高，开发商相应就能得到越多的借款，从而现金流的约束就越小，开发商就能够更耐心地等待房价上涨，再择机出售以赚取高额利润。此外，即便发生开发商违约的情况，金融机构也有权收回所抵押的住房，这时金融机构往往会通过拍卖等方式加价重新卖出住房以弥补自己的损失。

第三个层次，二级市场上投机者的不实宣传。在房屋进入市场流通之后，一些有组织的炒房团会联合房产中介通过低价买入、恶意囤房、提供虚假报价的方式来进一步抬高房价。在这一轮炒作中有明显的社会游资进入的迹象，这些资金具有体量大、周期短等典型特点，投机资金在通过资本运作、虚假营销等手段炒高房价之后迅速撤离，而房价在经历了三轮炒作之后往往呈现几何式的上涨，这又会加重公众对居无定所的恐慌情绪，倒逼普通的购买者无视市场规律，盲目从众购房，进一步助推房价上升。

第三节 房地产的金融化逻辑

1. 标的商品特点

根据张锐（2011）的研究可以得出，房地产作为一种高端资本品，同时具有普通商品和金融产品的性质。作为一种普通商品，房地产具有以下特点。

（1）房地产的建筑周期与消费周期较长。房地产的开发商从拿到土地到建造、销售出住房需要一个相当长的周期。同时，按照我国现行的规定，目前住宅建设用地的使用权为 70 年，一般情况下，买房者通过一次性的购买，然后在接下来的 50 年甚至更长的时间内消费。在较长的建筑周期与消费周期的约束下，与房地产有关的资金运作就相对显得更加重要，这为一些投机资本进入房地产市场提供了客观基础。

（2）房地产的投资巨大。房地产属于典型的资本密集型行业，无论是在房地产的开发阶段还是住房的购买阶段都需要大量的资金投入。对于房地产开发企业来说，其自有资金一般难以满足正常运作的需要，而对于普通消费者来说，住房往往也需要耗费其一生的积蓄。但是受到我国传统文化的影响，居民对购房的热情始终居高不下，普通居民往往通过熟人借贷、按揭贷款等方式来购买住房。房地产开发商也在抵押贷款、信托基金等资金支持下大规模扩张。而一旦房地产对资本形成了高度的依赖性，其价格便不仅仅由传统的供需因素来决定，资本市场的环境将会对房地产的价格产生重大的影响。

（3）房地产属于不动产，地域性的差别比较明显。鉴于住房地理位置的固定性，一旦房地产进入建设阶段，便不能移动，而住房周边的基础设施、居住环境等都会对房屋的价格产生一定的影响，因此房地产在一定程度上并不完全受到供求因素的约束。

（4）房地产具有保值、增值的属性。目前我国的城镇化水平相比国外发达国家还有一定的提升空间，由此带来对住房的刚性需求将会不断增加。同时，城市的土地资源在政府高度垄断的背景下具有稀缺性和不可再生性，因此从长期来看，我国部分城市住房的价格具备持续上涨的空间，由此带来的预期效应将会吸引投机资本不断进入房地产市场。

房地产的金融属性可以从虚拟性和杠杆性两个方面来考察。虚拟性是指目前与房地产有关的投资并不直接参与生产、消费等实体经济环节。大多数的投资者将房地产看作一个优质的投资品，在大量购置土地、房产以后通过一些资本操作来获取超额的资本利得，而高额的收益又会吸引更多的资金进入房地产市场，如此循环造成了目前的房地产泡沫的现象。房地产的杠杆性表现为开发商及投资者通过将土地、房产抵押给银行等金融机构的方式提高自己的杠杆率，只要房产的价格不发生剧烈的波动，开发商与投资者便可以通过高杠杆获取高额收益。

2. 炒作的前后背景

近年来，我国的金融自由化趋势日益明朗，银行、信托、基金等金融机构的市场化程度不断加深，诸多金融机构的业务拓展到房地产领域，为房地产开发商及购房者的融资提供了较大的便利。对于房地产开发商而言，在不受到现金流约束的情况下，即使政府通过调控、限购等措施能够造成房屋成交量下降，开发商也有能力囤积大量住房，肆意拉高房价。

此外，近年来宽松的货币政策也间接促进了房地产的金融化。从货币增速的角度看，2008 年至今，我国 M2 年均增速将近 17%，宽松的货币环境带来了产能过剩、信用风险增高等负面影响，同时目前我国经济下行压力较大，部分企业家信心不足导致一些优质的企业举债意愿降低，银行也陆续出现惜贷的现象。一旦实体经济无法吸收骤升的流动性，资金唯有滞留在金融等虚拟经济之中。另外，宽松的货币环境会拉低实际利率，而房屋的价格可以看作未来的现金流入按照一定利率的折现，折现率的减小也会造成房价的上升。

国内存在的资产荒、居民投资渠道狭窄等现象同样加速了房地产金融化的进程。目前我国的股市波动性较大、理财产品的收益率较低、衍生产品投资品种较少，普通居民的投资渠道并不畅通，而随着收入水平的不断提高，城市居民对于财富保值、增值的需求逐渐增加，因此投资房产成为一部分城市居民“不得已”的选择。在过去二十多年的时间里，国内房价总体上处于高速上涨的周期中，部分一二线城市的房价涨幅高达十几、二十倍。相比之下，我国目前正处于经济转型的攻坚期，部分企业效益低下，实业投资的前景并不明朗，一旦投资于房地产的回报率高于投资于实体经济的收益率，将会有更多的社会资金涌入房地产市场，会进一步推动房地产价格的上涨。

3. 持续的时间

我国的房地产市场化始于 1998 年的住房体制改革，自此国内的房价进入了周期性上涨的阶段。2004 年起，国内的房价开始呈现出快速攀升的特征，我国的商品房平均销售价格增速一改之前 3%左右的常态，达到了 18.7%，此后，虽然在外部环境或者政策调控的影响下，房价有过阶段性的小幅调整，但是每次调整之后紧接着的是另一波更大规模的上升。可以说，房屋价格在二十多年来总体上一直处于持续上涨的阶段。

以北京市为例，北京市海淀区的房价从 2003 年的每平方米 4 200 元左右涨到了 2016 年的每平方米 6.31 万元左右，短短 14 年的时间内房屋平均价格上涨了 14 倍，部分学区房的价格更是上涨了 20 多倍，而同期北京市的年人均工资从每年 2.4 万元涨至每年 10.46 万元，仅仅上涨了 3.36 倍左右。这种超出人均购买力的房产价格上涨持续了十多年的时间，且没有明显看到终止的趋势。

4. 结束的方式

较低层次金融化产品的炒作会随着资本的撤出而逐渐消失，而房地产的金融化可称得上是处于不断加深的趋势当中。在过去二十多年的时间里，房地产业迅速发展成为我国不可替代的支柱产业，对我国的经济发展具有很强的带动作用。目前，与房地产有关的产业已经渗入我国经济的各个方面，一旦房价崩盘，将会对各利益关联方带来重大损失，严重影响中国经济的正常运行，因此管理层不会容忍房价短时间内大幅下降。但是由于受到各种资本的炒作，我国目前的房价已经远远超出房屋居住属性的范围，楼市的泡沫给中国经济的发展和人民的生活蒙上了一层阴影。出于各个方面的考虑，国家的房地产调控政策在稳定增长和控制房价之间几经反复，政府先后动用了货币、信贷、税费、土地等各种政策工具对房价进行调控，但是部分城市的房价并没有得到有效控制，北京、上海、深圳等一线城市的房价仍然排在全球前列且不断上涨。

房地产的金融化之所以具有相对较高的稳定性，与其自身的特殊性质以及政府的制度保障具有密切的关系。在我国，房地产同时具有普通商品与金融产品的性质。房屋作为提供生活居住空间的住宅，代表着土地的长期使用权，并且暗含着土地价值升值的收益权，具备保值、增值的趋势，是资产中较好的担保品，在全社会中具有广泛的可接受性。同时，房地产业作为我国的支柱产业，其价格形成机制与交易机制会受到政府的严格把控。一方面，政府通过制定土地出让价格来对房地产进行间接评级；另一方面，政府又被认为在对整个房地产产业链提供隐性担保。政府在房地产产业中同时充当着评级机构与担保机构的角色。此外，政府还会利用金融政策、行政手段等来打压非法交易，以保证整个房地产交易机制的正常运行。因此，房地产的金融化既有一定的经济基础，又有相应的制度支撑，整个过程是稳定前行的。

5. 影响的范围

由于房屋承担着普通住房的居住属性，其金融化的过程对全国范围内的各个阶层都具有较大的影响。但是住房的区域性差别比较明显，处于不同地理环境的房产具有一定的异质性。

由于受到不同地理环境的影响，目前我国城市住房市场出现了一定程度的分化趋势。从需求角度来看，国内一二线城市与三线城市在教育、医疗、环境等公共设施方面差异较大，近年来大型城市的人口一直呈现出净流入的态势，国内城镇化趋势明显，新增城镇居民带来的住房需求将进一步推高大型城市的房价。从供给的角度来看，目前我国的一二线城市开始陆续出现土地供应紧张、政府无地可卖的情形，但是三线城市的房屋去库存压力仍然较大。由此导致我国出现了一二线城市房价暴涨、三四线城市房价逐步平稳的局面，而且区域分化的现象有进一步加大的趋势。

第四节　房地产金融化的货币主义理论基础

在房地产的金融化过程中，除了前面提及的资本炒作之外，还有货币化程度不断提升的背景。要理解这一背景，可以从 Meltzer（1995）货币主义理论的资产市场均衡分析框架与一个拓展的商品市场总供给与总需求框架入手进行分析。在资产市场均衡分析中，我们以 Meltzer（1995）提出的资产市场均衡模型为理论基础；在总供给与总需求分析中，我们以标准的 *AS-AD* 模型为基础，结合中国总体经济运行机制特征，纳入现实中存在的结构性供需失衡因素，并在这一拓展的 *AS-AD* 框架下分析商品市场价格与资产价格变化的联动机制。

在资产市场均衡分析框架中，我们所考虑的资产类别与标准的货币主义理论一致，包括货币资产、证券资产和真实资本品资产。从中国的现实情况来看，这三种资产比较具有代表性。其中，货币资产主要对应于货币市场，与央行的货币政策紧密相关；证券资产对应于证券市场，其需求情况与利率和其他资产价格紧密联系；真实资本品资产主要对应于房地产市场，当然也可以涵盖生产厂房、设备以及耐用消费品等内容。为了简化说明，我们可以将房地产作为真实资本品资产的代表，其

价格用 P 表示。显然，无论是个人还是机构，都会考虑这三种金融资产如何组合才能实现最优。因此，在不同的市场状况下变化三种资产的组合权重，并非一定是金融投机行为，在多数情况下应该被视为一种理性选择。

在这样的设定下，我们可以将三种不同资产的市场均衡统一到一个综合的资产市场均衡框架内。图 22－1 演示了这一资产市场均衡分析的基本逻辑。首先，在横轴表示真实资本品资产（如房地产）价格 P、纵轴表示利率水平 r 的坐标系内，货币市场均衡线 MM 与证券市场均衡线 SM 相交于（P_0，r_0）点，这一点反映出当三种资产市场同时达到均衡状态时对应的房地产价格和利率水平。其次，MM 线和 SM 线的位置与不同资产的持有情况、实体经济运行状况、商品价格以及市场预期等因素有关。综合起来，均衡状态下的房地产价格以及利率水平由市场对不同资产的供需状况决定。

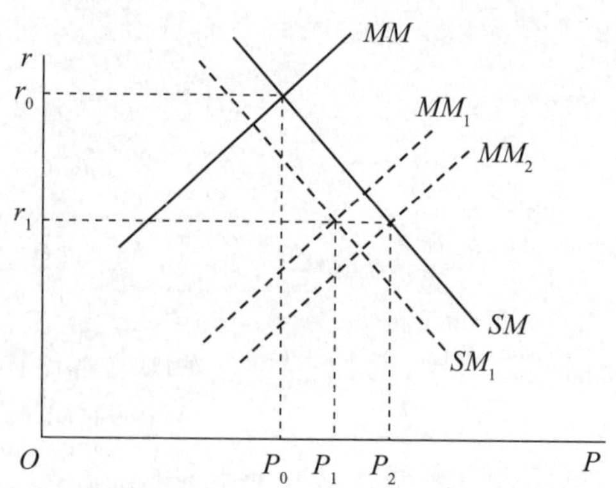

图 22－1 资产市场均衡分析框架

现在假设扩张的货币政策使 MM 曲线向右移动至 MM_1 处。财富所有者现在拥有更多的货币资产，他们使用增加的货币购买证券和真实资本品，使得利率降低并且推动资产价格水平上升。随着 MM 曲线的移动，SM 曲线也发生偏移。如图 22－1 所示，由于利率的下降、资产价格的上升，人们对证券的持有量下降，SM 向左移动至 SM_1 处。新的均衡也从 MM 曲线与 SM 曲线的交点（P_0，r_0）移动到 MM_1 与 SM_1 的交点（P_1，r_1）。货币量增加和证券需求下降导致利率下降。在新的均衡点上，利率低于初始水平（即 $r_0>r_1$）。资产价格水平由于受到两个相反方向的影响，因此变化方向不容易确定。不过，当利率受到管制不能自由浮动时（如央行对利率进行管制使得利率水平维持在 r_1），MM_1 曲线向外扩张就会导致

资产价格从 P_1 上升到 P_2。

另外，资产市场上均衡的移动也会导致商品市场的波动。随着资产市场均衡点的移动，商品市场的总供给与总需求相应发生变化。但是我们注意到，传统的总供给与总需求（*AS-AD*）分析框架以发达经济为分析主体，无法准确刻画发展中国家在经济高增长阶段可能存在的结构性失衡问题。而现实中这种结构性失衡不仅可以表现为结构性需求或者结构性供给问题，而且经常会表现为二者同时存在的供给与需求双向失衡问题。因此，我们这里以一个拓展的总供给与总需求（*AS-AD*）模型框架为基础，在图 22－2 中刻画了当资产市场均衡发生变化之后国内商品市场均衡价格变化的演进路径（商品市场的价格水平记作 p，真实经济产出记作 Y）。

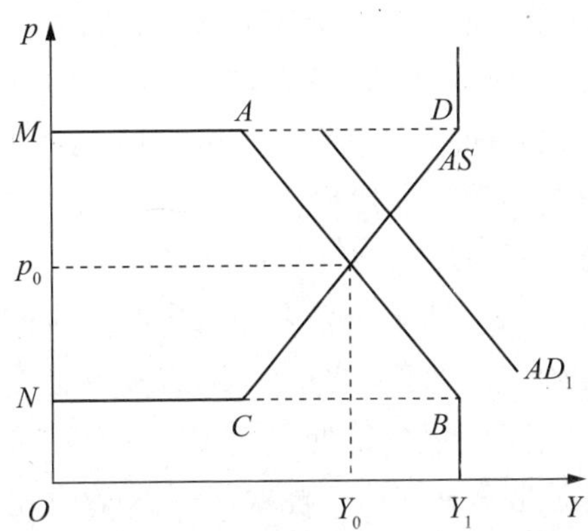

图 22－2　基于资产市场均衡的扩展 *AS-AD* 分析框架

需要说明的是，图 22－2 所描绘的 *AS-AD* 模型框架是在标准的 *AS-AD* 模型理论基础上，结合我国真实资本品（如房地产）和一般消费商品的两部门不同市场运行特征的典型事实进行拓展获得的。为了简化说明，我们从总需求特征和总供给特征出发，对图 22－2 所示的模型框架加以解释。[①] 在宏观供求的基准框架下，我们通过居民最优行为下的需求函数以及对真实资本品和一般消费品两种不同商品市场出清条件的区分，可以推导出具备微观基础的总需求函数。可以证明，这一模型在现有宏观经济分析的理论基础上具有两点重要拓展，从而更贴近于中国经济的现实。收入差距结构对国民消费具有负向影响，随着收入差距扩大，社会总需求将因为社会购买力水平的降低而减少。另外，国家控制力对社会总需求具有重要影响。国家（当然也体现为地方政府）支持真实资本品部门的强控制力

① 为节省篇幅，此处省略图 22－2 对应的理论模型推导过程。

将促进行业潮涌和投资进一步增加，从而带动总需求的增加（袁江和张成思，2009）。

这样我们就可以得到总需求函数的三个特征阶段。第一，平稳运行阶段（AB 段）。假如宏观经济在相对健康状态运行，即总需求表现为价格 p 的递减函数，该特征与现有宏观经济理论观点一致。但是，我国经济高增长时期经常存在产能严重过剩（即经济低谷阶段）和需求结构严重失衡（即经济过热阶段）两个阶段，这显然不在现有宏观经济理论考虑的范围之内，因此有必要拓展经典理论，构建产能过剩和需求结构失衡背景下的总需求函数。第二，经济低谷时期产能过剩阶段（AM 段）。这一阶段是由真实资本品价格的大幅下降所导致的，总需求函数表现为相对平坦状。该阶段也是下一轮真实资本品市场繁荣的起点。第三，经济过热时期的需求结构失衡阶段（BY_1 段）。由于真实资本品部门快速发展导致收入差距迅速扩大，总需求函数表现为直线状。因此，图 22-2 中 $MABY_1$ 段给出了拓展 AS-AD 系统的总需求曲线形状。

基于以上拓展的 AS-AD 框架，我们可以进一步考察资产市场均衡与商品市场均衡的联动关系，进而分析商品市场的总体价格变化情况。当资产市场均衡从 P_1 移到 P_2（见图 22-1）的时候，由于市场对真实资本品的热衷和追逐刺激了相关产品的消费，进而带动总需求增加。这样，从图 22-2 来看，总需求曲线向外扩张至曲线 AD_1，此时相应的总体物价水平均衡点必定高于原始均衡点 p_0。因此，从图 22-1 和图 22-2 分别归纳的资产市场均衡和商品市场均衡联动机制来看，货币总量的变化首先影响真实资本品价格的变化，从我国现实来看也就是房地产价格，而真实资本品价格变动最终会传导到总体价格水平的变动上来。在这样一个理论框架内，房地产拥有天然的金融化优势（价格波动、资本密集、杠杆交易等）。

第五节　房地产金融化的内在逻辑提炼

相比玉石等具有收藏价值的艺术品，房地产的受众面与影响范围更广，并且房地产市场体量更大，具有货币驱动的天然优势和理论基础（货币主义理论基础），能够吸引更大规模的资金流入进而完成金融化的深化过程；而相对于一般生活必需品而言，房地产的不可替代性与高杠杆的金融属性能够给炒作资金带来更高的资本收益。同时，房地产拥有更为完善的评级与交易机制，具备完成高端金融化的客观制度基础。此外，房地产具有较高的政策敏感度，与住房有关的调控政策与税收机制等都能够造成房地产市场的波动进而影响资本收益。可以说，房地产之所以能够完成高度金融化，与其自身的金融属性以及现行的政策制度等都具有密切的关系。

通常情况下，房地产的产业链相对较长，涉及的资金金额较大且资金周转较慢，房地产开发企业的现金流压力较大，仅凭企业的自有资金难以维持大规模的扩张。因此，房地产企业在开发阶段往往借助银行、信托、基金等渠道扩大杠杆进行大规模融资，在资金回笼之后再偿还之前的借款并获取收益。而房地产企业的杠杆率过高意味着有大量的投机资本进入房地产市场，会催生出楼市的泡沫，使得房地产的实体属性被金融属性所掩盖，交易行为也多由投机行为决定。此外，根据我国现行的会计准则，由借款所产生的利息费用具有抵扣税款的功能，利息与折旧吸收了房地产企业大量的现金流，使得房地产企业只需要缴纳很少的税款，在一定程度上缓解了企业现金流的压力。而只要房价上涨的预期效应存在，房地产企业便能够以手中的房产为抵押，很容易地取得借款，用以进一步扩大规模并偿还旧债，这种债务金字塔的模式不断地吸纳资本的流入，支撑了房地产的金融化过程。

土地价格的上升同样在房地产的金融化进程当中扮演着至关重要的角色。根据马克思资产价格定价理论，房地产产品的价格为房地产开发成本与预期平均利润之和。土地价格作为房地产开发成本的重要组成部分，会对房地产的价格产生巨大的影响。由于我国目前实行土地公有制，土地归国家所有，由地方政府实施控制，因此我国土地供给市场是一个高度垄断的市场。

一方面，随着经济的发展、公共资源的优化、政府对基础设施建设的不断投入等，土地会不断地升值。另一方面，土地财政构成了地方政府财政收入的主要来源，各级地方政府为了追求政绩会连同银行、房地产开发商一起不断拉高地价。从供需的角度来看，我国的土地供给具有稀缺性与垄断性，而对于土地的需求则具有多样性，因此土地的价格势必会上涨。成本一旦上涨，开发商为了获得利润则会提高住房的销售价格。

有部分开发商在拿到土地之后并没有及时开发，而是把土地囤积起来，在市场上进行炒作然后高价卖出，几经周折之后，土地很可能以数倍的价格进入真正开发的商家手中，在这种情况下，房产价格自然会大幅上涨。如图 22－3 所示，我国近年来土地出让价格的增速在半数年份上远远超过国民收入的增速，土地价格成为房地产金融化的一个主要推动力。

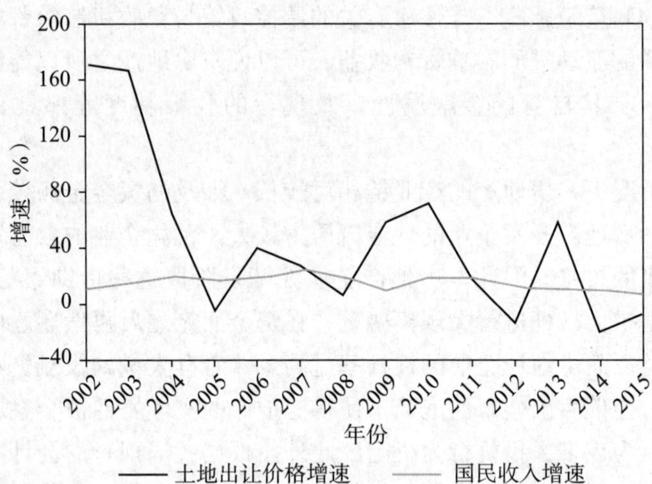

图 22－3　土地出让价格增速与国民收入增速波动趋势对比

资料来源：土地出让价格增速来自历年中华人民共和国国土资源部（现中华人民共和国自然资源部）公布的相关合同价款数据；国民收入增速数据来自中华人民共和国国家统计局的统计数据。

此外，房地产市场属于典型的政策敏感性较强的市场，社会游资的进出乃至整个房地产金融化的过程都受到宏观调控政策的约束。如表 22－1 所示，在过去二十多年的时间里，政府先后动用了货币、信贷、税费、土地等政策工具对住房市场进行调控，但是政府出于发展经济、维护公平等考虑，对于房地产市场的资本运作态度较为模糊，这为投机资本的炒作提供了可乘之机，从而导致了房地产价格在相当长的一段时期内不断上升的局面。如果结合前文中的理论分析，那么这种结果本质上与货币扩张存在深层联系。

表 22－1　历年房地产调控政策

时间	政策目的	主要政策	房价变动情况
1998～2002 年	刺激住房消费，鼓励房地产发展	住房改革，土地招、拍、挂	房价平稳上涨
2003～2008 年上半年	稳定房价，抑制过快上涨	《关于切实稳定住房价格的通知》（简称国八条），《关于调整住房供应结构稳定住房价格意见的通知》（简称十五条），历次加息等	房价上涨势头并未有效控制，出现报复性上涨
2008 年下半年～2009 年	拯救房市	央行系列新政	房价出现空前的上涨局面

续表

时间	政策目的	主要政策	房价变动情况
2010～2013年	遏制房价上涨	《关于坚决遏制部分城市房价过快上涨的通知》(简称新国十条)，限购	房价增速放缓
2014～2016年上半年	房屋去库存	2015年5月12日央行副行长刘士余召集15家银行负责人进行座谈时确定的五条要求（简称央五条），《关于进一步做好住房金融服务工作的通知》(简称“9·30”新政)	短暂下降后空前上涨
2016年下半年至今	抑制部分城市房价过快上涨	《关于促进本市房地产市场平稳健康发展的若干措施》(简称北京“9·30”政策)，因城施策	房屋成交量下降

资料来源：历年政策调控新闻稿。

总结以往的经验可以看出，政府在历次的房地产调控中多注重抑制房屋需求，并没有大规模地增加土地供给，但这些政策通常都是强制性地将需求延迟，并不能有效解决房价过快上涨的问题，刚性需求的存在以及投资获利的机会都会导致政策一旦出现松绑，房价就会进入新一轮的快速上涨当中。此外，房地产作为一个高度市场化的产业，需要建立市场化的调控机制，使房价建立在供需平衡的基础之上来抑制投机。而我国目前单纯依靠行政指令的方法将会加重投机炒作的行为，大量的投机资本进入房地产市场之后便会扰乱之前的运行机制，进一步推高房价。

同时，与住房有关的税种的缺失与执行缺位等情况也是闲置资金偏爱房地产市场的原因之一。参考岳树民（2005）对房地产税的研究可以得出，房地产税是政府调控房地产经济相关活动、促进社会财富公平分配的重要工具，能有效地促进土地资源合理配置、提高土地使用效率、促进房地产市场的健康发展。但是我国目前房地产的课税体制并不健全，征税科目较多，目前国内针对土地、房产以及房地产企业征收的房产税共有12种，涵盖了开发、持有、流转等三个环节。

不难看出，征税环节设置不够合理，目前我国对房地产的课税主要针对房地产的开发建设环节，而对房地产的持有阶段征收的税费过轻，其中对于居民个人拥有的住房更是基本不征税。但我国目前的土地供应有限，居民对住房的需求较为旺盛，住房需求弹性较小，整个房地产市场仍然属于典型的卖方市场，开发商完全有能力将建设阶段的税收负担转嫁到普通消费者身上，这在客观上助推了房屋销售价格的上涨。

而且，现行征税体制在房地产持有环节征收的税率较低，导致开发商及一些炒房者几乎能够实现零成本囤积住房，炒房者通过按揭的方式以较低的首付获得住房，并不需要付出太多的成本便可以享受到高额的资本收益。因此可以认为我国不合理的课税体制助涨了房地产市场的投机行为，也间接推动了房地产金融化的进程。

综合来看，房地产市场的大起大落，本质上仍然是一轮激烈的商品金融化过程。如何才能走出房地产的商品金融化困局？财税政策（特别是房产税）是近年来大家关注但尚未有结论的选项之一。不过，由于房产税对房地产市场的影响效应比较复杂，而且具有不确定性，可能带来系统性金融风险，因此，这一选项至少在经济下行期并不可行。

除了直接政策手段之外，还应该回归市场调节的思路，从系统性和联动性角度考虑，可以通过资本市场对技术创新提供高溢价率和高回报率，进而优化市场上金融资本的投向，实现商品金融化风险的分散，同时也提高了经济结构转型的效率。当然，以支持技术创新为特征的资本市场发展需要特别规范的市场纪律、规则和制度来保障，这些内容也正是我们当前需要各部门合力攻坚的重要方向。

依据商品金融化分层的标准，可以从资本密集度、市场杠杆率、资产流动性、价格波动性以及过程稳定性五个方面来考察房地产的金融化程度。我们认为，现阶段的房地产具备较高的资本密集度与市场杠杆率、一定的资产流动性、较低的价格波动性，以及相对稳定的金融化过程，因此处于高等的商品金融化阶段；同时房地产的金融化具备坚实的价值基础与制度保障，未来的金融化程度可能会进一步加深。

第二十三章　商品金融化逻辑的分歧与一致

本章概览

- 商品金融化逻辑的归纳
- 商品金融化逻辑的分歧
- 商品金融化逻辑的一致

第一节　商品金融化逻辑的归纳

本书提出的商品金融化以及对应的金融化逻辑，与已有研究存在微妙的联系和本质上的不同。最近二三十年的国外文献几乎没有涉足普通商品金融化问题，原因可能是发达国家的金融市场在此期间已经发展得比较完善，已经度过了普通商品被投机炒作进而形成金融化过程的阶段。综合来看，国外的主流文献几乎毫无例外地将金融化问题集中于大宗商品的期货交易以及金融市场的资产证券化问题。国内文献以“商品金融化”为主题的学术研究也比较少，而在这些少数的提及商品金融化的文献中，进一步仔细阅读会发现，这些文献所说的“商品”实际上是指期货交易市场的大宗商品（Commodities），而不是我们所研究的普通商品（Goods）。例如，罗嘉庆（2013）从近代欧洲大宗商品交易中心的形成过程，讨论商品金融化与产品定价机制变革的问题。虽然文中在开始部分也提到了越来越多的商品具备了金融属性，但是从正文中的具体内容不难看出，其所说的金融属性仍然是依托于大宗商品市场的期货交易属性，而非本书提出的普通商品金融化的特征。有意思的是，罗嘉庆（2013）甚至认为商品金融化是欧洲发达金融市场形成的重要动因。不过，这种结论多少有些武断和偏颇，商品金融化对金融市场的影响主要还是集中于金融衍生品市场中的期货交易。在我们看来，商品金融化的重大意义更在于其贯通了商品市场与金融市场的价格形成机制。

特定商品之所以被金融化，是因为在特定历史时期和特定经济发展背景下，其具备金融化的特质，具有被金融化的条件。不管哪种商品，其金融化过程都蕴含着特定的金融化逻辑。我们在本书中以金融化的代表性案例为主体，以普通商品金融化的历史演进逻辑为主线，分别阐释了不同历史时期具有代表性的商品金融化案例。

首先，我们以中国西晋时期“洛阳纸贵”的典故作为古代商品金融化的首个案例，根据历史资料详尽分析了“洛阳纸贵”事件中纸张价格出现大幅上涨的各种动因，发现此次纸张金融化过程中的关键因素是外生冲击，即名士作序推荐作品，而不涉及投机资金的炒作。当然，当时纸张制造技术的限制和信息传播效率的低下也是导致纸张价格出现大幅波动的原因。“洛阳纸贵”中的名士作序效应可能潜移默化地影响了后来图书作品在制作和销售环节引入名士推荐的做法，众多图书在封面出现名人或者有影响力人物的推荐，而这种推荐在实践中似乎确实能够促进图书作品的销售。从这个角度看，“洛阳纸贵”的外生冲击理念已经深入人心，古今中外，概莫能外。

接着，我们将视线推移到中国宋代，从商品金融化视角重新审视了中国宋代出现的粮食投机问题。通过对宋代粮食囤积居奇、滥恶高估现象的梳理可以看到，粮食金融化的过程与投机资金的流入紧密相关。由于投机资金的进入，粮食市场的需求已经从单纯消费需求演变成消费和投资需求并存的状态。宋朝粮食金融化的过程具有一定的资本密集度、较低的市场杠杆率、一定的资产流动性、较高的价格波动性和相对较高的过程稳定性特征。应该看到，宋朝的粮食能够逐步金融化，除了粮食具有刚性需求以及特定时期供不应求等特征外，还与中国宋代经济发展较快、民间积累了一定货币资本有重要联系：宋朝是中国历史上经济最为繁盛的朝代之一，商业也空前发展，世界上最早的信用纸币“交子”也是出现在中国宋朝。在这样的背景下，充沛的货币资本与有限的金融投资渠道推动了粮食成为金融化的标的产品。当然，宋朝当时的粮食政策和频发的战争也使得居民持币意愿不高，追求保值、增值且易于变现的实物资产，这也是促成粮食金融化的原因。

时间推进到了中国清朝，当时发生的生丝金融化案例的代表人物是“红顶商人”胡雪岩。1881～1883年的生丝金融化过程将商品投机与资本垄断在商品金融化过程中的作用表现得淋漓尽致。对生丝金融化的逻辑进行梳理可以看到，在特定环境下，生丝的价格波动主要受到市场资金影响，胡雪岩只是市场上众多投机资本家的代表。特别有意思的是，在生丝市场价格决定权争夺的胶着时期，生丝出现了产销两地价格倒挂的现象，足以说明该商品的金融（投资/投机）属性已经占据主导地位。然而，当投机资本纷纷撤离之后，生丝市场一蹶不振，价格也大幅下跌，说明生丝商品金融化的程度还比较低，金融化过程的稳定性不高。

接下来，我们分别阐释了 17 世纪荷兰的郁金香金融化和 20 世纪 80 年代发生在中国东北地区的君子兰金融化过程。1636～1637 年发生于荷兰的郁金香狂潮一直被视为投机泡沫的代名词，甚至一直被视为有历史记载的首次金融泡沫。在我们看来，郁金香的投机炒作过程属于典型的普通商品金融化案例。从本质上看，当时荷兰商业经济的极大发展为郁金香金融化提供了资金基础，而郁金香繁殖过程中出现的独特性成为其金融化的重要原因。从历史资料中查找“郁金香泡沫”关键词，仔细搜寻当时郁金香投机前后的经济历史情况，似乎并不能清楚地确定郁金香被作为金融化的标的商品的最初动因，究竟是社会名流出于对郁金香时尚的追求带动资本进入，还是投机商人进行投机炒作使得郁金香成为商品金融化的对象。不过可以明确的是，郁金香金融化为现代期货市场的发展提供了生动的历史案例，为深入理解商品市场产品价格与金融市场产品价格形成机制的互动关系提供了巧妙的切入点。

与郁金香外形甚为相似的投机标的是中国的君子兰。因此，我们接下来分析 20 世纪 80 年代中国的君子兰金融化过程。至少在标的商品的外观上，君子兰与郁金香非常相似。甚至有理由怀疑，君子兰金融化的开端是投机者受到了郁金香投机热潮的启发而发生的。当我们把镜头拉近当时的历史现实，我们发现君子兰金融化带有浓重的政府推动色彩，是当时政府推动“窗台经济”的典型案例。

与 20 世纪 80 年代的君子兰金融化相比，当时的邮票金融化现象可能更鲜为人知，不过邮票金融化是中国 20 世纪 80 年代开始的很有代表性的金融化事件。邮票金融化经历了多次周期性变化，邮票金融化的历程在相当程度上体现出我国金融市场的发展历程。当各地割裂的金融市场逐渐统一，投资标的范围扩大、限制减少，邮票从实用商品金融化、艺术品金融化的低金融化状态，发展至有一定规模的游资投机炒作性质的金融化，乃至近年来电子邮币卡等类似于股票或现货市场的中等金融化，其金融化发展程度由浅入深，从一定程度上反映了我国金融市场的发展和社会资金状况的变化。

接下来介绍的书画作品金融化、玉石金融化、紫砂壶金融化、小叶紫檀金融化和佛珠饰品金融化可以粗略地被归纳为艺术品金融化。从商品金融化分层角度来看，它们可能都要略低于邮票的金融化层次。不过，从书画作品到佛珠饰品的这些商品金融化案例，主要都出现在 21 世纪以来我国的经济快速发展阶段，而且与中国文化和中国元素联系得非常紧密，都或多或少与艺术沾边，具有典型的中等层次商品金融化特征。

与艺术品金融化不同，茶品、中草药、小宗农产品和白酒是更常见的消费品，这些普通消费品的金融化暗示出市场中行业资金的潮涌特征，白酒金融化以茅台酒最为突出，并且是伴随着股票投资渠道同时开启的（蕴含更多供销链控制的成分）；而葱、姜、蒜等现代小宗农产品的金融化似乎又让我们回想起先前介绍的宋代粮食金融化案例。不过，现代小宗农产品的金融化过程反映出市场上小规模资金对局部市场的把控或者垄断，这与宋代时期的粮食荒背景下较大范围的粮食金融化程度和影响范围都有所区别。

最后，比特币金融化和房地产金融化将商品金融化层次引向更加复杂和高端的金融化交易。比特币是利用复杂算法产生的一串代码，不同于黄金，本身不具有自然属性的价值，因此也可以视为虚拟货币，具备一定技术价值，是一种资产。虽然个别国家将比特币定义为一种货币（如英国），但是多数国家并不认为比特币是一种货币。根据《关于防范比特币风险的通知》，比特币在我国被定位成虚拟商品；美国商品期货交易委员会将比特币定位为大宗商品；瑞典和德国则坚持认为比特币是商品而非货币。因此，对比特币的投机炒作造成了比特币价格的剧烈波动，仍然属于商品金融化的范畴，只是比特币的金融属性比普通消费品更高。房地产属于真实资本品，房地产市场的杠杆率和资金密集度都很高，而中国自 2000 年之后房地产市场的投机行为较为盛行，从而形成了波澜壮阔的房地产金融化现象。

第二节　商品金融化逻辑的分歧

商品金融化逻辑的分歧反映在金融化分层的差异上，即不同的金融化商品在是否有刚性需求、是否有实用价值、是否有文化因素、政府是否干预和金融化持续的时间与影响共五个方面存在差异。

第一，标的商品是否有刚性需求不一致。商品的需求弹性是指在一定时期内商品需求量的相对变动对于该商品价格的相对变动的反应程度，由于不同商品可以在不同层面满足人们的需求，而人们对不同需求产生满足感的重要性排序不同，因此标的商品的需求弹性具有很大差异。通常来讲，与人的生存息息相关的商品，其需求弹性相对较小，即具有较大的刚性需求，比如粮食、现代农产品、生丝等，而与人们精神、文化生活相关的商品则上升了一个层次，其需求弹性相对大得多，比如纸张、书画作品、玉石、紫砂壶、小叶紫檀、佛珠饰品等，因为只有在满足最基本的温饱问题后，人们才会开始考虑收藏、艺术鉴赏等。此外，标的商品的需求弹性还会受到不同时代的文化、意识形态等因素的影响，比如对于房地产这种资本品，传统观念中拥有房产是婚姻和家庭的前置条件，因此其在这种观念的影响下需求弹性相对较小。

第二，标的商品是否有实用价值不一致。实用价值是指商品拥有的能够实际使用的价值。值得一提的是，这里谈到的“实际使用的价值”和政治经济学中经常提到的“使用价值”具有一定区别。使用价值是一切商品都具有的共同属性，任何物品想要成为商品，都必须有可供人类使用的价值，毫无使用价值的物品无法成为商品。因此，这里谈到商品就默认其一定具有使用价值，而将实用价值定义为一种能够满足大部分人最基本需求的性质。可以认为，粮食、现代农产品、中草药等商品具有更高的实用价值，而邮票、艺术品、郁金香等商品由于满足更少数人的更高层次需求，其实用价值相对较低，但其收藏价值和观赏价值则相对较高。

第三，标的商品是否有文化因素不一致。商品的文化因素是指一般商品在生产和交换过程中凝结在劳务中的人文价值。在富有文化因素的商品的生产过程中，生产者将其审美观念、情感哲学、道德精神物化于商品和劳务之中，并随着商品的交换将上述属性让渡给消费者，使消费者获得更高层次的满足。由于不同商品的生产方式和基本属性不同，其文化因素也有着显著的差异。以粮食为例，在传统意义上粮食的主要用途是食用，而食用以外的用途则发展得不多。虽有文学作品，如《悯农》中著名的“谁知盘中餐，粒粒皆辛苦”为粮食赋予了“来之不易”等文化特征，但农民在从事粮食生产过程中并未将其审美观念等物化在粮食中，因此可以认为粮食的文化因素较少。

与粮食相比，纸张具有更多的文化因素，自东汉蔡伦改进造纸术以来，纸张经历了上千年的发展和传播，到现在已经有凸版印刷纸、新闻纸、胶版印刷纸、铜版纸、书皮纸、字典纸、拷贝纸和板纸等诸多种类，纸张也作为载体在文化传播过程中起到了不可磨灭的作用，可以认为造纸过程实现了文化因素的传递。艺术品是一类具有较多文化因素的商品，无论是书画作家还是生产和加工小叶紫檀的匠人，在其生产过程中，思想和劳动都凝结到商品内，并在消费者观赏、收藏的过程中实现其文化因素。

第四，标的商品是否有政府干预不一致。政府干预是指政府凭借其政治地位采用行政手段对国民经济进行总体管理和分类调节。在我国的历朝历代，政府为了维持其经济、政治地位，均会对不同商品和市场加以管制和干预。首先以粮食为例，由于粮食是百姓生活中最不可或缺的商品之一，因此历朝历代的中央政权均对粮食价格加以管制。如果放开粮食价格管制，商人为了牟利就会进入粮食市场进行投机炒作，粮食价格在短期内会出现暴涨和暴跌，不利于国民经济的发展和社会稳定。20 世纪 80 年代，我国从长期的计划经济体制过渡到市场经济体制时就经历了通货膨胀，而如今在粮食价格管制上还多少保留了计划经济时代的特色。我国的房地产市场也在政府的干预和调控下发展。20 世纪 40～50 年代，我国进行土地改革，对土地制度做出了一系列重大调整，包括税收制度、产权制度和土地使用制度等。房地产开发中土地是重要的资源，土地收归国有意味着政府可以对房地产行业产生强有力的控制。此外，政府还通过信贷、货币、户籍等多种方式对房地产市场加以干预，从事实上看，历次商品房的价格波动也大多与政策变化有关，且呈现很强的顺周期性。与上述两种商品相比，对国计民生缺乏重要影响的大部分消费品、相对少数人关注的艺术品却没有受到严格的政府干预，这些商品的生产、流通和交易等环节也更多地体现出市场化的特性。

第五，金融化持续时间和影响范围不一致。由于不同商品在需求弹性、实用价值等方面相差甚远，因此其金融化的持续时间和带来的影响范围也存在较大的差异。首先，商品金融化持续的时间受到人们对该商品熟悉程度的影响，且随着熟悉程度的加深，金融化持续时间有缩短的趋势。以邮票为例，在传统邮票市场的三次主要价格起落中，第一次持续了两年，第二次持续了半年，而第三次的上涨仅仅持续了几个月，这表明随着人们对邮票这一商品价值的理解加深，更容易形成一致的预期，多空博弈的强度减小缩短了金融化的持续时间。其次，商品金融化的持续时间受到商品流通速度的影响，且随着商品流通速度的加快，金融化的持续时间缩短。仍以邮票为例，在我国开通邮票电子盘交易后，邮票电子盘的价格涨跌周期以月计数，邮票价格的行情振幅明显，资金的涌入和退出也接连不断，流动性的增加降低了商品的交易成本，也缩短了信息的传递时间，市场变得更加有效。

与金融化持续时间相比，商品金融化的影响范围更多地受到地区经济发展、人民生活水平和风俗习惯的影响。现代农产品、房地产等商品由于人人都需要，因此其影响范围很大，而艺术品金融化所影响的更多是高净值人士，其在人群中只以一定比例出现，影响范围则相对较小。商品金融化的影响范围还会受到商品单价、购买难易程度等因素的影响。以邮票为例，虽然其并非生活必需品，但其单价较为亲民且可以轻易购买，因此百姓一旦有富余资金就可以考虑购买邮票进行投机和保值，故邮票的商品金融化影响的人群的范围相对较大。

第三节　商品金融化逻辑的一致

唯物辩证法中矛盾是对立统一的，商品金融化逻辑在出现分歧的同时，也必然存在诸多一致性，这体现在金融化标的商品在供给、需求、价格形成机制等方面的共同特性上。

第一，标的商品一般具有某种独特属性，至少是在一定范围内存在稀缺性，或者可以形成垄断市场。垄断市场是指整个行业中只有唯一或少数几个厂商的市场组织，其生产者和销售者数量相对较少，产品可替代性较差，且其他厂商进入该行业都较为困难。因此在这样的市场环境中，竞争性因素得以排除，垄断厂商可以操纵市场价格。从不同商品的金融化案例来看，无论是作为现代农产品的葱、姜、蒜，还是作为资本品的房地产，其金融化过程均始终伴随着商品的稀缺，比如葱、姜、蒜的炒家为了获取投机利润而囤积居奇，人为地造成了市场上该商品的短缺，而且葱、姜、蒜等商品的产地相对集中，短时间内无法通过其他渠道补充货源，这就造成了现代农产品的金融化。在房地产市场中，国家通过垄断土地并采用行政手段来调节生产和销售，比如通过销售备案价的方式指导销售价格，这使得在某一价格水平下的土地、房产成为稀缺性商品，为房地产的高度金融化提供了有利条件。从博弈的角度来看，某些生产者或消费者对市场的完全或部分控制在商品金融化的形成过程中至关重要，因为若市场是完全竞争的，买卖双方的力量大体相当，价格则不会长期偏离均衡值，因此金融化的出现必然是买卖双方力量出现偏差，至少是短期失衡的结果。

第二，大多数情况下，投机是商品金融化的开端。无论是计划经济时期的“投机倒把”，还是现代经济中的套利，投机现象始终存在于经济过程中。长期以来，我国的经济增长模式为高储蓄、高投资和高出口。但在产出大幅增加的同时，各类生产要素市场发展较为落后，最终造成了市场分割的现象，大部分商品的金融化程度较低，为金融投机、价格炒作创造了条件。但各类金融市场的交易主体、中介机构追求短期利益最大化，并不按照经济的实际需求对金融工具加以创新，导致金融投机过度。实际上，在金融工具并不发达的时代，投机行为就已经十分盛行，以 17 世纪荷兰的郁金香泡沫为例，起初郁金香是一种稀有花卉，由于开花时十分美艳，获得了权贵阶层的喜爱。这时，投机商发现了商机，便开始了针对郁金香的投机。这种投机渐渐成为一种流行的趋势，更多人加入该行列中，连卖鱼的渔民也参与郁金香的买卖中，他们倾家荡产地购买一枚郁金香球茎，并相信有人会出双倍以上的价钱将它买走。在投机狂热席卷整个社会时，郁金香的商品金融化便出现了。可以看出，投机往往是商品金融化的开端。

第三，标的商品价格在短期内出现大幅波动，产品价格形成机制发生扭曲。商品金融化过程往往伴随着资金的快速大量涌入和流出，而在蓄水池容量有限的情况下，往复运动的资金会导致标的商品的价格出现较大幅度的波动。在正常情况下，商品的价格是由其供给和需求决定的，供给曲线和需求曲线的交点决定了商品的价格和交易量。而在资金大量涌入的情况下，由于出现价格上涨的预期，商品的需求便不可避免地扩大，进而在供给不变的情况下抬升了价格。但这种基于预期的价格上涨并不是建立在消费者的实际需求上，因此形成的价格并不十分稳定，而表现出较高的波动性，产品的定价机制发生了扭曲。这里仍以葱、姜、蒜为例，在具备价格上涨预期时，投机者出现惜售的行为，即将本应供应到市场上的葱、姜、蒜作为库存囤积起来，待商品价格达到或超过其预期后再出售，这时市场上的有效供给减少，在需求不变的情况下价格就会上升。但商品价格并非无休止地上涨，当价格上涨到一定程度后，便停止上涨，甚至开始下跌，此时投机商为了确保利润便大量出售库存商品，这使得市场上的商品供给量突然增大，价格的下跌速度也加快。可以看出，在金融化过程中，由于供给、需求和预期等因素的影响，商品的价格在短期内出现大幅波动，价格形成机制也发生了扭曲。

第四，经济繁荣和商业发达是商品金融化一致的大背景。纵观商品金融化出现的时间点，其所在时期均表现为区域经济繁荣和商业发达。如宋朝的粮食投机，正是在宋朝商品经济空前繁荣的情况下出现的，当时宋朝的经济体制十分先进，是我国最早使用纸币等金融工具的朝代，这样就不会因为缺少流通工具而产生通货紧缩。此外宋朝文武分治，行政体制先进，文官中涌现出了一批对经济较为精通的人才，这也在客观上促进了经济发展。发达的经济社会中人们对商品背后经济规律的理解更加深刻，微观上，部分商人懂得囤积居奇可以获得高额利润，因此便时刻寻找投机获利的机会。再如荷兰的郁金香泡沫，其产生的背景也是17世纪荷兰商品经济的繁荣发展。

总之，各层次的商品金融化都说明金融在经济运行中的重要性不断提升，都反映出金融交易的极度活跃性，本质上都是资本逐利天性的必然结果，当然也更深层次地暗示出传统经济增长模式出现了微妙的结构性变化。这些微妙变化表明，商品金融化发展过度很可能会给实体经济带来多重负面冲击，这些负面冲击既包括增加经济体的脆弱性、延长危机时间，也包括加剧商品价格波动程度、增加政府平抑价格波动的成本，中国近年来的各类商品轮番金融化是典型的负面案例。展望未来，金融学界需要对各个层次商品金融化相关的典型事实和主流理论进行深入探索和深刻反思，给出解决相关问题的可行性方案，让金融更好地服务于国计民生。

参考文献

[1] 爱德华·钱塞勒：《金融投机史》，北京，机械工业出版社，2012。

[2] 北京文交世界文化发展有限公司：《中国邮币卡电子盘行业年度报告》，2017。

[3] 曹立前、胡广丽：《对胡雪岩商业败落的重新审视》，《山东师范大学学报（人文社会科学版）》2007 年第 3 期，第 144～148 页。

[4] 曹奇敏：《现代紫砂壶市场趋于理性》，《艺术市场》2012 年第 19 期，第 124～127 页。

[5] 陈晓红：《和田玉“筑底蓄势”抢占市场》，《中国矿业报》2016 年 3 月 19 日。

[6] 陈雨露、庞红、蒲延杰：《美国次贷危机对全球经济的影响》，《中国金融》2008 年第 7 期，第 67～69 页。

[7] 崔明：《大宗商品金融化的动因、争议与启示》，《现代管理科学》2012 年第 12 期，第 87～89 页。

[8] 崔烜：《天价“虫草”的背后》，《中国林业产业》2012 年第 11 期，第 72～73 页。

[9] 单强：《近代江南丝茧市场研究》，《中国农史》1997 年第 2 期，第 79～89 页。

[10] 杜恂诚：《从 1883 年上海金融风潮看中国资产阶级的产生》，《历史研究》1987 年第 6 期，第 121～136 页。

[11] 范林业、陈鑫、杜玉秋：《浅谈我国期货市场的规范化》，《管理科学》1994 年第 5 期，第 28～29 页。

[12] 范长风：《青藏地区冬虫夏草的经济形态和文化变迁》，《民俗研究》2016 年第 1 期，第 118～128 页。

[13] 房婉萍：《中国的茶文化》，《世界》2006 年第 9 期，第 56～58 页。

[14] 付瑞霞：《陕西旬阳上演“疯狂的石头”》，《新华每日电讯》

2012 年 4 月 23 日。

[15] 郭莉:《中药业直面涨价困局》,《投资北京》2010 年第 12 期,第 41～43 页。

[16] 中华人民共和国国务院:《中华人民共和国国库券条例》。

[17] 韩立岩、尹力博:《投机行为还是实际需求?——国际大宗商品价格影响因素的广义视角分析》,《经济研究》2012 年第 12 期,第 83～96 页。

[18] 韩珣、田光宁、李建军:《非金融企业影子银行化与融资结构——中国上市公司的经验证据》,《国际金融研究》2017 年第 10 期,第 44～54 页。

[19] 郝少军:《让君子兰开遍大江南北——访长春市委书记萧纯》,《中国花卉盆景》1985 年第 11 期,第 4～5 页。

[20] 鸿志:《宜兴紫砂壶的现状和出路》,《茶世界》2010 年第 8 期,第 16～19 页。

[21] 黄鸿星:《谨防消费金融推动经济过度金融化》,《银行家》2016 年第 11 期,第 15～17 页。

[22] 姜朋:《从胡雪岩故事看官商关系与商法要义》,《清华大学学报(哲学社会科学版)》2007 年第 1 期,第 130～141 页。

[23] 姜锡东:《宋代粮商的成分、内部分工与经营状况》,《中国经济史研究》2000 年第 3 期,第 76～85 页。

[24] 姜锡东:《宋代粮商的粮食投机》,《史学月刊》2000 年第 2 期,第 96～103 页。

[25] 姜新、周宝银:《浅析 1883 年金融危机中的中国商人——以徐润和胡雪岩为例》,《晋中学院学报》2009 年第 5 期,第 88～92 页。

[26] 蒋承:《融资歧视、市场扭曲与利润迷失——兼议虚拟经济对实体经济的影响》,《经济研究》2016 年第 4 期,第 74～88 页。

[27] 京华:《疯狂的鸡血石》,《财富智慧》2008 年第 7 期,第 52～53 页。

[28] 李书彦:《大宗商品金融化对我国农产品贸易条件的影响》,《农业经济问题》2014 年第 4 期,第 51～57 页。

[29] 李泽兴:《国库券为什么受到"冷落"》,《浙江金融》1987 年第 9 期,第 37～39 页。

[30] 刘笃池、贺玉平、王曦:《企业金融化对实体企业生产效率的影响研究》,《上海经济研究》2016 年第 8 期,第 74～83 页。

[31] 刘广京：《一八八三年上海金融风潮——洋务运动专题研究之二》，《复旦学报（社会科学版）》1983 年第 3 期，第 94～102 页。

[32] 刘甲朋：《中国古代粮食储备调节制度思想演进》，北京，中国经济出版社，2010。

[33] 刘帅、王晓江：《海南省旅游纪念品星月菩提市场现状分析及其对策》，《经济研究导刊》2016 年第 11 期，第 117～118 页。

[34] 刘翔峰：《日益凸显的国际大宗商品金融属性及对策》，《国际贸易》2008 年第 7 期，第 36～38 页。

[35] 刘永强：《放松银根：背景、效应及对策》，《管理世界》1991 年第 1 期，第 61～66 页。

[36] 龙登高：《宋代粮价分析》，《中国经济史研究》1993 年第 1 期，第 151～160 页。

[37] 罗嘉庆：《商品金融化与产品定价机制变革——从近代欧洲大宗商品交易中心形成过程谈起》，《产业评论》2013 年第 5 期，第 141～148 页。

[38] 吕益民：《艺术品先要资产化才谈得上金融化》，《上海证券报》2011 年 6 月 24 日。

[39] 吕志平：《大宗商品金融化问题研究》，《湖北社会科学》2013 年第 2 期，第 77～80 页。

[40] 马持节：《重大突发公共事件中社会舆论的互动传播——从“非典型性肺炎”事件谈起》，《中南大学学报（社会科学版）》2008 年第 4 期，第 561～565 页。

[41] 马学东：《2015 中国艺术品拍卖市场行情报告》，《中国艺术》2016 年第 1 期。

[42] 郄彦平：《论商品金融化》，《金融教学与研究》2011 年第 6 期，第 13～18 页。

[43] 任重道、朱贻庭：《过度金融化的弊端及其对社会伦理文化的负面影响》，《道德与文明》2010 年第 2 期，第 10～15 页。

[44] 沈美华：《浅析紫砂壶的造型内涵及艺术之美》，《数位时尚》2011 年第 1 期，第 78～79 页。

[45] 宋军、陆旸：《非货币金融资产和经营收益率的 U 形关系——来自我国上市非金融公司的金融化证据》，《金融研究》2015 年第 6 期，第 111～127 页。

[46] 苏应蓉：《全球农产品价格波动中金融化因素探析》，《农业经济

问题》2011 年第 6 期，第 89～95 页。

［47］孙国茂、陈国文：《商品金融化形成机理研究》，《济南大学学报》2013 年第 6 期，第 1～9 页。

［48］孙志毅：《“君子兰”为什么风靡长春?》，《中国园林》1985 年第 3 期。

［49］唐玉斌：《经济金融化及其对我国经济结构调整的影响分析》，《广西财经学院学报》2007 年第 4 期，第 52～56 页。

［50］田利辉、谭德凯：《大宗商品现货定价的金融化和美国化问题——股票指数与商品现货关系研究》，《中国工业经济》2014 年第 10 期，第 72～84 页。

［51］田野，丁预立：《宜兴紫砂壶定价机制研究》，《知识经济》2015 年第 1 期，第 95～96 页。

［52］王婷：《浅谈紫砂之美》，《市场周刊：理论研究》2012 年第 3 期，第 145 页。

［53］王晓哲：《和田玉升值记》，《理财》2011 年第 3 期，第 69～71 页。

［54］王永钦、刘紫寒、李嫦：《识别中国非金融企业的影子银行活动——来自合并资产负债表的证据》，《管理世界》2015 年第 12 期，第 24～40 页。

［55］魏华仙、刘双怡：《1980 年以来宋代粮食问题研究述评》，《农业考古》2009 年第 4 期，第 218～225 页。

［56］魏天安：《宋代的粮食商品化及其特征》，《中州学刊》1986 年第 2 期，第 110～113 页。

［57］温铁军：《八次危机：中国的真实经验 1949—2009》，上海，东方出版社，2013。

［58］吴华、向勇：《中国艺术品金融化模式研究》，《福建论坛（人文社会科学版）》2014 年第 4 期，第 43～50 页。

［59］吴军、陈丽萍：《非金融企业金融化程度与杠杆率变动的关系——来自 A 股上市公司和发债非上市公司的证据》，《金融论坛》2018 年第 1 期，第 3～15 页。

［60］谢百三、刘美欧：《2008 年中国股市深幅调整的原因及未来展望》，《价格理论与实践》2009 年第 1 期，第 62～64 页。

［61］谢家智、王文涛、江源：《制造业金融化、政府控制与技术创新》，《经济学动态》2014 年第 11 期，第 78～88 页。

[62] 徐民生:《论君子兰及其价格问题》,《中国园林》1985 年第 3 期。

[63] 雅昌艺术市场监测中心:《中国艺术品拍卖市场调查报告(2008 春季)》,北京,雅昌艺术市场监测中心,2008。

[64] 雅昌艺术市场监测中心:《中国艺术品拍卖市场调查报告(2010 秋季)》,北京,雅昌艺术市场监测中心,2010。

[65] 雅昌艺术市场监测中心:《中国艺术品拍卖市场调查报告(2016 秋季)》,北京,雅昌艺术市场监测中心,2016。

[66] 亚当·斯密:《国富论》,北京,商务印书馆,2014。

[67] 杨怀定:《要做股市赢家:杨百万股经奉献》,南京,南京大学出版社,2007。

[68] 姚志源:《宜兴紫砂艺术品拍卖市场行情探究》,《艺术市场》2012 年第 15 期,第 108~111 页。

[69] 叶世昌:《对晚清若干经济思想史文献的辨误》,《复旦学报(社会科学版)》2013 年第 1 期,第 139~145 页。

[70] 尹铁:《胡雪岩左宗棠关系考——以癸未金融风潮为视角》,《浙江大学学报(人文社会科学版)》2015 年第 4 期,第 75~82 页。

[71] 余树勋:《关于君子兰的考证与评议》,《中国园林》1985 年第 3 期。

[72] 袁江、张成思:《强制性技术变迁、不平衡增长与中国经济周期模型》,《经济研究》2009 年第 12 期,第 1~15 页。

[73] 岳树民:《应准确定位房地产课税对房价的作用》,《税务研究》2005 年第 5 期,第 31~33 页。

[74] 张成思:《货币政策传导机制:理论发展与现实选择》,《经济评论》2011 年第 1 期,第 20~43 页。

[75] 张成思、刘泽豪:《金融意识觉醒与普通商品金融化》,《新金融评论》2014 年第 1 期,第 152~173 页。

[76] 张成思、刘泽豪、罗煜:《中国商品金融化分层与通货膨胀驱动机制》,《经济研究》2014 年第 1 期,第 140~154 页。

[77] 张成思、芦哲:《不对称的螺旋:媒体情绪与通胀预期传染》,《财贸经济》2016 年第 6 期,第 51~66 页。

[78] 张成思、张步昙:《再论金融与实体经济:经济金融化视角》,《经济学动态》2015 年第 6 期,第 56~66 页。

[79] 张成思、张步昙:《中国实业投资率下降之谜:经济金融化视角》,《经济研究》2016 年第 12 期,第 32~46 页。

[80] 张成思、郑宁:《中国非金融企业的金融投资行为影响机制研

究》，《世界经济》2018 年第 12 期，第 3～24 页。

［81］张丽：《鸦片战争前的全国生丝产量和近代生丝出口增加对中国近代蚕桑业扩张的影响》，《中国农史》2008 年第 4 期，第 35～48 页。

［82］张锐：《房地产金融化趋势探讨》，东北财经大学硕士论文，2011。

［83］张新光：《迷离的“第三只手”——对当今“新双轨制”的分析》，《观察与评析》2015 年第 10 期，第 44～45 页。

［84］郑万钧：《中国树木志》，北京，中国林业出版社，2004。

［85］中国人民银行上海总部金融市场管理部：《2006 年中国金融市场运行分析报告》，《上海金融》2007 年第 3 期，第 55～59 页。

［86］中国证券监督管理委员会：《中国资本市场发展报告》，北京，中国金融出版社，2008。

［87］中拍协艺委会：《艺术品拍卖市场新常态下取得新发展》，《中国拍卖》2016 年第 2 期，第 6～15 页。

［88］周丽娜：《金融资源的富集作用与商品金融化》，《金融理论与实践》2007 年第 5 期，第 36～38 页。

［89］朱险锋：《2006 年我国大宗商品进出口价格情况及 2007 年判断》，《中国物价》2007 年第 1 期，第 3～4 页。

［90］朱相远：《宋代经济文化的繁荣鼎盛》，彭城晚报 2011 年 1 月 3 日。

［91］朱云峰、刘李明、周玮：《对紫砂壶起源之争的辨析》，《农业考古》2015 年第 2 期，第 63～69 页。

［92］Amin，S.，1996：“The Challenge of Globalization”，*Review of International Political Economy*，3（2），216－259.

［93］Amin，S，2003：*Obsolescent Capitalism*，London and New York，Zed Books.

［94］Arrighi，G.，1994：*The Long Twentieth Century*：*Money*，*Power*，*and the Origins of Our Times*. London，Verso.

［95］Arrighi，G.，2003：“The Social and Political Economy of Global Turbulence”，*New Left Review*，20（2），5－71.

［96］Ashley Gerald，2009：*Financial Speculation*：*Trading Financial Biases and Behaviour*，Harriman House Ltd.

［97］Basak，S.，Pavlova，A.，2016：“A Model of Financialization of Commodities”，*The Journal of Finance*，71（4），1511－1556.

［98］Black，F.，Scholes，M.，1973：“The Pricing of Options and Corporate Liabilities", *Journal of Political Economy*, 81 (3), 637 - 654.

[99] Bonizzi, B., 2013: "Financialization in Developing and Emerging Countries", *International Journal of Political Economy*, 42 (4), 83 - 107.

[100] Charles, M., 1841: *Extraordinary Popular Delusions and the Madness of Crowds*, New York, Noonday.

[101] Chen, Z. , R. Ibbotson, W. Hu, 2013: Liquidity as An Investment Style, *Financial Analysts Journal*, 69 (3), 30 - 44.

[102] Cheng, I. H., Wei, X., 2014: "Financialization of Commodity Markets", *Annual Review of Financial Economics*, 6 (6), 419 - 441.

[103] Crotty, J., 1990: "Owner-manager Conflict and Financial Theory of Investment Stability: A Critical Assessment of Keynes, Tobin, and Minsky", *Journal of Post Keynesian Economics*, 12 (4), 519 - 42.

[104] Crotty, J., 2005: *The Neoliberal Paradox: The Impact of Destructive Product Market Competition and "Modern" Financial Markets on Nonfinancial Corporation Performance in the Neoliberal Era*, *Financialization and the World Economy*, MA, Edward Elgar Publishing.

[105] Crotty, J. , Epstein, G., 1996: "In Defense of Capital Controls", *Socialist Register*, 32 (32), 118 - 149.

[106] Daskalaki, C., Skiadopoulos, G., 2011: "Should Investors Include Commodities in Their Portfolios After All? New Evidence", *Journal of Banking and Finance*, 35 (10), 2606 - 2626.

[107] Davis, G. F., S. Kim, 2015: "Financialization of the Economy", *Annual Review of Sociology*, 41 (1), 203 - 221.

[108] Demir, F., 2009: "Financial Liberalization, Private Investment and Portfolio Choice: Financialization of Real Sectors in Emerging Markets", *Journal of Development Economics*, 88 (2), 314 - 324.

[109] Demir, F. , 2009: "Capital Market Imperfections and Financialization of Real Sectors in Emerging Markets: Private Investment and Cash Flow Relationship", *World Development*, 37 (5), 953 - 964.

[110] Dore, R., 2008: "Financialization of the Global Economy", *Industrial and Corporate Change*, 17 (6), 1097 - 1112.

[111] Dumenil, G., Levy, D., 2005: *Costs and Benefits of Neoliberalism: A Class Analysis*, *Financialization and the World Economy*, MA, Edward Elgar Publishing.

[112] Eisenmann, T. , Parker, G., Alstyne, M. V., 2011: "Platform Envelopment", *Strategic Management Journal*, 32 (12), 1270 - 1285.

[113] Epstein, G., 2005: *Financialization and the World Economy*, MA, Edward Elgar Publishing.

[114] Epstein, G., Jayadev, A., 2005: *The Rise of Rentier Incomes in OECD Countries: Financialization, Central Bank Policy and Labor Solidarity*, MA, Edward Elgar Publishing.

[115] Epstein, G., Power, D., 2003: "Rentier Incomes and Financial Crises: An Empirical Examination of Trends and Cycles in Some OECD Countries", *Canadian Journal of Development Studies*, 24 (2), 229 - 248.

[116] Erb, C. , Harvey, C., 2006: "The Strategic and Tactical Value of Commodity Futures", *Financial Analysts Journal*, 62 (2), 69 - 97.

[117] Fama, E., 1968: "Risk, Return and Equilibrium: Some Clarifying Comments", *Journal of Finance*, 23 (1), 29 - 40.

[118] Foster, J., 2007: "The Financialization of Capitalism", *Monthly Review*, 58 (11), 1 - 14.

[119] French, D., 2006: "The Dutch Monetary Environment during Tulipmania", *Quarterly Journal of Austrian Economics*, 9 (1), 3 - 14.

[120] Froud, J., Haslam, C., Johal, S., Williams, K., 2000: "Shareholder Value and Financialization: Consultancy Promises, Management Moves", *Economy and Society*, 29 (1), 80 - 120.

[121] Froud, J., Johal, S., Williams, K., 2002: "Financialization and the Coupon Pool", *Capital and Class*, 26 (3), 119 - 151.

[122] Garber, P. M., 1989: "Tulipmania", *Journal of political Economy*, 97 (3), 535 - 560.

[123] Garber, P., 1990: "Famous First Bubbles", *The Journal of Economic Perspectives*, 4 (2), 35 - 54.

[124] Goldsmith, R., 1969: *Financial Structure and Development*, New Haven, Yale University Press.

[125] Gorton, G., Rouwenhorst, K., 2006: "Facts and Fantasies about Commodity Futures", *Financial Analysts Journal*, 62 (2), 47 - 68.

[126] Graham, B., Graham, B., 2008: *Security Analysis*, *Sixth Edition*, Mcgraw-Hill Publ, Comp.

[127] Greenwood, R., David, Scharfstein, 2013: "The Growth of Finance", *Journal of Economic Perspectives*, 27 (2), 3 - 28.

[128] Gurley, J. G., Shaw, E. S., 1955: "Financial Aspects of Economic Development", *American Economic Review*, 45 (4), 515 -538.

[129] Harvey, D., 2005: *A Brief History of Neoliberalism*, Oxford, Oxford University Press.

[130] Hilferding, R., 1910: *Finance Capital: A Study in the Latest Phase of Capitalist Development*, London, Routledge and Kegan Paul.

[131] Hobson, J. A., 1902: *Imperialism: A Study*, Ann Arbor, University of Michigan Press.

[132] Hudson, M., 2010: "The Transition from Industrial Capitalism to A Financialized Bubble Economy", *World Review of Political Economy*, 1 (1), 81 - 111.

[133] Kilian, L., Murphy, D. P., 2014: "The Role of Inventories and Speculative Trading in the Global Market for Crude Oil", *Journal of Applied Econometrics*, 29 (3), 454 - 478.

[134] Kilian, L., Park, C., 2009: "The Impact of Oil Price Shocks on the U. S. Stock Market", *International Economic Review*, 50 (4), 1267 - 1287.

[135] King, R. G., Levine, R., 1993: "Finance and Growth: Schumpeter Might Be Right", *Quarterly Journal of Economics*, 108 (3), 717 - 737.

[136] Kliman, A., Williams, S., 2015: "Why 'Financialization' Hasn't Depressed U. S. Productive Investment", *Cambridge Journal of Economics*, 39 (1), 67 - 92.

[137] Krippner, G., 2005: "The Financialization of the American Economy", *Socio-Economic Review*, 3 (2), 173 - 208.

[138] Lapavitsas, C., 2013: "The Financialization of Capitalism: Profiting without Producing?", *City*, 17 (6), 792 - 805.

[139] Lavoie, M., 1992: *Foundations of Post-Keynesian Economic Analysis*, MA, Edward Elgar Publishing.

[140] Lazonick, W., O' sullivan, M., 2000: "Maximizing Shareholder Value: A New Ideology for Corporate Governance", *Economy and Society*, 29 (1), 13 - 35.

［141］ Levine，R.，1997：“Financial Development and Economic Growth：Views and Agenda”，*Journal of Economic Literature*，35（6），688－726.

［142］ Levine，R.，2005：“Finance and Growth：Theory and Evidence”，*Handbook of Economic Growth*，Philippe Aghion & Steven N. Durlauf，Amsterdam：Elsevier.

［143］ Lin，K. H.，Tomaskovic-Devey，D.，2013：“Financialization and U. S. Income Inequality，1970－2008”，*American Journal of Sociology*，118（5），1284－1329.

［144］ Lintner，John，1965：“The Valuation of Risk Assets and the Selection of Risky Investments in Stock Portfolios and Capital Budgets”，*Review of Economics and Statistics*，47（1），13－37.

［145］ Luo，Y.，F. Zhu，2014：“Financialization of the Economy and Income Inequality in China”，*Economic and Political Studies*，2（2），46－66.

［146］ Mackay，C.，1869：*Memoirs of Extraordinary Popular Delusions and the Madness of Crowds*，George Routledge and Sons.

［147］ Markowitz，H. M. ，1952：“Portfolio Selection”，*The Journal of Finance*，7（1），77－91.

［148］ Mayer，C.，2008：“Trust in Financial Markets”，*European Financial Management*，14（4），617－632.

［149］ McKinnon，R. I.，1973：*Money and Capital in Economic Development*，Washington，DC，Brookings Institution Press.

［150］ Meltzer，A. H.，1995：“Monetary，Credit and（Other）Transmission Processes：A Monetarist Perspective”，*Journal of Economic Perspectives*，9（1），49－72.

［151］ Merton，R. C.，1973：“Theory of Rational Option Pricing”，*The Bell Journal of Economics and Management Science*，4（1），141－183.

［152］ Miller，M. H.，2000：“The History of Finance：An Eyewitness Account”，*Journal of Applied Corporate Finance*，13（2），8－14.

［153］ Modigliani，F.，Miller，M.，1958：“The Cost of Capital，Corporation Finance and the Theory of Investment”，*American Economic Review*，48（3），261－297.

[154] Modigliani, F., Miller, M., 1963: "Corporate Income Taxes and the Cost of Capital: A Correction", *American Economic Review*, 53 (3), 433 - 443.

[155] Mossin, J., 1966: "Equilibrium in A Capital Asset Market", *Econometrica*, 34 (4), 768 - 783.

[156] Orhangazi, O., 2008: *Financialization and the US Economy*, MA, Edward Elgar Publishing.

[157] Palley, T. I., 2010: *Inside Debt and Economic Growth: A Neo-Kaleckian Analysis*, Edward Elgar Publishing.

[158] Patrick H., 1966: "Financial and Economic Growth in Underdevelopment Countries", *Economic Development and Cultural Change*, 14 (2), 174 - 189.

[159] Philippon, T., Reshef, A., 2013: "An International Look at the Growth of Modern Finance", *Journal of Economic Perspectives*, 27 (2), 73 - 96.

[160] Rajan, R. G., Zingales, L., 1998: "Which Capitalism? Lessons from the East Asian Crisis", *Journal of Applied Corporate Finance*, 11 (3), 40 - 48.

[161] Rajan, R. G., Luigi, Z., 1998: "Financial Dependence and Growth", *American Economic Review*, 88 (3), 559 - 586.

[162] Rousseau, P., Wachtel, P., 2011: "What Is Happening to the Impact of Financial Deepening on Economic Growth?", *Economic Inquiry*, 49 (1), 276 - 288.

[163] Sanders, D. R., Irwin, S. H., 2011: "New Evidence on the Impact of Index Funds in U. S. Grain Futures Markets", *Canadian Journal of Agricultural Economics/revue Canadienne Dagroeconomie*, 59 (4), 519 - 532.

[164] Schumpeter, J. A., 1911: *The Theory of Economic Development*, Cambridge, MA, Harvard University Press.

[165] Sharpe, W. F., 1964: "Capital Asset Prices: A Theory of Market Equilibrium under Conditions of Risk", *Journal of Finance*, 19 (3), 425 - 442.

[166] Shaw, E. S., 1973: *Financial Deepening in Economic Development*, Oxford University Press, New York.

[167] Silvennoinen, A., Thorp, S., 2013: "Financialization, Crisis

and Commodity Correlation Dynamics", *Journal of International Financial Markets Institutions and Money*, 24 (267), 42 - 65.

[168] Singleton, K., 2014: "Investor Flows and the 2008 Boom/Bust in Oil Prices", *Management Science*, 60 (2), 300 - 318.

[169] Smith, S. M. , Schroeder, K. , Fahey, T., 2012: *Over-the-Counter Medications for Acute Cough in Children and Adults in Ambulatory Settings* (*Review*), New Jersey, John Wiley & Sons, Ltd.

[170] Stockhammer, E., 2004: "Financialization and the Slowdown of Accumulation", *Cambridge Journal of Economics*, 28 (5), 719 - 741.

[171] Stockhammer, E. , Grafl, L., 2010: "Financial Uncertainty and Business Investment", *Review of Political Economy*, 22 (4), 551 - 568.

[172] Sweezy, P. M., 1977: *The End of Prosperity: The American Economy in the 1970s*, New York, Monthly Review Press.

[173] Tang, K., Xiong, W., 2012: "Index Investment and Financialization of Commodities", *Financial Analysts Journal*, 68 (6), 54 - 74.

[174] Tang, K., Zhu, H., 2017: "Commodities as Collateral", *Forthcoming*, *Review of Financial Studies*.

[175] Tang, K., Xiong, W., 2012: "Index Investment and the Financialization of Commodities", *Financial Analysts Journal*, 68 (5), 54 - 74.

[176] Thompson, E. A., 2006: "The Tulipmania: Fact or Artifact?", *Public Choice*, 130 (1), 99 - 114.

[177] UNCTAD, 2006: *Trade and Development Report 2006*, Geneva, United Nations Publication.

[178] VanDillen, J. G., 1964: *History of the Principal Public Banks*, Psychology Press.

[179] VanHoutte, J. A., Van Buyten, L., 1978: *The Low Countries*, KUL, Department Geschiedenis.

[180] VanTreeck, T., 2009: "The Political Economy Debate on 'Financialization': A Macroeconomic Perspective", *Review of International Political Economy*, 16 (5), 907 - 944.

[181] Wen, X. , Yu, W., Huang, D., 2012: "Measuring Contagion between Energy Market and Stock Market during Financial Crisis: A Copula Approach", *Energy Economics*, 34 (5), 1435 - 1446.

[182] World Health Organization，2005：Case Definitions for the Four Diseases Requiring Notification in All Circumstances under the International Health Regulations.

关键术语索引

图书在版编目（CIP）数据

商品金融化的逻辑 / 张成思著. —北京 ：中国人民大学出版社，2020.1
ISBN 978-7-300-27813-1

Ⅰ. ①商… Ⅱ. ①张… Ⅲ. ①商品期货－金融期货市场－经济史－研究－中国 Ⅳ. ①F832.5

中国版本图书馆 CIP 数据核字（2019）第 295591 号

国家社科基金后期资助项目
商品金融化的逻辑
张成思　著
Shangpin Jinronghua de Luoji

出版发行	中国人民大学出版社		
社　　址	北京中关村大街 31 号	**邮政编码**	100080
电　　话	010－62511242（总编室）		010－62511770（质管部）
	010－82501766（邮购部）		010－62514148（门市部）
	010－62515195（发行公司）		010－62515275（盗版举报）
网　　址	http://www.crup.com.cn		
经　　销	新华书店		
印　　刷	涿州市星河印刷有限公司		
开　　本	720 mm×1000 mm　1/16	**版　　次**	2020 年 1 月第 1 版
印　　张	17.75　插页 1	**印　　次**	2024 年 6 月第 2 次印刷
字　　数	304 000	**定　　价**	79.80 元